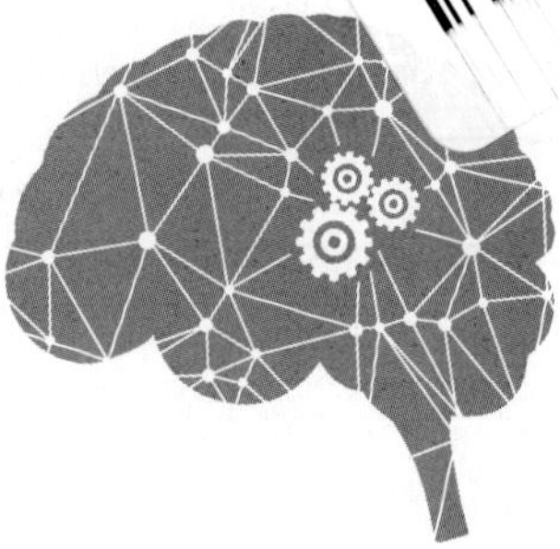

产品经理

必懂的技术那点事儿

成为全栈产品经理

唐韧◎著

電子工業出版社
Publishing House of Electronics Industry
北京•BEIJING

内 容 简 介

本书以非技术背景产品经理学习技术为主题，将技术知识以简单并且易于理解的方式讲述出来，帮助非技术背景产品经理了解技术、学习技术，旨在帮助产品经理高效地与技术人员进行沟通与合作，避免不懂技术带来的困扰。

本书主要内容围绕产品经理需要了解的互联网基础技术知识展开，涉及客户端、服务器端、数据库及一些数据处理知识。同时，就产品经理需具备的一些软实力，例如沟通能力和解决问题的能力进行了详细介绍。另外，对产品经理必懂的运营“技术”做了详细阐述。

本书适合非技术背景的产品经理、设计师、运营、市场等互联网岗位的读者阅读，也适合想了解产品经理工作及准备从其他职能转型为产品经理的读者阅读。

图书在版编目（CIP）数据

产品经理必懂的技术那点事儿：成为全栈产品经理 / 唐韧著. —北京：电子工业出版社，2018.1

ISBN 978-7-121-33078-0

Ⅰ. ①产… Ⅱ. ①唐… Ⅲ. ①企业管理－产品管理 Ⅳ. ①F273.2

中国版本图书馆 CIP 数据核字(2017)第 286471 号

策划编辑：郑柳洁
责任编辑：郑柳洁
印　　刷：北京天宇星印刷厂
装　　订：北京天宇星印刷厂
出版发行：电子工业出版社
　　　　　北京市海淀区万寿路 173 信箱　　邮编：100036
开　　本：720×1000　1/16　印张：16.75　字数：271 千字
版　　次：2018 年 1 月第 1 版
印　　次：2022 年 1 月第 16 次印刷
定　　价：59.00 元

凡所购买电子工业出版社图书有缺损问题，请向购买书店调换。若书店售缺，请与本社发行部联系，联系及邮购电话：（010）88254888，88258888。

质量投诉请发邮件至 zlts@phei.com.cn，盗版侵权举报请发邮件至 dbqq@phei.com.cn。

本书咨询联系方式：010-51260888-819，faq@phei.com.cn。

推荐序一

2010 年，我创办了人人都是产品经理（www.woshipm.com）社区，至今已经 8 年。

这 8 年来，我接触最多的就是产品经理。我很少在外抛头露面，通常只会在人人都是产品经理社区创建的上百个产品经理交流群里活动，因此经常会被大家抓着问问题，其中被问最多的一个问题就是“产品经理需要懂技术吗？懂到什么程度？”

其实这是一个比较有争议的问题，没有正确答案。你说需要懂，也对；说不需要懂，也没错。以我个人的从业经历而言，我倾向的答案是产品经理需要“懂”技术。

在大学里，没有产品经理这个专业，所以绝大部分产品经理都是半路出家。早期的互联网公司基本都是以技术为中心驱动产品的，因此在很多公司里，产品经理这个角色都是技术或者项目经理兼任，他们都有一定技术背景。随着互联网的迅猛发展，以技术为中心逐步走向以产品和用户为中心，尤其是在乔布斯发布 iPhone 3GS 以后，各大互联网公司 CEO 都说自己是产品经理，于是产品经理就火起来了，从此一发不可收拾。

接下来出现的情况就是一大拨从事技术、运营、设计、编辑、市场的人转型做了产品经理，非技术职位转型做产品经理的占了绝大部分。因为没有技术门槛，越来越多的大学生也都选择了产品经理职位。从产品经理的演变来看，毫不夸张地说，绝大部分产品经理是不“懂”技术的。

注意，我特意把懂这个字加了引号。因为“懂”技术不等于要会写代码。这里有一个误区，很多产品经理听别人说产品经理需要懂技术，不懂技术就会……，而感到非常焦虑，非常着急，就去买了一大堆技术相关书籍（JavaScript、PHP、Java、MySQL等各种从入门到精通的宝典），然而能坚持看完、看明白的人微乎其微。因为技术类书籍是有门槛的，还非常枯燥，不像产品和运营类书籍，贴近生活，通俗易懂，谁都可以看明白。

因为我是站长出身，做了十来年站长，对各种开源系统非常熟悉，也做过几十个网站，大家都知道做站长的人通常都是一个人能搞定所有的事情（产品、设计、运营、推广、技术、运维、内容等），于是很多人跟我说：“老曹，要不你写本产品经理能读懂的技术书吧，因为你懂技术通产品，这书你写再合适不过了。”每次遇到这样的提议，我都非常尴尬，这对我来说挑战太大，但我一直有一个梦想，组织几个懂产品的技术兄弟一起写一本产品经理的技术科普书。

直到今天，我的梦想将被实现。帮我实现梦想的人不是我自己，而是本书作者唐韧同学。唐韧是人人都是产品经理社区的专栏作家，在平台发布了很多作品，其中一篇文章《我是如何从程序员一步一步走向产品经理的》备受认可，他本人也是技术转型产品经理的优秀代表。希望本书能为从事产品经理职业的同学对技术的认知有更好的帮助，产品经理学习技术不是为了在技术人员面前证明你很牛，而是为了更好地与技术人员沟通需求、更好地合作，一起做好产品。

曹成明

人人都是产品经理、起点学院创始人兼 CEO

推荐序二

犹记那天作者邀请我为他的书作序，我的内心是充满惊喜的。算起来我们共事已然有六七个年头。作者当年是我在北航软件学院设立的移动应用联合实验室的第一届学生，算是我的开山弟子。在他作为大师兄带领师弟师妹组成的项目团队实践着敏捷开发和移动产品方法论的时候，他就已然立志要成为一名优秀的产品经理。

后来，作者与我一同征战移动互联网创业之路，从 App 开发做起，经过多款创新产品的设计和研发历练，他已然成功转型成为一名优秀的移动互联网产品经理和互联网产品设计专家。我和作者亦师亦友的关系一直延续至今，在共同走过的许多个日日夜夜，有相知相和的共鸣，有观点分歧的碰撞，更有对产品设计的每一个细节孜孜不倦的研讨和琢磨。

正是在无数次对产品不断精益求精的思考和实践中，作者深深体会到产品经理这个角色对一个人全方位的历练和素质要求。作为把握甚至主导互联网产品的关键角色，产品经理必须具备的一项重要素质就是要懂一些有关的互联网技术。

众所周知，产品经理是处于业务需求和技术实施中间的桥梁和枢纽，肩负着理解、明确、界定业务需求，将其翻译为技术研发工程师能够听得懂的语言，并交付给工程技术团队实施这样一个关键而重要的职责。在这个过程中，懂技术不仅能让产品经理用更准确的、更缜密的、工程师更喜闻乐见的语言清晰描述业务需求和业务逻辑，更能让产品经理在产品设计阶段就前瞻性地预见到技术落地时可能存在的挑战和障碍，进而提前对设计进行优化、折中，甚至取舍。在邀请工程师协助评估技术难点的时候，也能迅速理解工程师所说的语言，实现高效的互动和沟通，为自己赢得工程师的尊重和配合。

所谓的懂技术，并不是说产品经理一定要自己拥有大量的代码编写经验，而是说产品经理要尽可能全面地了解与自己的产品落地息息相关的各方面技术。了解它们是什么、位于哪一个层次、有什么作用，可能出现的技术难点一般会存在于哪些方面，如何在设计上进行调整应对，等等。

更值得一提的是，本书不仅较全面、浅显地综述了产品经理需要了解的一些互联网技术体系，更分享了很多作者对产品设计方法论、产品与运营等上下游环节的关系、产品经理职业提升和职业发展等方面的心得和感悟。对非技术背景的产品经理而言，一定会感到开卷有益。从技术转型而来的产品经理也一定会从作者的文字中找到共鸣和收获。

很高兴能向有志于做出伟大的互联网产品、已经或即将成为产品经理的各位读者推荐本书。

刘青焱

前阿里巴巴雅虎数据平台主管，爱立信大数据研究部总监，朱李叶集团 CTO

自　序

真的，别“想不开”当产品经理

产品经理，一个略带理想主义光辉和神秘感的称谓。乔布斯、张小龙等一众大神的出现让“产品经理”这个词在现在的互联网环境下颇为流行，让顶着这个头衔的人自觉地站到了“改变世界”的阵营。产品经理又是一个极具神秘感的头衔，外人不知道他们究竟是做什么的，对互联网完全不了解的人会说他们是做电脑软件的，也有人说他们是做系统开发的。

学生、已经在其他岗位工作的人都陆续投身或转型到产品经理的行业，抱着理想主义情结，想去改变世界。他们开始疯狂地使用各种产品，买各种产品类的书籍补充基础知识，从网络上观看大佬的演讲，激动之余，一番激烈的思想斗争后，更加坚定了自己投身产品经理岗位的决心。

没错，这就是现在的产品经理，是大部分产品经理或者即将成为产品经理的人的现状。

产品经理不会自带光环

站在产品门外的人看到的是产品经理的光鲜，看到的是那些功成名就的产品大牛，看到的是舆论如何把他们神化。然而，只有产品人自己知道，事情并不是这样美好，除了外界的看法，产品经理本身不会自带光环。人人都是产品经理，这句口号让无数有志青年怀揣对产品经理的热情与渴望入行。如果把生活比喻成一个作品，那么每天我们都在设计和完成着属于自己的产品，每个人都是自己的产品经理。

互联网行业的产品经理，每天需要与形形色色的人打交道，他们背景各异，“语系”各样，这着实是一场惊心动魄的外交风云。

需求评审前的夜晚，产品经理独自一人思考和打磨着每一个产品功能和细节逻辑，生怕出现漏洞和疏忽，在评审会上被一众人等“喷”成筛子。好不容易写完产品需求文档，自信满满地迎接第二天的战役，望望窗外，已是深夜，作为产品经理的你，面对刚刚完成的“大作”，是不是有一种拥有了全世界的感觉？

第二天，带着昨夜的激动来到公司，早上需要听老板对产品的展望，还需要汇报产品的最新进展。上午还要组织研发、设计、测试人员评审前一天熬夜准备好的产品需求，又是一场无硝烟的舌战。

信心十足地宣讲需求，还没说完一个逻辑，工程师说“这种功能做了有什么意义”，设计师说“这样设计影响整体美观”，测试人员说“特殊情况如何处理”。此时，昨日拥有全世界的那种辉煌感一扫而光，开始逐一回答这些问题，评审会完全没有按照预定的节奏推进。虽然磕磕绊绊把需求全部讲完了，问题也全部解决完了，但似乎没有找到那种特别的成就感。

开完需求评审会只是两万五千里长征过了三分之一，开发过程中遇到的各种问题都会让产品经理来救火，这种时刻准备着的紧张感让产品经理不敢有一丝的松懈。

好不容易到了产品上线前夜，陪着技术团队加班调试，却发现仍有一大堆问题没有解决，看着上线时间要被延后，想着许给老板的承诺，心里顿时一万只乌鸦飞过。好不容易产品上线了，结果出了一个线上 BUG，火急火燎召集开发人员紧急修复，十万火急完成测试然后重新上线。产品终于上线了，两万五千里长征走了三分之二。

问题马上又来了，运营人员反馈发现产品上线后的产品设计跟实际用户需求有不匹配的地方，老板十分关注，要求马上改进。产品经理打起十二分的精神重新梳理产品设计，改进优化方案，迎接新一轮“拥有全世界”的感觉。就当两万五千里快到终点时，又开始了新一轮的万里长征。

是的，这就是现实中的产品经理。他们顶着产品经理的头衔，实则没有经理的实权，却操着老板的心。“智斗”研发、“武斗”运营，每天都在高速思考的状态下搏斗四方。回家后做梦都在总结白天的招式，提炼心法，慢慢地学会了一身识别真实需求的本领，产品经理逐渐成为了产品的主人，而且是真正深入其灵魂的主人。

是的，产品经理不会自带光环，他们经历了从产品小白到产品经理的过程，这是一个痛苦蜕变的过程，被围攻、被逼着思考、被推着改进、被刺激着学习。历练过后，只有他们自己心里明白，光环不是自带的，是经历千锤百炼争取来的。原本不善言谈、思维“稀疏”的产品新人，逐渐成长为对上搞得定老板、横向搞得定研发设计和运营人员、对下能传道授业的产品人。这个过程，只有他们自己明白，路虽孤独，必成大器。

产品经理每天都在绝望中睡去，第二天依旧充满斗志地醒来！

真的，别“想不开”当产品经理。

你必须比别人努力十倍，才会得到一点认可

当产品经理必须习惯与孤独为伴，这种孤独并不是没有朋友的孤单感，而是指思考和决策的过程并不会有人给你明晰的指引，只能靠自己的独立思考和理解给产品赋予生命力，做出关键决策。这是一个极度困难的过程，过程中不会有人真正帮你，就算有，也是所谓善意的建议。你必须比别人努力十倍，才会得到一点认可，所以优秀的产品经理屈指可数。

做一个有价值的产品并不简单，好的产品往往深入浅出，直面人性需求，这就要求产品经理深谙人性。设计一个功能非常简单、逻辑严谨、体验良好的产品不难，难点在于如何用最简单的功能和文字让用户产生想象力。

微信朋友圈的设计从上线之日起到现在都没有变过，用户还能利用朋友圈的头像、文字和九张图片玩出各种花样，这都取决于朋友圈的基础功能让用户具备想象力。这种想象力带来的成就感会让用户在产品中感受到人的力量，这是一种莫大的来自内心的认可。这是人性使然，面对简单时，人的大脑会基于简单的东西开始“创作”，俗称“开脑洞”，会让简单的东西尽可能地被丰富。这种能力也叫“产品力”，是经过无数次思考、被推翻、再思考、被打击、被质疑后沉淀下来的能力，不是看书和画原型图能培养的。

真正厉害的产品经理不是能做出一个多么复杂的产品，而是能把一个复杂的流程

做成一个简单的产品。为什么早期的安卓手机有三个实体或虚拟按键，而 iPhone 始终只有一个 Home 按键？滑动解锁这种自然的设计被运用在一个极度复杂的科技产品中，就连几岁小孩都能一用就会。简单的就是最好理解的，自然的就是最容易被人接受的。

当然，刚开始做产品经理时，这种产品哲学问题基本跟我们没关系，但是，我们必须努力往这个方向发展，要不然以后万一成功了怎么“吹”呢？这不是一个贬义词，而是一种将认知升级的过程。同样是看一个产品，有的人看功能，有的人看背后的价值和思想。

别忘了，产品经理没有那么强的生存竞争力，一家公司有很多工程师不足为奇，但一家公司的核心产品往往就那么几个，每个产品背后的灵魂操刀手只有一个。也就是说，要成为那一个，无异于千军万马过独木桥。

你必须产生一种新的认知，产品除了需求、功能设计和需求文档，还有产品战略、产品定位、市场环境、业务切入点、产品运营，以及财务模型和商业模式。每一个环节都是通往产品大神路上的必过关卡。你必须比别人努力十倍，不是指加班时间长，也不是指工作量的多少，而是指深度思考和提升认知的能力。这是一句虚话，但已经做到的人心里一定明白，自己付出的努力一定超出同行十倍。

《从 0 到 1》这本书中提到一个概念，新创企业必须在效率上高出同行竞争者十倍才有机会脱颖而出并存活下来。同样，与你身边的产品经理相比，你的优势在哪儿？是需求分析的逻辑能力吗？是画原型的能力吗？是写文档的能力吗？如果不在认知上有渐进式的提高，就体现不出效率的差异，自然就不会形成个人竞争力，更谈不上被认可。

这是一个非常艰难的过程，产品做久了就会陷入自我怀疑和瓶颈中，不知从何突破。当做了一段时间基础工作后，觉得自己处理需求已经很顺手，画原型写文档也很熟练，就需要跳出来看看产品之上的天空，了解一些行业知识，熟悉运营方法，研究财务模型和商业模式，这些都能帮助你提高综合能力。

这是一个非常压抑的过程，因为你会碰到来自各方的挑战，从小白跨越到能手是需要承受许多委屈的。

这是一个揪心的过程，内心敏感的人不适合加入这场战役，因为这种冲击会伤害到脆弱的神经。

这是一个需要改变的过程，自尊心太强的人要学会放下自己的身段，因为这是一个会面对各方挑战，甚至是不留情面抨击的战场，自尊心会成为你前进的障碍。

如果你以十倍于别人的努力冲锋，若干年后你会发现，你关注的是行业机会、资源整合、市场潜力、效率优化、整体认知和洞察力的提升。并且，你有能力将这些战略层的内容缩小到范围层、落地到结构层、实施到框架层，最后在产品表现层展示给世人。这么看，你之前引以为傲的需求分析、画原型和写文档的能力只占里面的 1%。

未来的你，够清晰吗

如果不走运，你真的当了“产品经理”，首先恭喜你，你没有进入即将被淘汰的行业，因为你每天的工作和环境会逼迫你成长。其次，要祝福你，因为你很可能倒在进阶路上的任何一个环节。

如果你是产品新人，五年后，你希望自己是什么样子？如果你已经做了 3~5 年的产品，五年后，你希望自己是什么样子？如果你已经是工作超过十年的产品老兵，五年后，你希望自己是什么样子？

这个问题只有你们自己能回答，因为不同阶段的认知决定了看到的未来是什么，未来的你，够清晰吗？

我以前做开发时，常听人说做技术是一碗青春饭，到了 30 岁还不寻求转型以后可能干不过小年轻。我相信，其他职能也会遇到类似的问题。于是在 30 岁来临前的几年，一部分人准备成为某个技术领域的专家，让自己在垂直技术方向成为权威；另一部分人准备转管理岗，或是项目经理，或是带团队，其中就有一部分人一不小心成了产品经理。我，就是其中一个，只不过，我从写代码的第一天起，心里就埋了一颗产品的种子。

是的，我算是想不开的那类人，我成了“产品经理”，我也是星辰大海中的那一叶扁舟，在这里挣扎，在这里成长。我已经在这场开始已久的战役中，未来已来。

前　言

我为什么写这本书

我是从技术开发转型为产品经理的，在转型的过程中对于技术背景的思维方式和产品背景的思维方式有一些个人的认识。在做技术开发的几年里，我从纯技术的角度去理解问题；转型做产品经理后，我带着技术背景处理与产品相关的业务、运营和市场问题，用一种全新的角度看待产品。

本书是继《产品经理必懂的技术那点事儿》之后的升级版，不仅添加了非技术背景产品经理需要了解的技术知识，更是从产品方法论和产品运营层面全方位地补充了产品经理的能力模型内容，力求以全栈产品经理的要求丰富本书的结构和内容。

在做产品的过程中更多是与工程师打交道，面对一群专业性很强且逻辑思维很强的群体，产品经理的内功就显得尤为重要。在实际工作中，我也与非技术背景的产品经理合作，发现对非技术背景的产品经理来说，技术知识的缺乏是硬伤，由此会带来对产品实现的理解与工程师的理解偏差过大的问题。同时，也会造成一些沟通不畅的问题。

如果你是一位非技术背景的产品经理，在工程中可能会遇到对产品技术实现方案不理解的情况。工程师跟你沟通时所用的技术语言你完全听不懂，你精心设计的产品方案拿到评审会上评审时，被工程师批判得体无完肤。这些问题的出现其实都归结于非技术背景的产品经理在技术知识上的信息不对称，持续处于这种状态会严重阻碍工作能力的提高。对业务、运营、市场背景的产品经理来说，增加对基本技术知识的了解能在实际工作中起到很大的帮助作用。

这些使我产生了写作本书的想法，本书力求通过通俗易懂的方式讲解基本技术原理，减小非技术背景产品经理与工程师之间的知识差距，使合作和沟通更顺利，同时也提高产品经理的产品内功。

对非技术背景产品经理来说，在与工程师的合作过程中，掌握一些基础技术知识显得尤为重要，对于技术的理解可以不用深入到实现层面，但要对基本原理及产品背后的整体技术架构心中有数。

产品经理属于信息上游，在拿自己的产品想法与工程师沟通和推动产品实施的过程中，对技术要有一定的了解，这就好比手上多了一把好武器，能让问题顺利解决，让产品不断向前发展。

本书的目的是通过浅显易懂的方式，面向非技术型产品经理讲解基础技术知识，打开技术领域这一神秘的大门，使非技术背景产品经理在产品工作中更游刃有余。产品经理的工作内容涉及面广，而且对个人综合能力的要求高，要想做好产品经理就需要涉猎广泛，具备更多的横向知识体系，同时在产品这一纵向知识体系内做深做精。

本书既可作为产品经理平时学习技术的基础资料，也可作为工具手册，希望本书能助力非技术背景产品经理开展工作。书中内容不涉及很深很具体的技术，以基本技术概念和实现原理介绍为主，配合一些具体例子加深读者的理解，力求帮助非技术背景的产品经理对具体的技术知识有一个整体的认识，在设计产品或者与工程师沟通合作的过程中能更加顺畅。技术能力是产品经理的核心技能之一，但不是全部，产品经理的职责是通过产品创造用户价值和商业价值，了解用户、发掘需求并持续对产品进行优化才是产品经理的使命。

如何阅读本书

读者在阅读本书时，可以通过理解技术的一些基本原理反观产品设计的细节。非技术背景的产品经理在阅读本书时可以结合自己在实际工作中遇到的技术问题或者是与工程师沟通产品方案时所遇到的技术挑战重现当时遇到问题的场景。读完本书后，重新审视当时遇到的问题在现在是否能很好地处理，以场景化的方式结合自身工作中的问题，然后从本书中寻找答案，总结并且复盘，这样能对自己在技术知识方面的欠缺有一个比较好的补充和提升作用。

本书第 1 章介绍了产品思维与技术思维的具体表现和差别，有利于产品经理站在不同的角度审视产品。

第 2 章是对互联网历史和基础技术知识的介绍，为非技术背景的产品经理科普互联网的简要发展历史及互联网技术和产品的几个阶段性特点。

第 3 章从理解原理的角度向非技术背景产品经理介绍编程语言的内容。本章的目的并不是让产品经理学会编程，而是希望产品经理通过了解编程语言的基本原理，了解技术产品的实现逻辑及工程师思考问题的基本逻辑。

第 4 章介绍数据库的基本内容，数据库作为数据的存储和处理中心，在产品的大版图里不可或缺，产品经理了解数据库的一些基本知识能增加对产品的全盘了解（从界面到数据）。

第 5 章以介绍主流移动平台的一些基本技术内容为主，目的在于让非技术背景的产品经理了解视觉界面下的实现细节，降低与工程师的沟通成本。

第 6 章介绍服务端的基本内容，服务端作为大后方，在产品技术体系内扮演着极其重要的角色，产品经理了解服务端的典型技术知识有助于从系统架构的层面理解产品设计，知道什么样的产品设计能降低技术实现难度和成本。

第 7 章是从数据的角度观察产品，产品经理对数据的敏感度决定了产品的优化方向。从本章中产品经理可以了解到不同维度的数据标准和基于数据驱动的产品设计方法。

第 8 章是对产品需求文档的一个格式和内容介绍，力求为产品经理提供一个可参考的产品需求文档样式。

第 9 章将内容重点放在沟通上，产品经理需要与各方沟通，其中的沟通技巧和沟通侧重点会在本章详细介绍。

第 10 章介绍了产品经理的不同类型和成长进阶的经验。

第 11 章重点对解决问题这一话题进行了分析，以聚焦答案的解决问题方式探究问题的解决方案，本章能提供给产品经理一种新的解决问题的方法，值得一读。

第 12 章针对不同阶段的产品经理的职业发展做了介绍与建议，对每个阶段的产品工作重心和进阶方式给出了一定的参考建议。

第 13 章以产品经理必懂的运营技巧为话题，从产品与运营的关系及如何更好地通过运营将产品用起来等角度分享了一些实战经验。

第 14 章对一些常用技术概念进行介绍，力图帮助非技术背景产品经理对实际工作中常用的技术术语有更深入的了解。

希望本书能帮助读者从产品、技术、运营三个角度建立三位一体的综合能力体系，助力读者朝着全栈产品经理的方向发展。

读者可以添加我的微信公众号“唐韧”与我交流沟通，也欢迎读者多提宝贵意见和建议。

致谢

首先感谢我的家人一直以来对我的鼓励和支持，不管是在求学过程中还是工作过程中，始终在背后无微不至地关心我，让我有信心和动力去完成自己想做的事情。在求学和工作的过程中，难免会遇到各种挫折和困难，有家人的鼓励和支持就有了最大的理由去迎接并战胜这些困难，让自己在前进的道路上勇往直前。

写作的过程是孤独的，尤其是身处繁忙的工作中，每天写作的时间非常有限，工作之外的休息时间基本都用来写作。我相信，这段经历是给自己最好的成长礼物，这段经历让我处于不断思考和认知升级的状态。对产品的理解、对技术的理解、对行业的理解在写作的过程中都得到了空前的提升，这是我要感谢自己的地方，也庆幸自己能有这个机会在这个年纪写了一本属于自己的书。

其次，感谢那些正在和我一起奋斗和曾经一起奋斗的小伙伴，虽然你们有些已经离开，但曾经有你们的陪伴和并肩战斗，我们都在成长，我们都在逐渐成熟，我相信我们都会越来越好。你们中有技术出身的，也有非技术背景的，与你们的配合使我在构思本书的内容时有了很多的素材和灵感。

另外，感谢在工作中帮助过我的领导、同事和朋友，我的成长离不开你们的关照和提携。尤其感谢我的领导，也是我做产品的领路人刘青焱先生，他是一位具备丰富工作经验且在互联网行业工作十余年的老江湖，在产品和技术领域颇有建树。

我需要学习的东西还很多，非常感谢读者选择本书。做任何事情都是一个持续优化和完善的过程，本书中存在的不足希望得到读者的指点和帮助，也希望同为产品经理或者即将成为产品经理的你，一起在奋斗的路上寻找更远的那一个里程碑！

唐　韧

目录

1 产品思维与技术思维

1.1 产品经理为什么要懂技术

如果把产品比喻为房子，那产品经理就是房屋设计师。如果设计师不懂基本的房屋结构设计和施工原理，那么设计出来的房屋很可能就是无法落地的空中楼阁。理想的设计和物理的限制必须有效结合，不存在真正的空中花园和通天塔，在工程领域，每一个设计都是可以被实现的。对产品经理来说，置身互联网领域，设计互联网产品，每一个设计都应该在现有互联网技术下可被实现。产品经理学习一些基本技术知识，了解技术边界，对实际开展产品工作有非常大的益处，所谓知己知彼，特别是在与工程师的工作配合和沟通中能起到关键作用。

在实际工作中不难发现，**当产品经理与工程师就某一个具体问题进行讨论时，双方站在各自角度就问题进行分析和讨论，固有知识结构的差异导致思维模式和视角的差异，工程师通常是路径推理的技术思维，产品经理通常是用户场景的产品思维。**产品思维和技术思维的碰撞没有让问题在正确的方向上解决，原因就是双方用了不同的语系，好比一个讲英语的人和一个讲法语的人讨论一幅画，结果可想而知。产品思维和技术思维如图 1-1 所示。

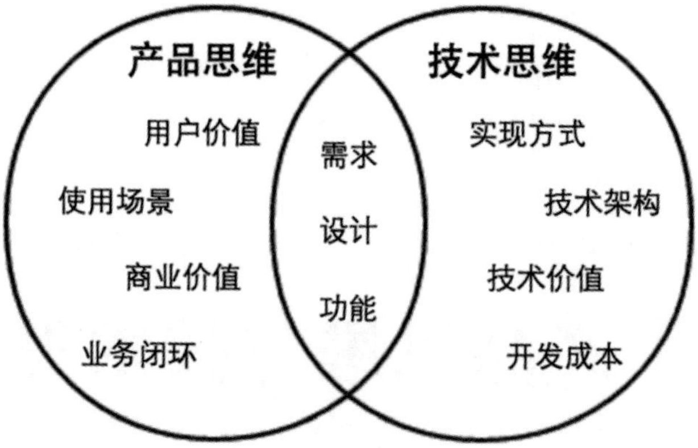

图 1-1　产品思维与技术思维

产品思维侧重从用户和商业视角出发，**技术思维**侧重在技术实现和系统架构层面，两种思维方式也有交叉点，那就是产品的需求、设计和产品功能。由此可见，当产品经理与工程师讨论产品时，各自的利益出发点是不一致的，产品经理需要思考产品的用户价值和用户的产品使用场景，同时还需要考虑产品所承载的业务闭环和商业价值，因为单纯的产品功能没有价值，所以产品经理需要思考如何通过产品功能完善整个业务闭环并构建具备商业价值的产品体系。

工程师是技术思维的代表，从技术思维角度去思考问题，首先就是基于产品需求的实现方式的考虑，工程师看到产品设计后在脑海里构建的是拆解后的实现要点，好比一栋房子的内部结构，需要先构建产品的技术架构，然后评估产品功能的技术价值和开发成本。工程师和产品经理虽然基于同样的产品需求和设计进行讨论，但双方的出发点不同会影响共识的达成，所以对产品经理来说，掌握一些技术思维，学会从技术视角看待产品设计，能更有利于产品需求的落地和推动产品的实施。

对产品经理这一职能来说，需要掌握更多的语系，因为产品经理是信息的衔接者，在一个产品项目中起到信息中枢的作用，产品经理需要与老板、业务人员、市场人员、设计师、工程师等进行合作，他们有各自不同的背景和沟通方式，要求产品经理具备与不同职能的人打交道的能力。对于合作最为密切的工程师来说，这就要求产品经理具备一定的技术知识，在与工程师合作和沟通时需要切换至技术语系。试想一下，如果工程师告诉你“这个数据是用栈存放的”，作为非技术背景的产品经理是不是顿时感到蒙圈，接下来的场景大概就是工程师不断从技术角度跟产品经理解释，产品经理似懂非懂地听得云里雾里，然后说了一句“那换一种实现方式呗”，此时工程师瞬间蒙圈，换一种实现方式好比让建筑师把房子全拆了重建，工程师和产品经理友谊的小船说翻就翻。作为一个有理想有抱负的产品经理，在工作中要应付各种场景，快速精准地处理问题，了解工程师这类亲密合作伙伴的工作、了解他们工作中运用的知识，是促进合作提高效率的有效方法。

1.2 产品经理和工程师分别是干什么的

在互联网公司里，产品经理和工程师分别有各自的职能属性。**产品职能属于信息上游，负责发现并定义需求，将用户需求通过具体的产品功能设计呈现为用户可用的产品，包括需求分析、功能定义、原型设计等。**产品经理同时也是产品的核心灵魂，因为产品的发展走向很大程度上由产品经理把控，产品经理需要权衡业务与市场，需要将老板的战略意图贯穿到产品设计中，需要向工程师传递产品的核心价值，需要讲解设计背后的需求逻辑，在将设计落地为实施的过程中，产品经理扮演着重要的角色。

技术职能细分为很多种，比如架构师、前端技术研发、后端技术研发及系统运维等。**技术职能属于信息下游，负责从技术实现角度评估产品设计，设计技术方案，最终将产品设计实施落地为用户可用的产品。**在这个过程中，工程师需要先理解需求，同时需要从技术角度衡量需求的合理性及投入产出比。例如，某一项产品设计只是优化了 1%的用户的使用问题，却需要投入极大的开发成本，那就是不合适的。工程师在对产品设计进行评估后，需要将实施层面的技术成本反馈给产品经理，产品经理需要据此灵活调整产品设计。对技术职能来说，在不同的产品阶段，需要持续对技术方案进行调整与优化。比如在产品设计不变的情况下，用户规模上了一个层级，原本的技术实现方案不足以支撑大规模用户的使用，此时就需要对技术方案进行升级。在这种情况下，产品经理实际上不需要调整产品设计，工程师需要对技术设计进行调整。

产品职能与技术职能在工作流上是上下游配合的关系，但从一个长远的角度看，技术是需要持续演进的，而产品在远期会进入一个相对稳定的状态。以微信为例，微信产品的功能更新基本变化不大，但微信的技术却一直在演进，从 1 千万用户到 1 亿用户，对产品底层的技术要求是不一样的，而且随着产品生命周期的发展，对技术灵活性的要求也会随之提升。还是微信的例子，现在微信更新一个版本的成本是很高的，每个版本影响到的是上亿的用户，确保不同版本之间的兼容性及新老版本的稳定性，这些都是技术上的挑战。在整个产品生命周期中，产品职能和技术职能始终相辅相成，持续对产品进行改进与优化，两种职能是天生的配合者。

作为产品经理，需要了解一个技术团队中各个职能分别是做什么工作的，图 1-2 所示为一个常规技术团队的组织结构和基本职能分布。

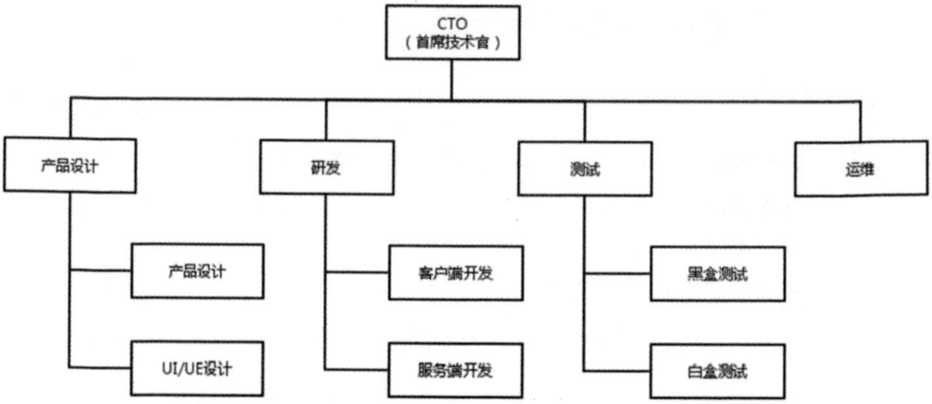

图 1-2　技术职能结构图

在职能分布上，CTO（首席技术官）是管理和领导的角色，是技术团队的负责人，统筹技术和产品相关工作的开展，简单说就是技术团队的老大。在 CTO 之下又划分为几个大的职能模块（可能不同的公司有不同的划分方法），即产品设计、研发、测试和运维。

产品设计包括产品本身的功能和流程设计，同时也包括产品的交互和视觉设计。在大公司里，交互和视觉设计分工比较明确，职能更细；在创业公司里，产品经理通常承担了产品功能流程设计和交互设计，视觉设计一般由专业的设计师负责。产品设计师在整个工作流中类似建筑规划总设计师，负责设计整体蓝图。

研发版块是技术团队的主要构成部分，一般是人数最多的职能版块，研发分为前端开发和服务端开发，前端开发又可细分为 Android 开发、iOS 开发、Web 前端开发等，服务端开发可以细分为应用接口开发、数据库开发等。虽然都属于开发人员，但同样是术业有专攻，每个开发人员都有各自负责的技术领域，当然也有跨技术领域的工程师，比如既能做前端开发又能做服务端开发的。

技术团队通常都有一个架构师，架构师是一个高级技术职位，一般是一位具有丰富经验和技术能力的技术人员，架构师负责系统的整体架构和规划，类似于建筑实施总设计师，设计整体实施方案。**测试是保证产品高质量上线发布的保障职能**，测试具体可以细分为黑盒测试和白盒测试。

黑盒测试是指一般的功能性测试，测试人员会从用户视角对产品进行全方位多角度的使用，模拟出各种可能出现的用户场景对产品进行全流程测试。**白盒测试**是比黑盒测试更进一步的测试，白盒测试会深入代码层面进行测试，使用测试用例对某一代码模块进行测试，白盒测试对测试人员的要求更高。测试人员类似建筑工程中的质检人员，负责对实施的工程进行质量控制和把关，对于不合格的部分进行标注并返工处理，测试通常有一套严格的测试标准，叫**测试用例**，测试用例覆盖越全，测试所覆盖的可能性问题就越全，更有利于遍历所有可能的问题。

运维是对系统进行持续稳定运转的保障职能，需要持续监控和优化系统的运行状态，例如对带宽的监控、对系统负载能力的监控和优化等。运维类似于建筑工程中的交付保障部门，对交付后的产品进行持续维护，当出现问题时及时响应并处理。运维是系统工程，而且是持续进行的工作，对系统的要求是 7×24 小时全天候无故障运行。我们每天使用的各种互联网产品能正常工作，一方面是在开发和测试阶段解决问题，另一方面是在后期运维阶段持续保障。例如，当用户量或访问量到达一定阶段后，运维需要提高服务器的处理能力，所以运维是产品的后勤保障。以上各职能相互配合，为产品的整个生命周期服务。

1.3 产品设计中需要注意的技术边界

技术边界是指在现有技术水平之下，可以被技术实现的需求范围。超出技术可实施范围的设计无法落地，互联网技术日新月异，技术在快速发展的同时也对互联网产品设计的发展提供了保障。例如今天的智能手机，可以手指滑动操作，可以多点触摸，可以使用一些内置传感器实现诸如摇一摇之类的功能。很多产品设计都是基于这些技术之上的，有了基础技术的支持，可以产生很多很好的产品创意。十年前，很多技术还不成熟，今天使用的很多产品功能都是无法被满足的。所以，**对于产品设计者来说，在设计产品时需要了解技术边界在哪儿，需要知道什么样的设计在今天能被满足，但**

同时也不要受制于技术边界，想象的空间无限大，在思考层面需要无边界。这里所说的边界实质上是指实现边界。想法可以足够大，但实施需要脚踏实地。产品经理在提需求的时候首先要询问在技术实施角度的可行性，否则一个看似酷炫的设计方案有可能只是个空中花园无法落地。

我们能使用移动 App 产品实现自动定位和导航功能，是因为在智能手机里内置了 **GPS 导航模块**；能在微信内使用摇一摇功能，是因为手机内置了**重力传感器和加速度传感器**，包括现在流行的计步器类产品都是应用了该项技术。在实现层面，例如苹果的 iOS 设备和谷歌的 Android 设备，在开发上也封装好了非常方便使用的接口，开发人员只需要简单调用就可以实现这些在以前看来非常复杂的功能。**接口**和**调用**就好比我们用电，我们不需要关心发电厂如何生产电，我们只需要把插头插入插座接口，就可以点亮电灯。

对产品经理来说，在设计某一项产品功能时，需要考虑在现有技术条件下该功能能否被实现。对技术边界的了解可以先从了解常用技术基础开始，另外，在与工程师的沟通和互动中也能学习到很多技术边界有关的知识，在具体实现时会遇到很多问题，哪些是现有技术能解决的、哪些是现有技术解决不了的，工程师最了解。

案例分析

举一个有关技术边界的例子，使用微信的人应该都熟悉微信运动，每天一到晚上 10 点，大家总会看朋友圈里今天谁走的步数最多，“很坏地”给步数最少的人点赞，这已经成为一种运动和生活习惯。

微信运动这个产品功能其实受限于使用的手机传感器，细心的同学可能会发现，出现在微信运动列表中的朋友大部分都是使用 iPhone 的用户，很少看见使用 Android 手机的朋友出现。其实，微信运动这个产品功能使用了手机中的重力传感器和加速度传感器，这种传感器在 iPhone 等高端手机中是自带的，但是在一些低端的 Android 手机中没有。重力传感器和加速度传感器通过手机的移动和一套计算走路跑步的算法计算用户携带手机走了多少步或者跑了多远，微信只是开发了一个功能通过重力加速度传感器获取这个数值。

这就是一个典型的技术边界的例子，同样一个产品功能，在不同的物理设备上，由于设备的技术标准限制，使得同一个产品功能在一些设备上可用，在另一些设备上不可用。

作为产品经理，在设计某一个产品功能时，首先要判断在现有的技术边界下该产品功能是否可被实现，否则一个再好的功能，缺失了基本的土壤条件，也无法落地。尤其对非技术背景的产品经理来说，在提出一些产品功能时，建议先和工程师就该产品功能的实现方案进行初步沟通，明确其技术可行性再做进一步分析和设计。技术可行性受限的，需要及时调整产品设计策略。

1.4 工程师的思考方式：工程思维

产品经理需要具备多种思维模式，首先就是工程思维，大部分工程师都是工程思维。**工程思维往往是理性的逻辑思维，从实现的难易程度和系统的角度定义产品和设计产品。**这么做有一个最大的弊端，就是脱离实际。这个实际并不是指技术实现的实际，而是指需求和实际场景。当工程师接到一个需求时，首先是从现有工程架构和扩展的角度考虑，这是一种很正常的思维，但从另一个角度看，一个需求的价值不在于它本身的技术难易，而在于是否解决了用户的问题，我们要避免为了设计而设计。

用户需求的具象表现是产品功能，单纯地研究和设计产品功能好比是实验室进行的科研任务，例如，对某个功能的流程设计或者是交互体验设计。但是，产品本身不仅仅只有功能，还有背后的业务和商业逻辑，功能之下体现的是业务和商业目的。现在流行的购物智能推荐就是在用户首次浏览商品后，再进入浏览页面时，系统会自动推荐与上次用户浏览的产品相关的产品，这样做的目的是提高用户的购买率，通过这个功能的设计，达到提升购物转化率和平台成交量的目的。

作为产品经理，在工作实践中需要不断了解工程思维，特别是对非技术背景的产品经理来说，在与工程师的合作中，经常是在与工程思维进行互动。工程思维是一种实现思维，而产品经理恰恰代表的是用户思维，如何将用户思维与实现思维有机统一，是产品经理的必修课之一。

1.5 入门产品经理的思考方式：功能思维

功能思维是从软件产品角度出发的思维模式，是从系统功能的角度评判产品的完整性和实用性。功能思维是有别于工程思维的一种表现，功能思维更多的是产品经理所具有的，有句话经常这么说，“是做功能还是做产品”，其实功能是产品的一种表现形式，功能思维会为了完成一个需求考虑功能体验上的各种可能性，重点都是关注产品功能本身，而忽略了其业务目标和业务价值。而且，一个产品从商业战略到最后产品上线，期间不仅是一个技术产品，还包括业务定义、全业务流程设计等，产品始终与业务并行发展，真正好的产品应该做到产品驱动业务，在产品设计过程中不能忽视与业务的互动，包括产品上线后产品运营和业务运营，这些环环相扣构成一个整体来支撑一个产品的运转。

不管是技术型产品经理还是非技术型产品经理，具备功能思维比较容易，日常的产品设计大多都是基于一个需求设计功能，功能设计同时也受技术边界的制约，尤其对非技术型产品经理来说，具备一定的技术知识对设计产品功能起到直接的帮助作用。

1.6 高阶产品经理的思考方式：产品思维

产品思维是一种结合工程思维、功能思维及商业思维的综合思维模式，包括对商业目标的理解、对目标用户及用户使用场景的理解。在充分理解商业战略的前提下完成产品定义和产品设计，通过了解产品所围绕的业务场景提升产品的可用性和易用性，改善业务体验和产品体验，提升整体的用户体验。返璞归真，回归产品的本质。在产品思维下，既包括工程思维也包括功能思维，同时涵盖用户思维和商业思维。在产品意识和产品思维的驱使下，产品经理在前期定义产品阶段需要充分了解业务并清晰地定义业务目标，衡量在目前的产品环境和可用资源下如何快速实现。期间需要完成大量的沟通工作，包括与业务、运营、设计、技术和公司其他相关职能部门的沟通。在共识和可行性的基础上开始进一步的详细设计工作。

产品思维可以大大简化产品工作，按《用户体验要素》一书的观点，整个产品体系从下往上分为战略层、范围层、结构层、框架层和表现层，如图 1-3 所示。

图 1-3　用户体验的五个层次

最下层的战略层决定了业务和产品需要实现什么目标，为谁和什么场景服务；范围层需要定义清楚在既有战略的基础上做哪些东西来实现战略目标；结构层需要基于范围层的内容完成基础信息架构和交互设计；框架层完成我们能看得到的界面设计；表现层则是视觉表现设计，让产品看起来更友好。一个完整的产品定义和设计过程都需要经历这 5 个阶段，缺失某一个阶段都会导致产品不完整，重点关注某一个阶段也会导致产品的不平衡，所以需要产品经理找到其中的平衡点。就重要性来说，越往下，重要程度越高。

产品思维还有一个非常重要的环节就是对业务流程的设计，产品经理为最终的产品质量和用户体验负责。在设计前期产品经理需要考虑产品从设计到开发到最终投入使用需要经历哪些环节，需要与哪些人进行合作。例如，需要数据准备的产品，在产品设计阶段就需要与数据提供方达成一致，保证产品上线时数据已经准备好。需要运营介入的产品设计，需要在前期沟通阶段就邀请运营人员加入，确保其对整体业务流程和产品环节足够清晰且理解一致，才能在最后产品上线时大家集体发力保证产品高效运转，而不是产品经理单方面思考和定义然后交付给下游配合方，这样会导致产品与业务脱节。所以，产品思维是要在考虑整体性的同时顾全细节，心里装下业务、运营、设计、研发等很多环节，可见产品经理是一个综合体。

图 1-3 所示的五层结构，每层的侧重点不同，产品经理做产品的过程中需要从战略层思考开始。当然，通常战略层的内容都是公司高层已经确定的，产品经理要做的就是理解战略，在理解战略的基础上挖掘符合战略的用户需求，即解决用户的什么问

题，范围层解释的就是要做什么并且为用户解决什么问题。战略层和范围层的内容明确了产品定位，**产品定位是否清晰直接决定了产品以什么样的形态呈现给用户使用**。

案例分析

在微信 V6.5.12 之前的版本中有一个产品功能设计很有意思。我们从微信第二个模块“通讯录”进入某一个联系人主页，单击“发消息”按钮后进入会话聊天页面，此时单击页面左上角的“返回”按钮后，直接返回到第一个模块“微信”，也就是聊天列表页面。我们可以看到，从第二个模块“通讯录”进去，却从第一个模块“微信”出来，这个设计似乎有点违背基本逻辑。恰恰是这个设计，体现了微信背后产品经理的产品思维。

我们来分析微信为什么要这么设计，首先有这么一个场景，我们通过通讯录找到一位好友开始聊天，聊完后用户可能的动作有：第一，在这次聊天的过程中有别人发来了消息，需要及时查看；第二，长时间聊天产生了社交疲惫感，想看几篇公众号文章缓解或者刷朋友圈。从可能的场景可以看出，回到第一个模块“微信”处理信息的概率远远大于留在第二个模块“通讯录”，所以在结束聊天返回后的这个动作所触发的下一个动作更有可能是处理别的事务，而不是继续留在通讯录找另一个人聊天。

但是在微信 V6.5.12 之后的版本中，这个设计发生了变化，进入微信后选择“通讯录”，选择某一个联系人后就可以进入他的个人“详细资料”页面，点击下方绿色按钮“发消息”进入聊天页面。此时，点击左上角的“返回”按钮后回到的是“详细资料”页面，也就是从哪里进入就回到哪里。

这个变化在某种程度上反映了微信设计产品的逻辑变化。这种变化有可能是产品经理设计思路的变化，也有可能是数据驱动下的决策，或者是用户反馈后产品经理做出的妥协。无论是哪一种，背后折射的是微信产品经理对产品在不同阶段的不同理解。

微信的这种设计思路是典型的产品思维，将用户的使用场景与产品功能设计结合。

同样是这个产品功能，如果使用工程思维或者功能思维进行产品设计，那么从聊天页面返回时应该直接返回联系人主页，因为这符合工程实现中栈的思维。关于栈，后面的章节中我们会做详细介绍。

1.7 产品经理必须回答的 8 个问题

一个标准的互联网公司如果没有产品经理，还真不好意思说自己是互联网公司。但是，如果画几个原型图、设计几个功能就叫产品经理的话，那互联网行业产品经理的数量还要翻上几倍。那么问题来了，如果画原型图和设计功能的不叫产品经理，那产品经理到底该干什么呢？如果你是一个产品经理，先试着回答如下 8 个问题，若你对大部分问题都没有明确而坚定的答案，就要小心，可能你做的不是产品经理的工作，而是抢了功能经理和设计师的工作。

第一问：产品的目标用户是谁？

在《用户体验要素》一书中，作者提出了经典的产品五层模型，这个理论模型比较好地解释了产品的层次架构，也给了很多产品新手一个概要性的指导纲领。理论框架只能为我们建立思考模型，回到产品本身，我们需要回答的第一个问题就是，我们产品的目标用户是谁。

这不是一个“我是谁”的哲学问题，产品的目标用户直接决定了产品原则的设定标准。简单说，产品原则就是产品本身的道德准则，即坚持什么、抵制什么、做什么和不做什么。一个产品的目标用户往往是一个特定的人群，这群人会基于一个共性的需求来使用产品。例如，滴滴出行的目标用户是某一时刻有出行需求的人。这些人的需求是通过交通工具将自己从 *A* 地运送到 *B* 地。明确了目标用户，掌握了他们的需求，就可以进入下一个问题。

第二问：产品为目标用户解决了一个什么核心问题？

回答目标用户的特征和需求之后，需要明确产品为用户解决的一个核心问题是什么。用户只会因为产品的一个核心功能而使用产品。一个产品往往具备很多功能，这些五花八门的功能看似解决了用户很多问题，但如果缺乏一个核心功能，这些附属功能是无法支撑整个产品的。产品为用户解决的核心问题就是产品功能的主路径，明确主路径之后，一切产品功能的添加和优化都需要围绕这个主路径展开。例如，微信为用户解决的核心问题就是沟通。

第三问：产品的核心功能是什么？

明确了目标用户，明确了要为目标用户解决的核心问题，那么从产品功能层面，为用户提供的核心功能是什么呢？核心功能的选择决定了用户该如何使用产品。还是以微信为例，如果解决的核心问题是沟通，那核心功能可以是语音、可以是文字，也可以是视频。基于微信原始版本所处的时代和网络环境，选择实时文字短信收发作为核心功能是最合适的选择。

第四问：产品的使用场景是什么？

产品设计必须依托于用户使用产品的具体场景。我们知道用户在什么样的场景下使用产品，即可以对该场景下如何更好地满足用户需求提供真实的现场感受，从而利用这种感受指导产品设计，也可以基于真实的使用场景优化产品定位。例如，阅读类产品有白天模式和夜晚模式，这种产品功能的设计是了解用户的真实使用场景后才能得到的洞见。

第五问：产品给目标用户带来的价值是什么？

这个问题回答的是目标用户为什么要使用我们的产品。用户不会无缘无故使用我们的产品，我们需要给用户一个使用产品的理由。这个理由就是产品给用户带来的价值。价值的体现形式可以是物质的也可以是精神的。例如，司机使用滴滴出行的产品能带来实际的收入；我们使用微信和别人交流互动体现自己的存在感。

第六问：如何用一句话介绍产品是什么？

这是一个最难也最容易的问题。难在回答这个问题需要对产品的本质有充分的理解，容易在通过简单的表象也能回答。

例如，以比较火的国外社交产品 Snapchat（色拉布）为例，这款产品的创始人用一句话介绍他们的公司和产品，“我们是一家照相机公司”。这个描述足够精炼也足够简单，让人非常好理解的同时给人无限的想象空间。因为 Snapchat 做的是一款图片类的社交产品，他们通过产品的设计传递一种将照片作为沟通载体的理念。所以，将自己比喻为一家照相机公司既能让别人听懂，也能让别人产生想象，这家新型的“照相机”公司究竟与传统的照相机公司有什么区别？这会激发人的好奇心和求知欲。

第七问：与同类产品的定位差异是什么？

前面的问题回答了我们自己是谁。这个问题回答的是我们在别人眼里是谁，以及别人在我们眼里是谁。与同类产品的定位差异化是拉开产品和业务差距的核心。例如，百度基于搜索场景完成人与信息的连接，阿里巴巴基于购物场景完成人和商品的连接，腾讯基于社交场景完成人与人的连接。他们的定位各有差异，面向的市场也各不一样。即使他们的产品在功能上有重合，例如百度有搜索功能，阿里的天猫和淘宝同样有搜索功能，但定位决定了目标市场的差异化，也决定了公司的基因差异化。

第八问：产品的盈利模式是什么？

不以赚钱为目的的生意都是耍流氓。情怀是给文艺青年玩的，追求是给理想青年玩的。一个正常公司的产品经理需要清楚地知道自己主导的产品究竟如何给公司创造商业价值。当然，互联网产品都是用户价值至上的，早期可以不考虑产品如何产生商业价值，等用户量达到一定规模，或者产品带来的用户价值足够明显时，再整体规划如何将产品商业化。

例如，谷歌推出的面向普通用户的搜索引擎产品，天生就是一个具备盈利模式的产品，满足用户使用体验的同时，公司还赚得盆满钵满。谷歌至今都是全球市值最高的几家公司之一。

以上 8 个问题，总结起来就一句话，“知其然，更知其所以然，知己知彼，百战不殆”！

1.8 本章小结

本章主要介绍了产品经理懂技术的必要性，尤其对非技术背景的产品经理来说，在设计产品的过程中需要了解技术边界，避免设计出一些在现有技术下无法实现的产品。

另外，对技术职能的划分做了介绍，帮助产品经理在与技术人员的配合过程中对每一个领域的具体职责有清晰地理解，知道出问题的环节该对接到哪个技术职能，精准地找准问题解决者对工作效率的提高非常有帮助。

了解技术职能的划分对整个技术产品的研发流程也会有更清晰地认识。准确把握什么是工程思维、什么是功能思维，以及什么是产品思维。产品经理设计的是产品，但产品不仅仅只有功能，产品是业务的表现形式，抓住业务的本质并洞悉用户，沉淀出关键功能的产品才是好产品。同时具备技术思维和产品思维的产品经理才是好产品经理。

2 互联网技术与产品

2.1 互联网技术发展史

互联网技术一直在更新换代，产品形态也在持续演进。纵观互联网技术的发展历史，大致可以分为三个阶段，分别是基础技术发展期、PC 互联网时代和移动互联网时代，而下个阶段的互联网形态究竟是什么样的，现在有很多畅想，比较主流的是互联网即将进入人工智能和万物互联的时代，那将是一个互联网极度发达和普及的时代，我们生活的方方面面都有可能被互联网影响和覆盖，如图 2-1 所示。

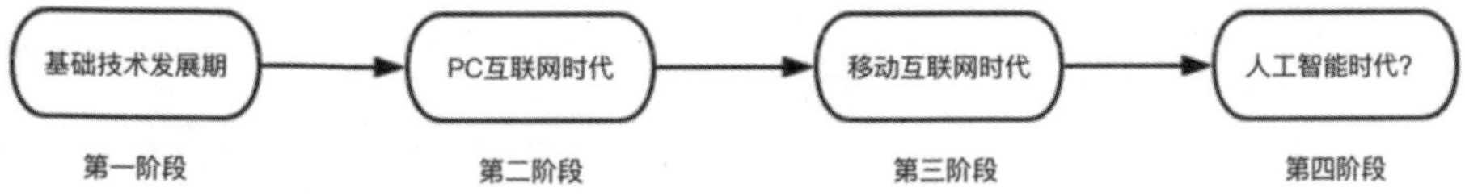

图 2-1　互联网发展阶段

20 世纪五六十年代，计算机技术刚刚开始，属于基础技术发展期，最初计算机技术被应用在美国军方，后逐渐引入学校，早期的互联网网络逐渐形成。之后互联网技术一直处于高速发展阶段，计算机也逐渐进入民用领域。20 世纪八九十年代是互联网的雏形期，这段时间主要是互联网基础技术的发展。紧接着第二阶段大概在 20 世纪 90 年代，互联网技术开始在全世界普及，进入 PC（个人电脑）互联网时代，技术层面应用最广泛的是 Web 技术，具体表现形式就是我们所说的网页。台式计算机的成本下降和计算机在生产生活中的普及，导致互联网技术进入多样化发展的阶段，各种技术创新使得很多产品创新成为可能。

一些技术社区也逐渐形成，很多互联网技术都采用开放共享的模式，一门技术并没有版权限制，这也给互联网奠定了开放的基因。接着是第三个阶段，也就是目前所处的移动互联网时代，智能手机的发展带动了移动互联网技术的发展，比较典型且主流的是以美国 Google 公司推出的 Android 系统和美国苹果公司推出的 iOS 系统为主的移动平台。从 PC 互联网时代向移动互联网时代转型的过程中，基础技术也在随之更替，移动互联网时代技术产品的表现形式就是我们平常用得比较多的 App，同时 HTML 5 技术也在移动互联网时代得到极大发展。

2.2 互联网产品发展史

在互联网技术发展的不同阶段，对应的产品形态也在持续演进，最初的计算机软件产品更多是用来解决某一领域的具体问题，例如开发一个软件系统来管理和控制生产，类似库存管理或者财务管理系统等。在个人电脑时代，早期的计算机软件更多是以本地安装的方式，所谓本地安装就是需要通过一个光盘或者一个软件安装包将软件安装到计算机上，然后才能开始使用。这种方式有一个弊端，就是更换计算机后软件需要被重新安装，所保存的数据也需要被迁移。随着 Web 技术的发展，本地安装的方式逐渐被网站系统取代，安装软件系统产品不再需要通过光盘或者安装包文件，浏览器访问一个网址就可以进入并使用对应的软件系统。

技术上的升级解决了之前由于切换计算机或者其他原因带来的重新安装和数据迁移的问题，而且还有另外一个好处，由于不可预知的问题造成的计算机损坏，不会因为数据的丢失而造成额外损失，容灾性得到了提高。其实这种形态就是目前所说的软件即服务，也就是**云服务**，在任何地方、任何时候只要通过一个网页浏览器即可使用对应的软件系统产品。在这个阶段，除生产应用外，还产生了一些其他的互联网产品形态，例如 Google 推出的搜索服务、一些生活服务信息网站和电子商务网站。至此，互联网产品开始向普通人的生活渗透，人们查找信息、沟通、购物、预订机票酒店等很多生活动作都可以通过互联网产品完成。

如今，进入移动互联网时代，智能手机和移动网络得到长足发展，利用智能手机移动、随时的特点，很多应用场景得以发生。例如利用智能手机实时定位可以实现定位导航、查找附近内容等；利用智能手机的各种传感器可以实现计步、摇一摇等我们如今常用的产品场景。这个阶段的产品形态就是我们常说的 App，通过内容丰富的应用市场，我们可以找到各种各样的 App 产品，例如用来沟通的微信、出行的滴滴、购物的淘宝、吃饭的大众点评等。可以说，我们的衣食住行基本被互联网产品包围，互联网产品提高了我们的生活效率。

互联网技术的发展主要以美国发展最为先进，基于技术的进步，各种类型的产品层出不穷。在移动互联网时代，中国的产品创新能力有极大提高，例如腾讯的微信产品，已经成为世界级的标杆产品。中国近十年的互联网发展速度非常快，诞生了很多世界级企业，例如目前如日中天的阿里巴巴。基于互联网技术的飞速进步，人们生产和生活的方方面面都处在日新月异的变革之中。而产品经理作为产品的设计者，承载着通过产品让这个世界变得更美好的使命，作为技术驱动下的产品设计，了解互联网技术是产品经理的必修课之一。

2.3 互联网开源社区和技术

对产品经理来说，了解技术历史和 些技术社区或组织就好比我们做某一类产品必须先了解这个产品所在的行业知识一样。本节，我们简单介绍一些互联网开源技术和开源技术社区。前文有提及，**互联网的基础技术大部分都是开源的。**

所谓开源，就是开放源代码，开源技术可以被任何人、任何组织以无偿的方式直接使用。所谓无偿是指在不需要购买开源系统的情况下直接获取源代码，然后用于自己的系统建设。但有些开源系统会通过一些开源协议限制其商业用途，例如获取开源系统后进行包装售卖，这是很多开源系统不允许的。互联网产品本质上都是由一行行的代码构筑起来的，这些代码组成了一些通用的技术平台。这些通用的技术平台往往由一些对技术痴迷而且有奉献精神的人群维护着，以开放源代码的方式共享给互联网产品的生产者和使用者。通过互联网，这些人组成一些社区，每一个社区都会有一个技术主题，通过分布在世界各地的技术人员共同维护和更新着一个通用技术平台，而这些开源技术社区会由一个或几个发起者牵头，持续为互联网基础技术的更新默默工作。

例如，风靡全球的技术社区 GitHub 就是一个完全由技术人员参与并维护的线上开源社区。GitHub 主要为软件项目提供项目托管和软件版本管理工作。所谓项目托管就是软件代码可以寄存在 GitHub 上，程序员可以针对软件代码进行版本控制和管理，还可以通过 GitHub 实现在线远程的多人同步开发。GitHub 上的很多软件项目都是以开源（开放源代码）的方式呈现的，这也给全世界的技术人员提供了非常好的学习资料，加上本身具备的社区功能，技术人员可以在这里充分地交流和互动。GitHub 被比喻为“程序员的维基百科”。GitHub 的品牌形象如图 2-2 所示。

图 2-2　GitHub 品牌形象

GitHub 的品牌形象是由一个八爪鱼的下身加一个猫的头组成的，通常被称为“八爪猫”，这个品牌形象已经深入全世界程序员的内心，代表着一种开源的技术文化，其“SOCIAL CODING”的标语也代表着开放式社区编程的精神。

下面介绍几个被使用最多的互联网开源技术社区及其技术产品，其中就包括操作系统级的 Linux。计算机基于操作系统运转，没有操作系统我们就无法与计算机进行对话。若没有与数据安全传输相关的 OpenSSL，没有数据加密及安全保障，我们在互联网上进行的数据安全性就无法保障。GitHub 上还有持续为我们提供数据存储的数据库 MySQL，所有的数据都需要被数据库存储，而 MySQL 以其优异而且开源的特性被众多互联网公司使用。

2.3.1　使用最广泛的服务器操作系统：Linux

我们每天都在接触 Linux，如今使用广泛的 Android 手机其底层系统使用的就是

Linux，世界上很多超大型计算机使用的操作系统也是 Linux。谷歌、百度、淘宝通过 Linux 为我们提供着每天都使用的互联网服务。Linux 为互联网而生，是一款免费的操作系统，操作系统提供人与计算机交互的界面，比如微软推出的 Windows 和苹果推出的 OS X。Linux 诞生于 1991 年，开发者可以通过互联网以免费的方式获取其源代码并做出修改后使用。Linux 的发起者和创始人是美国人 Linus Torvalds，他被称为“Linux 之父”。

Linux 系统应用得非常广泛，可以安装和运行在各种计算机硬件设备中，比如台式计算机、智能手机、平板电脑、路由器及大型计算机或者超级计算机。Linux 系统以可靠、安全、稳定、可扩展的特性在互联网技术领域得以广泛应用。Linux 系统内核发布后，因其开源的特性和不受商业软件版权的限制，被全世界的技术人员持续完善和更新，一直到现在，Linux 社区还保持着非常高的活跃度，Linux 系统本身也在持续迭代更新着。Linux 系统已经被应用于互联网的各种系统和产品中，是一种开放、共享精神的象征，也在早期为互联网共享精神的确立奠定了坚实的基础。

2.3.2 网上支付的基础保障协议：OpenSSL

如今 OpenSSL 被运用到互联网产品的各个领域，例如我们习以为常的在线支付、网银、电商网站及门户网站和电子邮件等。今天我们能在互联网上进行在线购物交易及网上业务，在数据加密和安全性保障上都归功于 OpenSSL。

OpenSSL 全称 Open Secure Sockets Layer，是一个开源且强大的安全套接字层密码库。最初由 Eric A. Young 和 Tim J. Hudson 在 1995 年开发，后来由 OpenSSL 开发组持续更新并维护。OpenSSL 是一个基于密码学的软件开发包，具备完整的加密算法和数据加密功能，是网络通信安全及数据完整性的一套安全协议，OpenSSL 可以为数据在互联网的传播提供安全保障，使数据以加密安全的方式进行传输，防止核心保密数据被窃取或者监听。如果没有这个开源项目及开源社区的持续维护，那么我们在互联网上使用产品时安全性就无法满足，也就无法催生出如此丰富的互联网服务。

2.3.3 数据库标杆：MySQL

我们每天使用的互联网产品服务产生大量的数据，金融交易平台使用 MySQL 作为数据库引擎，电商网站使用 MySQL 存储商品信息。

MySQL 是一个开源数据库管理系统，属于关系型数据库，最初的开发者是瑞典的 MySQL AB 公司，该公司在 2008 年被美国 Sun 公司收购，2009 年，美国甲骨文（Oracle）公司收购 Sun 公司，MySQL 成为甲骨文公司旗下产品。MySQL 以开源的方式提供给互联网应用使用。MySQL 的适用性非常广泛，为 C、C++、Java、PHP 等主流开发语言提供了使用接口，使基于任何技术语言开发的系统都可以使用 MySQL 作为数据库。我们每天使用的互联网会产生大量的数据，而这些数据最终都存储在数据库里。

MySQL 目前已经成为全世界范围内的主流数据库之一，并被运用在很多领域，MySQL 的特点是开源、轻量化而且支持大规模访问，基本所有的互联网公司都在使用。

2.3.4 服务器的“温床”：Apache

Apache 为我们每天访问的网站提供最基础的容器支持，是一款服务器运行软件系统。容器是承载并运行服务端程序的环境，一台服务器可以通过多个服务端口对外提供服务。容器扮演的就是服务端程序运行环境的角色，与此同时，容器本身还提供其他辅助支撑系统。Apache HTTP Sever（简称 Apache）是 Apache 软件基金会（Apache Software Foundation）维护的一个开放源代码的网页服务器项目。它可以运行在大多数计算机操作系统中，以其跨平台、快速、简单的特性被广泛使用，也是主流的 Web 服务端软件之一。

Apache 是一组服务，是我们日常使用的 Web 网站的容器，各种网站都运行在 Apache 提供的环境中，每当我们在浏览器中输入网址访问某一个网站时，服务端就很可能是一台使用了 Apache 的服务器，Apache 为我们每天使用的互联网服务提供了基础运行环境。Apache 软件基金会是专门为运作 Apache 开源项目提供支持的非营利性组织，他们还推出了一系列的开源软件平台，包括大数据处理的支撑技术 Hadoop、服务端容器 Tomcat 等。

2.3.5 工程师的造物利器：Eclipse

Eclipse 是一个开放源代码的基于 Java 的可扩展开发平台，起始于 1999 年，最初由 IBM 牵头，现在已经形成了一个庞大的 Eclipse 联盟，有近 150 家公司参与到 Eclipse

项目的开发和维护中。Eclipse 本身是一组开发服务框架的合集，简单地说，Eclipse 是提供给软件开发人员进行软件开发的工具。很多使用 Java 语言的系统都使用 Eclipse 作为开发工具来开发，现在，Eclipse 不仅仅是 Java 开发工具，还可以进行 C、C++和 PHP 语言的软件开发。Eclipse 已经逐渐形成了一个集大成的开发工具平台，作为软件开发人员的利器，大大提高了软件开发人员的工作效率，也让整个开发和集成过程变得更精简。Eclipse 不像前文提到的 OpenSSL 会直接服务于互联网用户，Eclipse 服务于构建互联网产品的软件开发人员，好比工匠手中的万能工具，能极大地发挥工匠实力，也能打造出极致好的产品。

2.3.6 下个时代的技术主角：AR 与 VR

技术在快速发展与进步，不断把人类的认知和生活方式带进新的领域。近来，以 AR（Augmented Reality）和 VR（Virtual Reality）技术为代表的新型产品体验被大量应用，让我们预感到下一个时代的主角已经登场。

AR 的中文全称是增强现实，是指通过虚拟图像建模，并利用物理设备采集图像信息的方式，能在现实世界中看到原本不存在的虚拟物体。例如，一些 AR 产品可通过手机上的应用程序调用手机摄像头，能看到现实中不存在的虚拟物体。不管手机如何移动，虚拟物体始终与现实世界融为一体，从而给人一种全新的感官体验。AR 的应用场景非常广泛，例如虚拟客厅和家居展示，通过移动设备可以很清晰地看到虚拟出来的现实场景，未来也一定会涌现出更多的 AR 应用。

VR 的中文全称是虚拟现实，是通过计算机虚拟出来的一个全景视角，必须通过一个类似眼镜或头盔的 VR 设备来体验虚拟现实情境。VR 的应用场景在游戏领域比较广泛，能让体验者置身于一个完全虚拟出来的全景世界，通过外部设备，在视觉和触觉上有全新体验。

AR 和 VR 的区别在于，前者是将真实世界和虚拟物体叠加在一起，通过取景介质体验和互动，是对现实的增强体验。VR 是完全虚构出来的场景，与现实世界没有关联。VR 是把人带入虚拟世界，AR 是把虚拟物体带入真实世界。

2.4 互联网产品技术架构

互联网的产品形态多种多样，有电子商务网站、分类信息网站，也有如今移动互联网时代的移动 App，例如通信沟通工具微信、打车软件滴滴和 Uber 等。在不同应用场景的产品背后，都有一套基于互联网技术的统一架构。正是这些基础架构，承载着互联网产品的多样化，基本的互联网产品技术架构如图 2-3 所示。

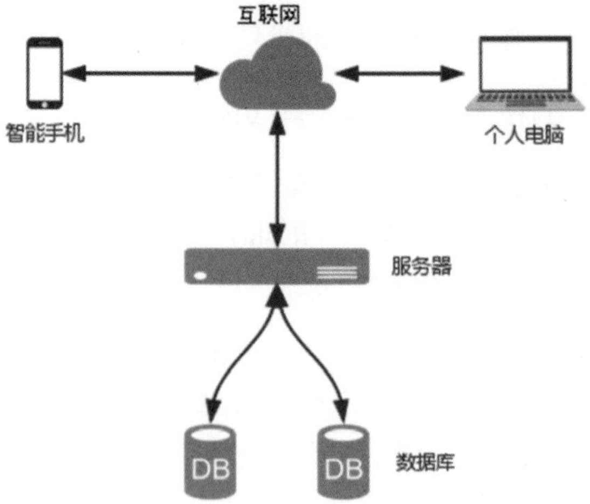

图 2-3 互联网产品技术架构图

互联网产品技术架构整体分为两部分，分别是前端和服务端，前端和服务端通过中间网络进行数据传输。前端就是用户使用的客户端，包括最初使用个人电脑通过浏览器进行网页浏览，现在通过智能手机使用 App 进行一系列的操作。服务端包括应用服务器和数据库，应用服务器用来部署服务端程序，处理前端请求并进行服务响应，数据库用来存储数据，服务器通过专门与数据库进行交互的程序对数据库进行读写操作。

2.3 节提到的各种开源技术，在互联网产品技术架构中的各个环节都会被用到，例如服务器可以使用 Linux 作为操作系统来运行服务端程序，前端与服务端通过网络进行数据传输时可以使用 OpenSSL 进行数据加密与安全保护，可以使用 MySQL 进行数据存储，可以使用 Apache 服务作为网页服务提供运行容器，前端和服务端的程序使用 Eclipse 进行开发，以上都是对具体技术的具体运用。当然，每一个环节都可以选择其他的技术，例如在数据库的选择上还可以使用甲骨文推出的 Oracle 数据库，服务端程序的开发语言可以选择 Java 或者 PHP，互联网产品的技术架构可以承载各种类型的技术选型，技术上的灵活性可以保证产品的灵活性。

产品视角 vs.技术视角

从产品视角去理解一项任务发生的流程和从技术视角去理解所看到的部分是不一样的。**产品视角**是从用户使用产品的场景出发，产品经理从产品视角设计产品功能，涵盖常规使用场景和异常使用场景。产品视角考虑问题并不会细化深入到每一个实现环节，而技术视角则会微观到每一个实现环节。

技术视角是从产品功能的实现步骤角度出发，实现某一个产品功能需要设计的实现步骤分别是什么，每一步又可以拆分成子步骤，粒度相对于产品视角更细，逻辑严谨性更强。对非技术背景的产品经理来说，在具备产品视角的基础上，如果能通过学习一些基本技术知识，从技术视角思考问题，反向审视产品设计，对设计的合理性做反向检测，既能提高产品的逻辑严谨性，也更符合工程师的技术实现思维。

产品经理应该从产品视角看待问题，如果是技术背景转型过来的产品经理，在针对某一项产品设计时，能从技术的角度审视产品设计，这样能更好地从技术角度辅助产品决策。对非技术背景产品经理来说，在不懂技术的前提下，如果对产品视角把握得足够精确，也能弥补技术知识的不足，因为最终产品是给用户使用的，核心关键点在于准确捕捉用户需求，并且通过合理的功能设计满足用户需求，剩下的就是通过技术评估最终让产品落地。

产品视角和技术视角是理解产品的两个角度，最终并不会因为某种视角而影响产品的结果，对非技术型产品经理来说，更重要的还是学会如何通过产品视角即用户的角度看待产品，通过学习和了解一些技术知识也能具备从技术视角审视产品的能力。

案例分析

以一个常用的产品功能——用户登录为例。假设用户通过智能手机从 App 中进行用户登录，如果是产品视角，用户只是通过输入已存在的用户名和密码完成登录，期间可能发生的是登录密码错误或者网络原因导致错误等产品场景。

从技术视角去理解，结合图 2-3，首先用户使用智能手机在 App 里输入用户名和密码，这时智能手机内的 App 会通过网络向目标服务器发送一个登录请求，这个请求中会携带用户登录的用户名和密码，服务器通过网络接收到请求后，会从请求中解析对应的用户名和密码，然后服务器会从数据库中查询该用户名和密码与数据库已存储的用户名和密码是否匹配。如果匹配，服务器会返回一个登录成功的响应给智能手机端的 App 程序，此时 App 会提示用户登录成功并进入相应的界面。若在服务器查询数据库过程中用户名或密码不匹配，此时返回给智能手机 App 的结果是提示密码错误或者用户名不存在。接收请求和响应请求这个过程就是技术视角看到的内容。所有的互联网技术产品，不管是使用智能手机还是使用计算机浏览器，不管是使用手机与计算机进行交互，还是使用手机与手机交互，其背后的实现模型基本都是请求和响应模式。

2.5 移动互联网技术的特点

随着智能手机的普及，移动互联网时代到来，互联网产品的形态也随之升级。智能手机成为一种新的人机交互终端，对比传统的网页，智能手机有着自身的优势与特点。例如，各种传感器的引入同时也带来了新的产品体验。利用智能手机的定位功能，人们可以随时随地搜索附近的东西或者通过定位功能叫车，如今的出行类产品和本地生活类产品都离不开定位功能。这种技术上的升级带来了在传统互联网时代无法实现的新的产品形态。

智能手机上摄像头的像素和拍摄质量在逐步提高，在某些场合完全可以取代原有的卡片相机或者专业级相机，让智能手机具备多场景使用的便利性。另外，随着手机上各种传感器的进步，现在人脸识别、指纹识别技术也被大量运用在智能手机上，使智能手机成为了人身体部位的延伸，提高生活和工作效率。

在传统互联网时代，我们使用腾讯的 QQ 时会有上线和下线的操作，那是因为我们离开计算机后就与互联网断开了，但在移动互联网时代，我们同样使用腾讯的微信产品，已不存在上线和下线的概念，这是技术变革带来的产品变革，因为智能手机会一直与我们相连，使我们处于永远在线的状态。

在移动互联网时代，智能手机成为主要终端入口，移动互联网的技术特点相对于传统互联网阶段具备了移动性、随时性、永远在线的特点，也正是技术的升级，带来了很多产品创新的可能。

2.6 下一代互联网产品

回顾互联网这二十多年的发展，经历了几次更新换代，从最初人们接入互联网的兴奋，到如今互联网已经融入人们生活的方方面面。整个互联网带给人类的是一次整体的升级，这种升级不仅体现在社会和生活效率上，也是整个人类认知和生产关系的升级。互联网发展速度之快是其他行业追赶不上的，互联网产品的迭代速度之快也是任何工业产品都无法匹敌的。

任何一款互联网产品只要设计并开发完成即可面向数以亿计的用户使用，而传统的工业产品则需要经过生产、运输、销售等多个环节。互联网产品就像水电煤一样，拿来即用，用完即走。

最近二十年的互联网产品发展，从最初的网站和门户主流时代，到现在的移动互联网时代，人们使用互联网产品的介质也逐渐从个人计算机过渡到智能手机。那么，下一代互联网产品的形态是什么呢？

这个问题目前被热议，尤其是以人工智能（Artificial Intelligence，AI）和 VR 为主的下一代互联网产品受到极大关注。人工智能是在现有互联网产品的基础上实现智能化，例如语音识别和处理、人机交流等。人工智能的应用能体现在人们生活的方方面面，例如出行、家庭机器人，这些场景更多的是通过人工智能技术将人与这个世界更真实地连接起来。过去的互联网产品更多的是人向计算机发出指令，计算机按照事先编写好的程序对输入的交互指令做出反馈，而人工智能能真正实现人与计算机的交流和互动，让这个过程更加拟人化。

虚拟现实也是将会被广泛运用的新一代技术，尤其是在医疗和游戏领域，目前已经被广泛使用起来。例如医生通过虚拟现实的成像进行病例分析，甚至进行手术；游戏玩家通过虚拟现实头盔将自己置身仿如现实的游戏环境中。未来，这些技术将会被运用在越来越多的场景中，而那时的互联网才是一个真正万物互联的世界，互联网产品会真正成为人类生活生产中不可或缺的一部分，期待未来的到来。

2.7 下一代互联网产品经理

随着技术的发展，互联网产品形态也在发生变迁。在这种变化中，产品经理的能力模型和要求也在升级。PC互联网时代的产品经理主要面向网站形态来设计产品，移动互联网时代的产品经理主要面向移动智能终端设备来设计产品，在信息组织、交互方式和产品结构设计上是完全不同的方式。那在接下来的若干年中，产品经理会朝着什么方向发展呢？下一代互联网产品经理需要具备的能力模型是什么？这是一个值得每位产品经理思考的问题。

未来，产品经理的能力模型不仅包括设计产品的能力，也包括能基于产品定位把产品运营起来的能力。运营能力的获取需要通晓综合门类知识，包括行业知识、市场、财务、法律等。产品经理会从产品结构和功能设计者慢慢向全流程服务设计者转变。从产品定位、用户需求、技术方案、服务流程、市场推广等多个环节实现全流程打通，单一技能的产品经理时代即将过去，“全栈产品经理”的时代即将到来。

另外，随着人工智能技术的发展，下一代产品经理所面对的产品形态会升级，产品与用户的交互方式会发生变化，从现在用户通过鼠标或者手指的操作升级为语音、行为，甚至是意识操作。这种技术升级带来的产品形态升级，也对产品经理提出了更高的要求，而“全栈产品经理”是下一代产品经理的基础能力模型框架。

2.8 本章小结

本章主要介绍了互联网技术与产品的发展史，随着互联网技术的演进，互联网产品的形态也在随之进化。从传统互联网到移动互联网的转型过程中，用户场景和产品使用习惯发生了很大的变化，这种变化的背后是技术的创新和进步。

另外，对互联网技术贡献比较大的各种开源技术和社区是互联网技术发展的主要推动力量，互联网技术的开源决定了互联网开放、分享的精神主旨。

本章还介绍了互联网产品的基础技术架构，从前端到服务端再到数据库，这种三层结构是互联网产品的普遍技术架构。在移动互联网时代，智能手机成为用户的主要入口，智能手机带来的一些新的技术特性让很多产品创新成为可能，同时也催生出很多产品形态。移动互联网时代，产品经理的角色变得越来越重要，对技术的把握与运用成为新时代产品经理的必备技能之一。

3 产品经理学编程

3.1 产品经理为什么要学编程

说产品经理学编程并不是真的让产品经理学习如何写代码，而是让产品经理通过了解编程的基本原理，知道产品背后的程序逻辑是如何处理的。对非技术型产品经理来说，在实际工作中与工程师配合最为密切，两种思维模式的个体在对问题的思考方式上存在一定的差异性。

对产品经理这一综合性职能来说，具备一定的技术知识，不论是在与工程师工作的配合中，还是在对技术产品的理解上，都能起到非常大的帮助作用。工程师是一类理性和逻辑思维较强的个体，产品经理首先要做的就是能听懂工程师所说的话，就笔者在实际工作中的观察来看，工程师在和产品经理配合的过程中，使用最多的就是技术语言。例如，当出现一个 BUG 时，工程师会本能地告诉产品经理，这个 BUG 是由程序中的数据处理没有判断导致的。当需要实现一个产品功能需求时，工程师会告诉产品经理现在的代码是如何实现的，这个新需求可能会对现在的代码造成影响。在诸如此类的场景中，如果是非技术产品经理，听到这样的对话无疑是一头雾水，所以，掌握一定的编程知识，对了解技术产品和技术实现思维都有好处。

什么是编程语言

互联网产品都是通过互联网技术实现的，而所有技术的具体表现形式就是编程语言。**编程语言是程序设计人员与计算机进行交互的指令集，在计算机中任何逻辑和表达都可以通过编程语言来实现。**我们所使用的各种产品功能都是通过编程语言由程序设计人员一行一行写出来的，编程语言的种类有很多，例如经常能听到的 C 语言、C++、Java 或 PHP 等，都是不同类型的编程语言，它们好比是不同国家的语言，掌握这些编程语言的程序设计人员可以使用它们创造出复杂的程序，而这些程序组合在一起就成为了我们使用的产品功能。

对同一个产品功能，我们可以用不同的编程语言编写，例如我们可以使用 Java 语言开发微信的服务端应用，也可以使用 PHP 语言来开发。图 3-1 所示为两个工程师使用两种编程语言和计算机进行交互，计算机可以根据当前的环境解析编程语言，可以把计算机理解成一个超级翻译，它能理解程序员使用不同编程语言发出的指令。

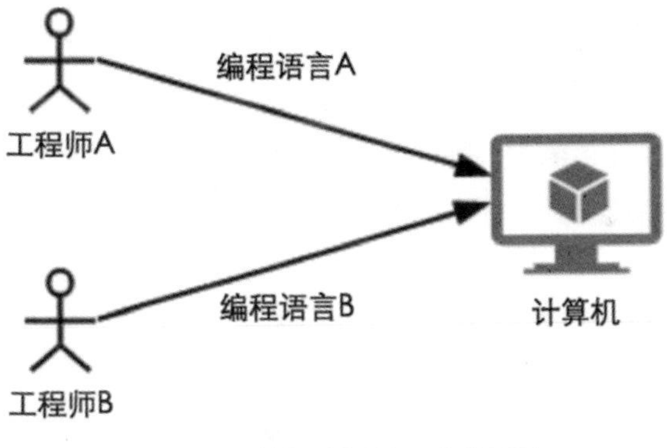

图 3-1　计算机对多编程语言的适用

选用哪种编程语言一般取决于系统架构师综合衡量后的选择，系统架构师就是软件产品的技术总设计师，负责规划和选用技术实现方案，类似于建筑设计师的角色。不同的系统需要根据系统特性选择合适的编程语言。好比我们建造一栋房子，可以用木头来建，也可以选择用钢筋水泥或者玻璃来建。简单来说，编程语言就是程序设计人员与计算机进行交互的指令。一位程序设计人员可以掌握很多种编程语言，好比一个人同时会多种外语一样。

一些特定的系统平台会选择特定的编程语言来实现。例如，前文提到的 Linux 系统，基本上是用 C 语言编写而成的；谷歌的移动操作系统 Android 选择 Java 这种编程语言。在应用程序开发上，最近推出的 Kotlin 也是基于 Java 虚拟机运行的语言，同样可以用来开发 Android 应用程序。苹果的移动操作系统 iOS 选择的是 Objective-C 这种编程语言，还有 Swift 也可以作为 iOS 应用程序的开发语言。

另外，同一个系统平台也可以通过两种或两种以上的混合编程语言来实现，例如苹果推出 Swift 语言后，开发 iOS 应用程序时既可以用 Objective-C 来实现，也可以用 Swift 来实现，这使编程语言具备更多的灵活性。编程语言可以应用在不同的技术场景，同样是 Java 这门编程语言，它可以用来编写服务端的程序，也可以用来编写前端的 Android 应用程序。通过编程语言写下来的程序就是通常我们所说的代码，而由这些代码组成复杂的程序，通过计算机的处理，呈现出我们所使用的产品功能。

3.2 主流编程语言介绍

每一位工程师都有自己擅长的语言，作为非技术产品经理，一定要能区分不同的编程语言，如果让一位只开发 Android 应用的工程师去改 iOS 应用的代码，或者让做客户端的同学帮助服务端的同学开发，那会成为笑话的。当然，也有所谓的全栈工程师，精通多门技术，可以跨领域工作。全世界范围内的编程语言有很多种，而且随着技术的发展，编程语言的种类会越来越多，原本的编程语言也在不断进化。下面介绍几个主要的编程语言，非技术型产品经理在工作中不需要掌握并运用每一门编程语言来写程序，但对编程语言的基础知识要有一定了解，不会写没关系，但可以听懂。

首先是 C 语言，这门风靡全球的计算机程序编程语言已经运行在世界各地的各种系统中，包括个人计算机、大型和超大型计算机、路由器及可编程的集成电路里。C 语言起源于 20 世纪 70 年代，其奠基人是美国人丹尼斯·里奇（Dennis Ritchie），他被称为“C 语言之父”，同时也是非常有名的操作系统 UNIX 的发明人，前文提到的 Linux 系统很大程度上是基于 UNIX 系统的思想演化而来的。C 语言的出现开启了现代编程语言发展的序幕，后来的 C++、Java 等编程语言都是基于 C 语言发展而来的。C 语言在编程语言历史上的地位好比爱迪生发明了电灯泡，具有跨时代的意义。

其次就是 Java，Java 语言也是如今主流编程语言之一，以其跨平台、通用性和安全性的特点被广泛使用，Java 语言的发明人是加拿大人詹姆斯·高斯林（James

Gosling），1995 年他在美国 Sun 公司和同事一同研发，后期也推出了基于 Java 语言的一系列软件服务包。Java 是一门面向对象的语言，相对于 C 语言等面向过程的语言来说，Java 的灵活性更高，同时其抽象现实世界的特点对程序设计人员的学习和理解也更有帮助。Java 自问世后被广泛使用，特别是早期的一些互联网应用系统，大多数都是基于 Java 开发的，很多大型计算机的系统软件都使用 Java 开发，现在很多机顶盒或者 Android 软件也是基于 Java 开发的。Java 语言有很多技术社区，也有很多开源项目是基于 Java 开发的，基于其跨平台的特性，大到超级计算机小到手机软件，都可以使用 Java 开发，可以说是一门应用比较广泛的语言。

在 Web 开发领域，一门比较主流的编程语言就是 PHP（PHP: Hypertext Preprocessor），其发明人是加拿大人 Rasmus Lerdorf，他于 1995 年公布了 PHP 的第一个版本，被称为“PHP 之父”。PHP 是一种开源脚本语言，脚本语言通常以文本形式被保存，只有在调用时进行解释和编译，相对于 C 语言或者 Java 语言来说，PHP 更轻量化而且更灵活，PHP 吸收了 C 语言和 Java 的特点，学习成本较低，主要运用于 Web 开发领域。另外，在 Web 开发领域还有一门比较主流的开发语言就是 JavaScript，虽然名字里有 Java 字样，但其实和 Java 没有太大关系，JavaScript 也是一种脚本开发语言，主要运行在浏览器中，可以为网页增加动态功能。JavaScript 也衍生出了很多的应用场景，而且也具备跨平台的特点，可以运行在绝大多数的浏览器下。

除以上几种编程语言外，还有很多类型的编程语言，比如 C++、Python、Ruby 等比较主流的编程语言。另外，近几年随着移动互联网的到来和智能手机的普及，基于移动操作系统平台发展起来的苹果 iOS 系统所使用的 Objective-C 语言也发展迅速，包括苹果自家推出的开发 iOS 和 OS X 应用程序的编程语言 Swift 也在这两年受到极大关注。编程语言的种类在不断丰富，语言本身也在不断升级发展和改进。

3.3 编程语言中的数据类型

数据类型是用来在计算机世界中区分和表达数据载体的规则，是一种对数据内容的约束，每一种数据都有一种且唯一一种数据类型。数据类型代表编程语言中的最基本规则。介绍完什么是编程语言及几种主流的编程语言后，我们来看编程语言中的基本数据类型。“数据”是计算机世界中的基本单元，一张图片是一个数据，一个文字也是一个数据。如图 3-2 所示，一个基本的数据单元主要由几部分构成，分别是数据类型、数据名称和数据值。数据的名称也叫变量名，每一个变量都有对应的数据值，这部分内容我们会在接下来的章节里介绍。

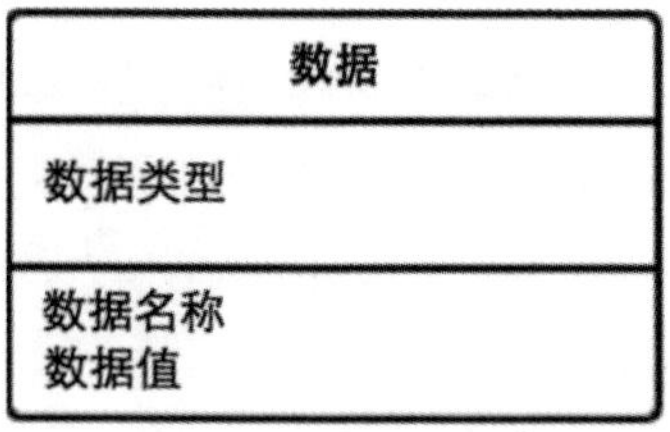

图 3-2　数据单元

每一门编程语言都有自己的基础语法，就像我们学外语需要掌握语法一样。编程语言是和计算机进行沟通的语言。计算机要理解程序的意思，首先就得从数据类型开始，数据类型好比我们说话用的单词，计算机需要理解我们传递了什么信息。**语法结构**好比我们说的单词需要以什么样的顺序和方式被组织起来，不同的外语有不同的语法规则，也有不同的单词，例如表示苹果这一物体，中文里叫“苹果”，英文里叫“apple”，中文的主谓语顺序和英语中的也略有差别。同理，在编程语言中也会有不同的语法规则和不同的关键字。我们先看一下编程语言中的基本数据类型。

3.3.1　表示整数的“整型”

在产品中，我们通常会在需要计算一些数值时使用到整型，比如需要统计通讯录有多少人时，需要声明一个整型变量来记录通讯录项目总数，而且这个变量是可以持续累加进行计算的。

整型是一种数字类型，所有的不带小数点的数字都属于整型，在编程语言中，用关键字 int 来表示整型。关键字是编程语言中一种约定存在的表示一定具体意义的形容词，关键字一般都是固定存在的，就好比语言中的一些固定词语。int 实际上就是英文 integer 的缩写，表示整数的意思。在不同的编程语言中，表示整型数据的关键字会略有不同，但大部分都是用“int”来表示整型数据。在程序中，我们可以给一个变量取一个名字，然后声明这个变量为整型，例如“int a = 10”，这是一个基本的程序语句，里面有几个关键字符号，从左到右，首先是“int”，说明这个数据类型被我们声明为整型，也就是整数类型，然后是“a”，这是我们随便取的名字，叫 x 或者 y

都行，再往后就是“=”，这个“等号”其实是赋值号，代表的意思是，将“10”这个整数赋值给变量“a”。至此，我们就写完了一个最简单的程序语句。同时，整型是可以被用来进行数学计算的，例如我们可以将两个整数进行加减乘除的数学计算，“int a = 1；int b = 2；int c = a + b”，在这条程序语句中，最终变量“c”的计算结果是“3”。图 3-3 所示为三个数据单元，数据的名称也就是变量名分别是 a、b、c，名称后面对应的是数据类型和数据的值，这也表示了所有类型数据的基本格式。

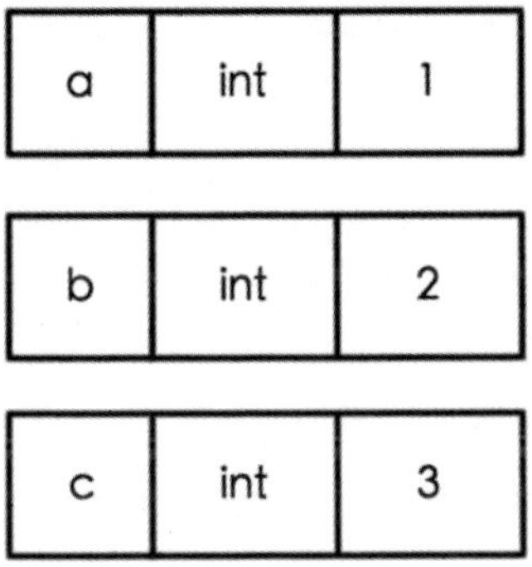

图 3-3　数据类型与数据变量

例如，我们还可以写一个声明整型的程序语句，“int x = 1024”，这句程序的意思就是我们声明了一个整型的变量“x”，并且赋值为整数 1024。对变量的取名也有一定的规则，例如我们可以取名为“a”和“x”，但我们不可以用一些特殊符号命名变量，不能使用“%”或者“$”类的符号作为变量名，规范的变量取名一般是字母或者下画线开头，中间和结尾可以是字母数字或者下画线，比如“a1”、“_a”、“a1_”都是合法的变量命名。

3.3.2　表示文本的“字符型”

字符型是一种文本类型，字符型的内容没有规则限制，可以是任意内容。在不同的编程语言中，表示字符型的关键字略有不同。例如在 Java 语言中，我们使用关键字 String 表示字符型数据；在 C 语言中，字符型使用关键字 char 来表示；在 Objective-C 语言中用 NSString 表示字符型数据。使用哪一种关键字取决于各编程语言自身的特点，就好比使用不同国家的语言来表示“苹果”这个意思，说法不一样但本质其实是一样的。字符型数据一般会用引号表示该数据属于字符型，例如“hello”就是一个字符类型的数据，表示一个单词，也可以是“hello world”，表示一句话，中间的空格也算是这个字符型数据的一部分。如果字符型数据的内容是数字，比如“1024”，并不代表是整数，而就是一个字符型数据。也就是说，字符型的“1024”并不具备数学意义，不能用来做计算。

字符型的数据在我们设计产品的过程中其实使用得最多，我们在产品界面上展示的所有信息在程序里都是以字符型的数据类型展示的。例如，我们在用户登录界面会看到用户名和密码的文字，这些都是以字符型的方式显示在界面上的，如果我们在用户名和密码的输入框中输入一些内容，那这些内容也是以字符型的数据被程序读取，然后做进一步处理。

再比如，我们在电商产品的购物车中填写购买商品的数量时，填写的是具体的数字，但是程序读取出来的实际上是字符类型，如果需要对购买商品的数量做进一步计算，比如要统计总共买了几件商品，就需要将字符型的数据转换为整型，再做计算。在产品设计中，我们会定义某一个输入项的输入类型是文字还是数字，这是产品层面的定义，比如产品层面会定义购物数量是输入数字，但在程序里面，从这个输入框获取的内容却是字符型的，如果需要对这个值进行数学计算，则需要先将这个字符型的数值转换成整型数据。关于数据类型间的转换，我们会在后面章节做具体介绍。可以说，字符型是使用最广泛的一种数据类型。

3.3.3 表示小数的“浮点型”

浮点型也是一种数字类型，与整数型相比，浮点型的数据都是带小数点的数据。在编程语言中，一般使用 float 或者 double 标记浮点型数据。产品经理需要理解的是，虽然都是数字，但是整数和带小数点的数在程序里是分别用不同的数据类型声明和表示的。了解这些基本数据类型后，在设计产品或者与技术人员沟通的过程中就可以对数据类型这一项做到心中有数了。

和前两种数据类型一样，在不同的编程语言中，表示浮点型的关键字也会根据编程语言的特点略有差别，但本质上都代表一类有小数点的数字类型。还是以 Java 语言为例，我们可以声明一个浮点型的变量“float a = 1.5”，跟之前声明变量的方式一样，现在变量“a”的数据类型就是浮点型。与此同时，我们将数值“1.5”赋值给变量“a”，浮点型和整型一样，都是有数学意义的，也就是说可以被用来进行计算。例如，我们可以让两个浮点型的数相加，“float a = 1.5；float b = 1.5；float c = a + b”，这时变量“c”的计算结果就是“3.0”，就算相加出来的结果是一个整数，但是因为声明变量“c”是浮点型，结果也是带小数点的浮点型。

在产品设计中，我们也会使用到浮点型，例如在填写体重的时候，我们可以输入“60.5”这样的数值表示公斤，在一些专业型的工具产品中，我们会输入一些带小数点的数来设置一些参数，这时都会使用到浮点型。当然，如前文所说，在界面上获取的其实都是字符型，只是我们在程序里将字符型转换为了浮点型。

3.3.4 表示是非判断的“布尔型”

布尔型是一种特殊的数据类型，布尔型的数据只有两种值，即“true”和“false”。“true”对应的序号是 1，“false”对应的序号是 0。布尔型变量的赋值只能是“true”或者“false”，一般用来做标记位使用，反映现实世界里的真假判断。在编程语言中，一般用关键字“boolean”或者“bool”表示和声明布尔型数据。例如，我们可以声明一个布尔型的变量“boolean a = true”或者“boolean b = false”，变量“a”和“b”的值只能是“true”或者“false”之一。

在产品设计中，我们经常会在流程设计里使用到布尔型。例如，如果用户在注册时需要同意一个注册协议，注册协议旁边往往有一个可以勾选的小框，勾上视为同意，不勾视为不同意。

在程序实现中，我们可以使用布尔型的数据对这个操作进行记录。例如，我们可以设置一个变量来记录这个操作，“boolean isSelected = false”，我们声明了一个变量名字叫“isSelected”，然后给它初始赋值为“false”，即设定默认是没有勾选的，如果用户在注册时将勾选项选上，我们就可以将这个变量的值修改为“true”。布尔型在程序设计中使用得比较多，主要用于控制流程或者做一些特殊标记。

3.3.5 数据类型间的转换

前面我们提到了编程语言中三种最常见的数据类型，分别是整型、字符型和浮点型。除了这三种基础类型，还有一些其他类型，例如长整型、单精度浮点型和双精度浮点型，这些都是基于基础数据类型的其他数据类型，它们一起构成了程序的数据基础。前文提到数据类型间的转换，例如我们从界面上获取的整型数据输入实际上首先得到的是字符型。这时，我们就需要将字符型转换为整型，在大部分编程语言中，都会有对应的工具进行数据类型转换。

例如，我们获取到购物车商品的数量，从界面上获取的值的数据类型是字符型的“10”，这时的“10”是不能直接进行数学计算的。如果要将商品的单价乘以商品数量，必须先将字符型的“10”转换为整型的“10”，转换成整型数据类型后，就具备了数学计算的能力。同理，我们也可以将字符型的数据“1.5”转换为浮点型的数据进行数学计算。反过来，我们也可以将整型或者浮点型的数据转换为字符型，数字类型的数据转换为字符型后就不具备数学计算意义了。

需要注意的是，如果字符型数据不是数字而是其他字符，比如“a”，这时将字符型转换为整型的话，得到的结果是“a”在 ASCII（American Standard Code for Information Interchange，美国标准信息交换代码，是基于字母的一套编码系统）中对应的具体数值，实际上就是字母“a”对应的二进制代码，也就是一串由 0 和 1 组成的代码。在计算机的世界里，所有的数据最终都是由 0 和 1 表示的，我们所编写的程序语言最终被解析编译后都会还原成计算机能识别的机器码。简单说，计算机真正认识的其实都是由 0 和 1 组成的各种序列，这些序列的顺序和组合及长度各不相同。

3.3.6 数据拼接

在编程语言中，数据拼接一般是字符型数据间的拼接，拼接后的字符型数据统称为字符串，字符串的内容可以表达任何内容，字符串简单来说就是一串文本。如前文所说，“1024”是一个文本，也就是一个字符串，并不是数学意义上的 1024，字符串能表达的内容非常多，字符串的内容既可以是数字也可以是小数或各种符号。

在产品设计中，我们经常使用到数据拼接，例如要设计一个功能展示有多少人参与了活动，文本会设计成“目前有××人参与了本次活动”，这句话在程序里是以字符型的数据类型存储的，整个字符串中间关于多少人的部分是变量，也就是说这里的数字是会动态变化的，在编程语言中，该如何实现呢？其实很简单，需要用到数据拼接，以 Java 语言为例，我们先将“目前有”这个字符串用变量“a”表示，将后面的“人参与了本次活动”这个字符串用变量“c”表示，中间的数字我们在程序中获取时是整型数据，先将整型转换为字符型然后用变量“b”表示。这时，我们通过“String s = a + b + c”这条程序语句就可以实现字符串数据的拼接，从而实现这个功能。

在进行产品设计时，如果某个功能涉及固定字符和动态字符的组合，就要考虑数据拼接。

如果产品经理在产品设计过程中能对那些属于动态数据的部分做特殊标记，那么工程师一定刮目相看。图 3-4 所示为上文提到的活动参与人数统计的例子，其中人数部分是动态变化的，数字前后的文字都是静态的。如果在产品设计图中能清晰地把动态变化的部分标记出来，就能明确地提示工程师在开发时特别注意，降低了产品经理额外说明和解释的沟通成本。

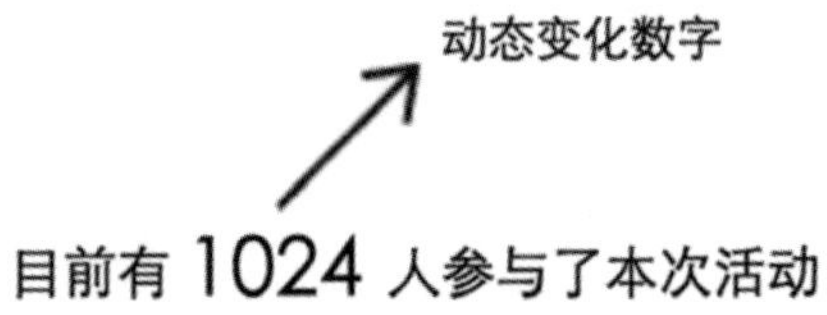

图 3-4 动态数据标记

3.4 编程语言中的逻辑结构

编程语言中的逻辑结构类似于我们所说的语言中的语法，是用来组织和表达语义的规则。简单来说就是现实世界中表述一件事情的流程，包括多种状态的可能性判断和最终输出的结果。当我们讲述一个流程的时候，会有初始状态、中间过程、结果状态。

例如，我们杯子空了要去倒水，初始状态就是杯子为空，中间过程就是我们拿着杯子把水装进杯子里然后喝掉。结果状态就是杯子里装满的水减少或者水被喝光，杯子又恢复为空的状态，整个过程可能会不断循环。在编程语言中，也会有一些关键字用来表达这些状态和过程。实际上，编程就是把现实世界的状态和过程通过程序语言在计算机里写出来，然后告诉计算机去执行。接下来我们就看一下，在编程语言中有哪些控制逻辑流程的关键字及它们是如何使用的。

3.4.1 条件判断“if else”

“if”和“else”在英语中的意思是“如果”和“否则”。在编程语言中，我们可以用这两个关键字来控制逻辑判断流程。简单说，如果我们要完成"如果满足条件 A，则执行 B1；如果不满足条件 A，则执行 B2"这个逻辑判断流程的话，就可以使用"if else"。举个例子，我们需要判断用户登录时是否输入了用户名和密码，如果用户名和密码输入框为空，那我们就提示用户相关信息；如果都不为空，那我们就执行登录的操作。用编程语言中的"if else"控制可以有如下写法。

```
if（用户名和密码不为空）{
执行登录操作;
}else{
提示用户相关信息;
}
```

上面就是一段简单的"代码"片段，但实际上它不是真正的代码，因为真正的代码是不能用中文编写的，我们可以称之为"伪代码"。通过伪代码我们可以了解一个逻辑流程在编程语言中的体现。if 后面的括号里是判断条件，判断条件的值是数据类型里的布尔类型，也就是取值为 true 或者 false。当"用户名和密码不为空"这个条件为 true 时，则执行大括号里的内容；若用户名或密码有一个为空时，则执行 else 后面大括号里的内容。通过这种方式，我们就用程序表达了一个现实世界的具体流程。简单来说，如果要进行条件判断操作，就可以使用 if else 这种逻辑结构，if 后面的条件必须是布尔类型。关于条件判断的逻辑结构，还有如下写法。

```
if（条件 1）{
执行结果 1;
}else if（条件 2）{
执行结果 2;
}else{
执行结果 3;
}
```

这种方式就是多条件的判断逻辑。如果满足条件 1，则执行结果 1；若不满足条件 1 但满足条件 2，则执行结果 2；如果前两个条件都不满足，则执行结果 3。中间的 else if 部分可以有无限多个。

3.4.2 条件选择"switch case"

"switch"在英语中是开关的意思，"case"在英语中是案例的意思，这两个单词在编程语言中组合后构成关键字来表达条件选择逻辑。所谓条件选择就是根据条件值选择对应的执行方式。例如在现实世界中我们用自动售货机买东西，根据我们投入的钱的面值，售货机允许我们选择对应价格的东西。如果有 5 元、10 元和 15 元的东西可供购买，那我们投入 5 元后，就能选择 5 元的商品；如果投入 10 元或者 15 元，那我们可以选择 10 元或者 15 元的商品；如果投入的钱无法识别，则会退回并做相应的提示。这就是条件选择逻辑，在程序中我们可以用如下方式来表示。

```
switch（钱的面值）{
case 5:
      选购 5 元商品；
case 10:
      选购 10 元商品；
case 15:
      选购 15 元商品；
Default:
     退回并提示无法识别；
}
```

从上面的“代码”中我们可以看到，“switch”后面的括号里对投入的钱的面值进行了判断。需要注意的是，在“switch case”条件选择中，条件值的数据类型必须是整型的，也就是说其他数据类型的值是不能在这里使用的。“case”是对应输入值的条件分支，“case”对应值的数据类型也必须是整型，每一个“case”分支都会有一个对应的执行结果，例如输入的值是 5，条件选择会执行第一个“case”部分的内容，即“选购 5 元商品”。条件选择执行顺序从上到下，如果输入的值是 15，那经过前两个“case”的条件判断后，执行第三个“case”选项的动作。若输入的值在所有的“case”中都没有匹配项，那还有一个关键字“default”表示的默认执行模块，如果所有的条件都不满足，就执行该模块的内容。

案例分析

在产品设计中，我们无意中使用到了很多“switch case”的场景。例如在电商类产品中的购物环节，我们选择商品时往往需要选择商品的尺寸或者颜色，对尺寸和颜色的选择就对应程序中的“switch case”逻辑。在实现层面，我们可以定义一个规则，例如使用数字 1 代表黑色，2 代表白色，如果用户选择了黑色，那程序收到的输入值就是 1，执行“case”中值为 1 的结果。在结果模块中，我们可以控制产品界面的更新，例如把用户选中的颜色进行特殊标记。

使用“switch case”的场景很多，基本上多选一的操作都可以使用到。

3.4.3 循环操作“while/do while”

英文单词“while”有“一段时间”的意思，在编程语言中，我们可以使用“while”实现循环的逻辑控制，循环逻辑控制是指让一个事件在某一条件下重复发生，在循环停止前持续让这个事件发生一段时间。一个循环的逻辑往往有循环条件，例如需要循环几次，需要满足什么条件才能进行下一次循环，以及满足什么条件时结束循环等。在现实世界中，我们经常会遇到需要使用循环逻辑的场景，例如倒计时（从某一个数开始倒数一直到 0），这个过程在程序中通过编程语言实现就是使用循环逻辑。以倒计时为例，我们来看如下“代码”片段。

```
int i = 0;
while (i < 3) {
i++;
}
```

以上就是一个简单的循环逻辑，首先通过关键字“while”表明这是一个循环。首先，定义一个整数型的变量 i，并且为 i 赋值为数字 0。在 while 后面的括号里有一个判断条件，判断 i 是否小于 3，如果 i 小于 3，则执行大括号里的程序语句。在大括号里的程序语句完成了对 i 的值的自增，而且每次都加 1。第一次循环后，i 的值变成了 1，第二次循环后 i 的值变为 2，第三次循环后 i 的值变为 3，第四次循环发生时，由于此时 i 的值已经是 3 了，并不小于 3，所以 while 后面括号里的条件不成立，循环结束。在这个过程中，需要循环发生的事件是“i++”，根据循环控制初始状态“i=0”和循环结束状态“i<3”，循环总共发生了三次。

利用循环逻辑控制，我们可以完成一些需要重复处理的工作，需要定义好循环的初始状态和结束状态，尤其是对于结束状态的定义。如果不定义结束状态，那循环就会无限执行下去，循环无法结束就意味着接下来的流程都无法执行。无限循环在程序里通常叫作“死循环”，这通常是不允许出现的情况。

另外，还可以通过"do while"控制循环逻辑，"do"的意思是做什么事情，"do while"控制循环逻辑的意思其实就是先做一件事情，再判断循环条件，如果条件满足，就继续循环该动作。我们看一下如下"代码"片段。

```
do{
10 秒倒计时，每次倒计时数减一;
}while（倒计时数大于 0）;
```

以上就是一个使用"do while"控制循环逻辑的例子。我们通过这个"代码"片段实现了 10 秒倒计时，首先在"do"的部分执行一次，执行完成后进入"while"部分，判断倒计时数是否大于 0，如果大于 0 则继续执行"do"的部分，这样总共循环 10 次下来，整个循环就会完成。相比"while"循环，"do while"是一种后向判断的循环，即先执行循环体的操作，再判断循环条件是否继续。根据不同场景的需要，可以选择对应的循环方式达到目的。

案例分析

在产品设计中，有很多使用循环的例子，例如微信的聊天列表，列表中每一行展示的数据格式都是一致的，由名字、头像、聊天内容和更新时间组成，不一样的是每一行展示的数据内容。在这种情况下，我们只需要制作出一种展示模板，通过循环的方式创建出很多模板，然后往这些模板里填充不同的数据内容即可，不必有几条数据就手动创建几个模板，通过循环的方式可以大大提高效率。

现在大多数 App 类产品的首页都有一个循环滚动的广告栏，广告栏通常由多张广告海报循环滚动，我们可以使用循环逻辑结构控制广告栏循环滚动，包括每一张广告页展示的时间也可以在循环逻辑中控制。

对产品经理来说，在设计产品的环节不需要设计实现方式，但了解每一项功能的实现原理，了解其背后的技术，是与工程师高效沟通的方式。作为一个既拥有产品思维也拥有实现思维的产品经理，在产品和技术间可以实现灵活切换，是一种难得的复合能力，会让工程师刮目相看。

3.5 数据的组织方式：数据结构

数据结构是计算机存储和组织数据的一种方式，是按一定规则进行组织的数据的集合。通过编程语言把产品功能的逻辑表达出来，逻辑的基本单元是数据，数据通过一定的结构呈现出来。

在现实世界中，我们描述一个物体或者一件事情时，通常会描述这个物体的组成方式或者这件事情的具体过程。也就是说，任何事物都有它本身的结构和构成。在计算机的世界中，我们通过程序语言告诉计算机我们想表达的事物。那如何告诉计算机我们描述的是一个什么物体或者是一件什么事情呢？答案就是通过数据结构。数据结构分为数组、栈、队列、堆、树、图等，每种数据结构都代表一种数据集合组织的方式，每种方式都有各自的特点。接下来介绍几种常用的数据结构。

3.5.1 数组：同一数据类型的集合

数组是指具有相同数据类型的数据元素组成的集合。数组同样有数据类型，而且一个数组内只能同时存在一种数据类型。如果定义一个整型数组，那么数组里的元素就只能是整型数据；如果是字符型数组，那数组元素就只能是字符型。不能出现整型和字符型同时出现在一个数组里的情况。数组可以指定大小，而且数组里的元素可以通过数组下标标记和获取，如图 3-5 所示。

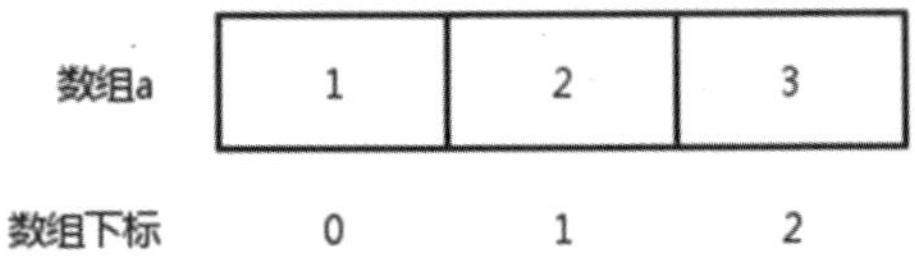

图 3-5　数组

我们定义一个整型数组，并且指定这个数组的大小是 3，可以写成“int a[3]”，前面的“int”表示数组的数据类型，“a”表示这个数组的名字，也就是之前提到过的变量名，中括号表示这是一个数组，括号里面的 3 表示这个数组的大小是 3，也就是说能存放三个数组元素。完整的写法应该是“int a[3] = {1, 2, 3}”，这句程序的意思就是我们初始化了一个名为“a”的整型数组，并且指定了数组的大小为 3，且初始值分别为 1、2 和 3 三个整数。数组中的元素可以通过下标获取，在编程语言中，数组的下标一般是从 0 开始，比如要取数组“a”中的第一个整数 1 的时候，通过“a[0]”

的方式就能取到，完整的写法是“int a1 = a[0]”，这里的意思是我们定义了一个变量“a1”用来存储数组“a”中的第一个元素的值，“a1”的值就是整数 1。如果我们要获取数组最后一个元素的值，就可以写成“a[2]”，需要注意的是，数组的下标是从 0 开始，而不是从 1 开始的。

在设计产品实现方案的时候，我们经常用到数组。例如，列表型的产品设计，类似微信聊天列表一类的设计，我们在实现时首先将需要展示的数据集中存放在数组里，然后在渲染界面时从数组中把数据元素取出来，然后展示到界面上。数组是在程序设计中使用比较多的一种数据结构，数组的应用范围很广，而且相对来说是最简单的数据结构。

3.5.2 栈：汉诺塔结构

在产品设计中，我们会经常使用栈这种结构的设计，例如我们设计一个层级页面，从页面 A 进入 B 再进入 C，此时如果需要返回 A 的话，我们在界面上执行返回操作，首先会返回到 B，继续返回则回退到 A，这就是一种典型的栈的设计思路。

栈又可以叫作堆栈，是一种满足一定规则的数据结构，这种规则通常叫作“后进先出”。可以把栈理解成一种底部封口，顶部开口的容器，数据元素可以从开口进入栈，这个过程我们叫“入栈”，如果要取出在栈里的数据元素，则从开口处取出最上面的数据元素，这个过程叫“出栈”。

栈的规则和“汉诺塔”是一样的，要想把底部的数据元素拿出来就必须先将前面的数据元素全部移出去。对栈里的数据存取必须按照这种规则，即出栈的顺序与入栈的顺序相反。栈的结构如图 3-6 所示。

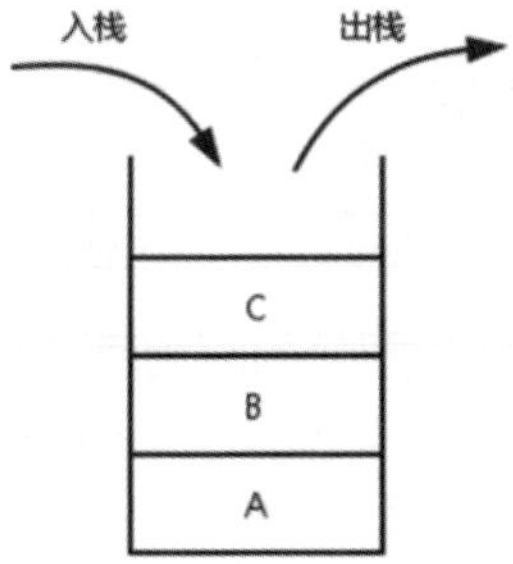

图 3-6 栈

如果顶部开口容器是一个栈，有三个数据元素 A、B 和 C，那么 A 首先入栈置于栈底，接着数据元素 B 入栈，最后是 C 入栈，此时 C 置于栈顶。这时，如果我们要取出数据元素 B，就必须让 C 先出栈，C 出栈后 B 就处于栈顶。同样，若 A 需要出栈，则 B 和 C 必须先出栈。也就是说，栈这种数据结构符合“后进先出”的基本规则。

3.5.3 队列：排队的艺术

队列和栈一样，也是一种操作受一定规则限制的数据结构。队列简单理解就是平常生活中的排队。**队列在结构上分为队头和队尾，只能在队头执行出队操作，在队尾执行入队操作。**队列的这种结构其实就类似于我们现实世界中的排队，队伍只能从前往后排，新来的排在队尾，排在队伍最前面的可以最先出队，队列实际上就是一种符合“先进先出”规则的顺序集合，队列的结构如图 3-7 所示。

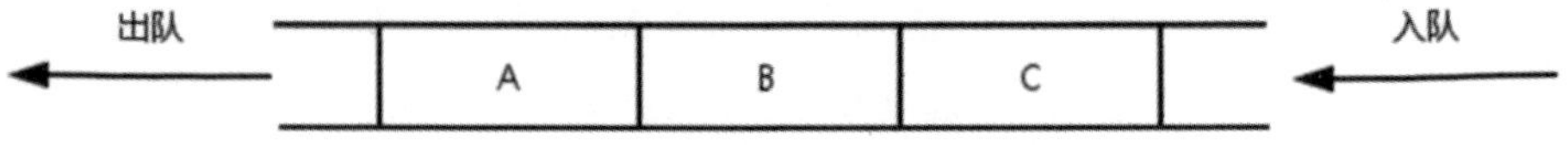

图 3-7　队列

和栈的结构不同的是，队列的两头都开口，而且数据元素只能从队尾入队，从队头出队。数据元素 A 首先入队，接着是 B 和 C 入队，根据“先进先出”的规则，首先出队的是数据元素 A，接着是 B 和 C。队列的这种结构在程序中可以控制一些事务性的操作，例如一件事务包括几个步骤，而且这几个步骤有严格的先后顺序，即必须先完成前面的步骤才能进行后面的步骤。当遇到这种情况时，我们就可以考虑使用队列。队列可以保证一个操作的原子性和顺序性，所以在处理一些事务性的操作时常用到队列结构。

3.5.4 树：长在树上的数据

树也是一种常见的数据结构，树是按照一定规则进行数据组织的结构。**树状结构上的元素往往叫作一个节点。每个树状结构都有一个“根节点”，也就是树根，从树根出发可以延伸出“枝干节点”或者叫“兄弟节点”，树状结构末端的节点我们称为“叶子节点”。**图 3-8 所示是一种典型的树状结构。

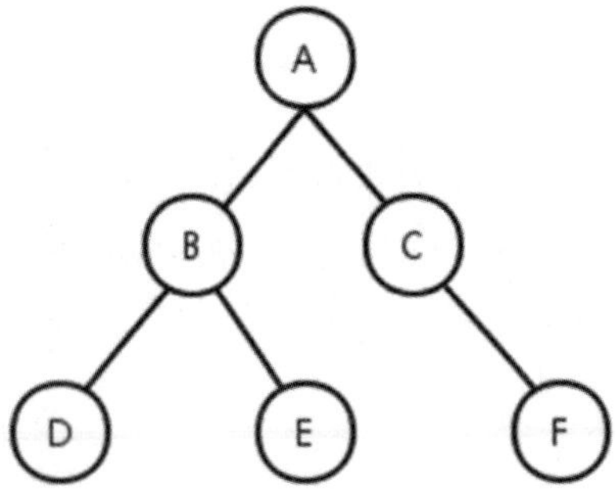

图 3-8　树

在树状结构中，根节点是起始节点，从根节点出发，有一条路径可以索引到下面的每一个兄弟节点和叶子节点。从末端的叶子节点出发，也肯定有一条路径可以索引到根节点。树状结构可以应用在产品结构设计、权限设计及用户等级设计等场景。树状结构也是程序设计中使用比较多的一种数据结构。

案例分析

设计一个用户注册的功能，用户注册分为两步，第一步是设置用户登录账户，主要由手机号和登录密码构成；第二步是完善用户个人信息，例如姓名、性别、爱好等。用户注册功能在产品设计上通过两个界面显示，第一个界面进行手机号验证并设置登录密码，设置成功后进入第二个界面完善个人信息，个人信息中的爱好可以填写多个，完成个人信息设置后提交成功即完成注册，进入产品首页。

在以上这个用户注册的产品功能中，我们使用了数据结构中的栈结构来实现界面的跳转，从验证手机号和设置登录密码的界面进入完善个人信息的界面，从完善个人信息界面进入产品首页，这是一个典型的栈结构。另外，我们还使用了数组结构，在完善个人信息步骤中的爱好填写一栏，我们可以填写多个爱好，爱好这一数据结构可以通过字符串数组表示，每一项爱好就是数组中的一项元素。如果产品首页是常规的底部四个模块切换的结构，类似微信底部的四个模块，那么这种组合方式就是典型的树状结构，根节点控制着四个子节点，每个子节点下还可以有很多子节点。

3.6 什么是程序

程序是指按照一定的规则和顺序的任务执行过程，是一套指令集合，在软件开发中，程序由数据结构和算法组成。例如工厂里常说的作业程序，就是一套标准操作流程，按照一定的规则和顺序完成对应的工作。在计算机世界中，所有的功能都是通过程序组合在一起完成的。

在计算机中，我们通过编程语言表示一段程序，“程序=数据结构+算法”，我们可以说程序由数据结构和算法组成，数据结构就是我们提到过的对数据进行组织和表示的结构，算法是指我们完成某一件事情需要处理的步骤。

举个算法的例子，我们需要完成用户登录这个过程，就需要先得到用户输入的用户名和密码，然后到数据库里进行匹配，根据匹配的结果进行判断。如果用户不存在，则提示用户相关信息；如果用户存在但密码错误，则需要提示密码错误信息；如果用户存在且密码正确，则执行登录的动作。这个流程及对应的动作就是登录过程的算法，算法可以是很简单的过程，也可以是非常复杂的过程，例如控制火箭发射的程序就是一个非常复杂的算法。

程序是一套指令集合，是我们与计算机进行沟通的工具，也就是工程师所说的代码。我们使用编程语言中的数据类型表达数据含义，使用逻辑结构表达和控制逻辑处理，通过数据结构组合和呈现数据，将一套算法用编程语言表达出来就构成了程序。所有产品功能最终都会落实到程序中，不管是实现一个用户界面还是处理一个复杂逻辑，都通过程序表达出来，通过各种编程语言将程序写下来交给计算机处理。

3.7 程序的最小执行单元

程序的最小执行单元我们称为函数或者方法，函数是完成一项具体任务的独立模块，函数的组成包括输入、输出及函数内部的处理流程。举个例子，当我们使用计算器进行数学计算时，要输入需要计算的数字和运算方式，然后计算器会根据我们的指令完成内部数学计算，最终将计算的结果输出给我们。

当我们输入“1+1”的时候，计算器会完成相加操作，并将计算结果“2”返回给我们，在计算器内部就有一个函数是专门进行加法处理的。函数是程序的最小执行单元，这个最小执行单元内部的逻辑处理可以很简单也可以很复杂，简单到可以只做一个加法操作，复杂到可以进行一系列冗长的业务处理。下面我们定义一个简单的函数，它包括输入、输出和内部处理流程。

```
int add (int a,int b) {
int c = a + b;
return c;
}
```

在上面这个函数中我们给函数取了一个名字叫“add”，然后函数的返回值类型是整型，也就是在“add”前面的“int”标识。函数名后面的括号里定义了两个变量，叫作函数的参数，参数就是函数的输入值，参数也有数据类型，这里我们定义了两个整型的参数，分别为变量“a”和“b”。在大括号内部，我们定义了对这个函数的处理流程，完成输入参数的相加动作。我们定义了一个变量“c”来存储“a + b”的值，然后使用一个关键字“return”返回函数执行的结果。

以上我们就实现了一个最简单的函数，包括函数的基本组成部分，输入、输出和处理流程。函数的返回值可以是其他数据类型的，例如整型或者字符型。另外，函数的返回值也可以没有类型，即“空类型”。如果这个函数只是完成一系列的操作且不需要返回值，那么函数的返回值可以用关键字“void”表示，代表这个函数不需要任何输出，只是完成一些内部处理流程。如果我们定义了函数返回值为非空类型，就必须使用“return”关键字返回同数据类型的值。关于函数的参数，参数的数量没有限制，可以没有参数，也可以有很多个参数，而且每个参数的数据类型可以不一样。一个计算机软件产品是由很多个这样的程序执行单元组成的，每个函数间的相互调用和配合共同完成复杂的功能和业务逻辑处理。

3.8 程序与产品功能之间的关系

前面我们提到了基本的数据结构和程序，程序是一系列数据结构和逻辑处理的集合，一个单一的处理流程用最小程序单元表示。将不同的逻辑处理流程组合拼接起来，就构成了一个产品的基本功能。

在使用产品时，从用户视角看，会使用到很多的功能，例如用户登录、查看消息等，这些功能的背后都是由一段一段的程序片段组合而成。举一个例子，如果把程序比喻成我们手上的某一块肌肉，把产品功能比喻成我们用手去拿东西，那么在这个过程中，我们其实是通过手上的多块肌肉协同工作来完成用手拿东西这个动作的。程序就是软件产品里的“肌肉”，具体的功能就是软件产品的“手”。图 3-9 所示用来表示程序与产品功能之间的关系。

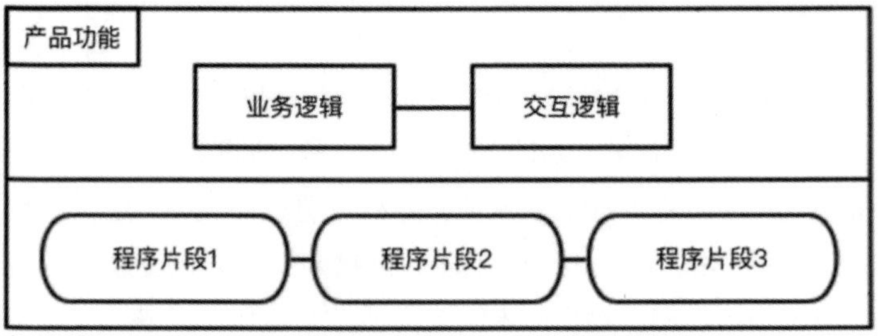

图 3-9　程序与产品功能之间的关系

如果把一个产品功能看成一个整体，那么这个功能要分两部分支撑，第一部分是用户能看到、能用到的业务逻辑和交互逻辑，例如我们使用的登录功能；第二部分是实现业务逻辑和交互逻辑的程序，整个程序由多个程序片段相互组合起来，不同的程序片段完成不同的工作，组合到一起相互协作就成了一个完整的产品功能。

所以，产品经理设计产品时就是将完整的功能动作设计出来，然后由工程师通过程序代码实现一个个的程序片段，并且将这些程序片段组合成符合产品设计的产品功能最终呈现在用户面前。

3.9　本章小结

本章主要介绍了与编程相关的内容，包括什么是编程语言、几种常用的基本数据类型、编程语言中的逻辑结构和数据结构，另外介绍了程序中函数的相关内容。编程语言的类型有很多种，编程语言中对每一类数据都有具体的类型表示，有表示整数的整型，表示字符类的字符型，表示小数的浮点型等。

在编程语言中，通过程序的逻辑结构来表达具体的业务流程；通过常用的数据结构组合数据；通过函数实现最小执行单元，由这些最小执行单元组合成庞大复杂的程序，构成系统，最终体现为我们所使用的产品功能。

本章主要围绕编程相关的基础知识展开，对非技术型产品经理来说，不需要深挖每一行代码如何实现，但需要知道代码实现的基本原理，知道这些基本原理后在与技术人员的沟通中就更加游刃有余，使大家使用“共同语言”对话。程序的世界没有我们想象的复杂，还原到计算机的本质其实就是一堆由 0 和 1 组成的代码，程序是由人设计的，编程语言是人和计算机进行交流的工具，是将人的想法转换成计算机可识别和执行的指令。

4 产品经理学数据库

4.1 产品经理为什么要学数据库

产品经理在产品设计的过程中免不了与数据打交道，对产品数据存储结构设计的了解可以帮助产品经理建立产品的数据模型。所谓数据模型就是产品在计算机中存储结构的设计，在功能层面看到的是一个个根据用户场景设计的功能，但是在数据层面却是一个个数据模型。

以电商类的产品为例，其数据模型中肯定包括一个商品模型，所有与商品相关的数据都存储在这个模型中；同时也会有一个用户模型，所有用户数据都存储在这个模型中；还有购买交易模型，所有与购买订单相关的数据都存储在该模型中。这些模型之间通过一定的关联关系产生联系，以数据视角表现产品。

了解数据库后，我们就可以知道数据以何种方式进行存储，如果要对产品功能进行调整，就可以先从数据的角度出发来思考应该如何调整数据模型。例如，在用户注册功能环节新增几个用户基本信息，只需要在用户模型中新增几个数据项。如果新增的数据项需要与其他模型产生关联关系，就需要添加这种关联关系。

什么是数据库

我们每天使用互联网产品会产生大量的数据，例如使用微信产生的很多的聊天记录，使用百度搜索的各种内容，使用淘宝进行购物的记录等，这些数据都存储在数据库中。**数据库运行在服务器中，类似于一个进行数据存储的仓库，数据按照一定的规则存储，可以对数据库中的数据进行增、删、改、查的操作。**通俗一点理解，好比我们用作业本写作业，我们将作业内容写在本上，然后老师统一将本收上去并存起来，下次想看某个同学的作业时，老师可以直接按作业本上的姓名查找。数据库就类似于作业本，数据库存储的内容就类似于作业本里的作业内容，作业本上的姓名就类似于我们准确定位某一个具体数据的唯一标识。

我们可以定义数据库的存储格式，例如我们需要存储微信朋友圈的内容，朋友圈的内容包括发送者是谁、图片、文字和时间，这些内容格式定义好以后，我们就可以将这些存储格式告诉数据库，之后往数据库里存储的内容就按照这个格式存储。对数据库的操作不仅是往里存东西，还可以根据不同的需求从数据库里读取内容。同时，我们还可以对数据库里的内容进行修改。数据库是我们对数据进行集中管理的仓库，通常包括增、删、改、查四个基本操作。没有数据库，我们的数据就无法存储，就无法体验到如今内容丰富的互联网。

目前数据库的类型主要有两种，关系型数据库和非关系型数据库。关系型数据库是一种应用比较广泛的数据库，很多产品和系统的后台数据库都使用关系型数据库，例如银行的交易系统和电商的商品管理系统，前文提到的 MySQL 就是关系型数据库的典型代表。非关系型数据库相对于关系型数据库来说，主要在存储格式和设计思想上存在差异。近年来，非关系型数据库的使用越来越广泛，二者各有优劣，相互补充，现在很多系统同时使用关系型数据库和非关系型数据库，同时使用两种类型数据库的优点是能对不同类型的数据进行存储。

4.2 关系型数据库

关系型数据库是一种基于关系模型的数据库，**关系模型**折射现实世界中的实体关系，将现实世界中各种实体及实体之间的关系通过关系模型表达出来。例如，人是一个实体，人与人之间有关系，这种实体和关系间的对应就可以表达为一个关系模型。

现实世界中我们可以定义很多实体，一个人是一个实体，一辆车、一栋房子都可以表达成一个实体。实体是一系列属性的集合，人作为一个实体有姓名、年龄、性别等基本属性，人还可以有职业、爱好等附加属性，这些属性的集合构成人这个实体。与此同时，一个属性也可以单独成为一个实体。例如，性别就可以成为一个单独的实体，这个实体里的属性包括两种，男和女。

人这个实体和性别这个实体之间存在一个关系，一个人只能有一种性别，所以人和性别这两个实体之间的关系是一对一的。职业也可以构成一个实体，职业的属性包括工程师、建筑师、画家等很多种，人作为实体与职业这个实体的关系是一对多的，也就是说一个人可以拥有多个职业，是建筑师的同时也可能是画家。将这种现实世界中的实体和关系通过关系模型表达出来就可以形成一种数据存储关系，通过这种方式表达的数据库就叫作关系型数据库。两个实体关系之间的联系如图 4-1 所示。

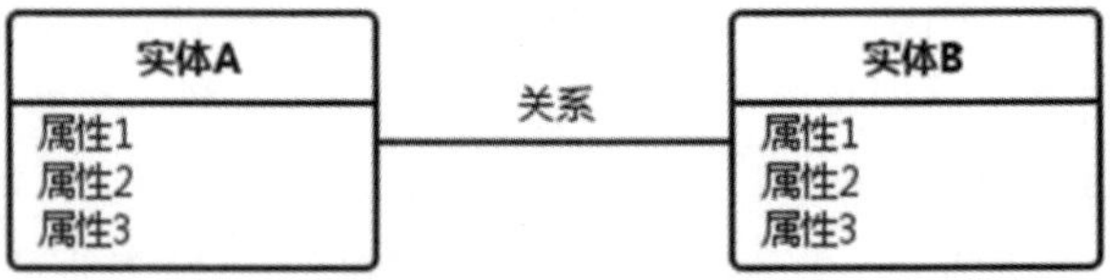

图 4-1　实体关系图

实体 A 具有三个属性，实体 B 具有三个属性，它们之间以某种关系关联起来，这种关系可以是一对一的，也可以是一对多或者多对多的。通过这种实体关系模型就可以将现实世界中的实物表示成数据存储模型。关系型数据库是目前应用比较多的一种数据库模型，主流的关系型数据库有之前提到的 MySQL，另外还有 SQL Server、Oracle、DB2 等，在智能手机中使用的小型轻量级数据库 SQLite 也是关系型数据库的一种，常用的关系型数据库如图 4-2 所示。

图 4-2　常用的关系型数据库

对产品经理来说，在产品设计阶段不需要考虑技术实现选用哪种数据库，这是架构师在进行技术选型时考虑的问题，但在设计产品角色和逻辑关系时，产品经理需要明白产品背后的数据库结构是如何设计的。例如电商产品，如果使用关系型数据库，势必有一个数据实体是专门用来存储商品数据的，而且电商类产品有订单，订单在数据库中也是以一个实体的形式存在，商品和订单这两个实体之间又存在一个关联关系，一个订单可以包含多个商品，一个商品也可以出现在多个订单中，所以订单实体和商品实体之间是多对多的关联关系。接下来，我们看一下实体和关系在关系型数据库中的表现形式，以及数据库表和表之间的关系。

4.2.1 数据库表和表的关系

前面提到了关系型数据库中的实体关系模型。**在关系型数据库中可以通过数据库表和表之间的关系具象表示这种模型，表就是我们常用的二维表格，有表的名字，表的各项标题名。**例如对人这个实体，我们可以建立一个表，表的名字可以取名为“people”，在表中可以存在属性，例如姓名、性别、年龄、职业、爱好等。对于职业我们可以新建另一个表，取名为“profession”，表中的属性可以表示为职业名称。需要注意的是，在数据库中，表名和属性名只能用英文命名。表与表之间可以通过关系来链接，如果两个表之间有对应关系，在两个表中就有对应的属性项来标识这个关系，我们来看一下人和职业这两个表及表之间的关系，如图 4-3 所示。

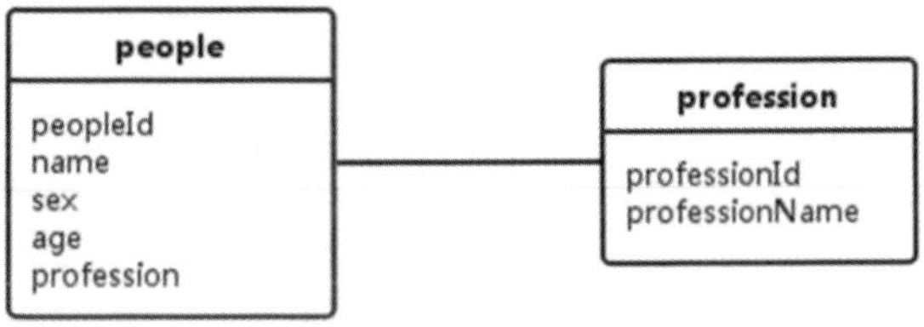

图 4-3　数据库表关系图

这两个数据库表对应人这个实体的表叫作“people”，对应职业这个实体的表叫作“profession”，两个表都预设了一些属性，我们为这些属性取了对应的名字。在“people”表中第一个属性的名字叫作“peopleId”，这是一个唯一标识，在数据库表中称为“主键”，表示在数据库表中的一条唯一数据，理论上每一个数据库表的属性里面都有一个用来做唯一性标记的 id，这里我们使用“peopleId”来唯一标记一个人，即每个人只会在该表中出现一次。对应在职业表“profession”中，我们也使用了一个叫“professionId”的属性名来表示唯一性。在“people”表中有一个表示职业的属性叫“profession”，通过这个属性可以和“profession”表产生关联关系，可以将所有的职业信息全部存储在“profession”表中，然后在“people”表中通过“profession”属性和“profession”表进行关联。下面我们来介绍数据库表之间如何通过字段进行关联。

4.2.2 数据库字段和字段类型

在关系型数据库中，我们使用二维表来表示关系模型，在二维表中可以使用属性来表示某一类数据，属性在数据库表中也称为字段。一个数据库表有表名，也有字段名，理论上说，一个数据库表可以有无限个字段，每一个字段名都不重复，且表名和字段名都只能用英文表示。

与编程语言中的数据类型一样，数据库表中的字段同样也有字段类型，在编程语言一章中我们提到常用的数据类型有表示整数的整型，也有表示字符的字符型。在数据库表中，每一个字段也有自己的数据类型，例如在“people”这个表中，用于表示姓名的字段“name”可以定义为字符型，用来表示年龄的字段可以定义为整型。在定义一个数据库表的时候，我们需要定义表名、字段名及字段的数据类型，这样一个完整的数据库表就定义清楚了，我们可以按照定义好的表结构往里存储数据。

为了更简洁而且分类更明确地表达数据库表，我们可以通过关联关系将不同的实体相连，例如前文我们将与人相关的职业单独定义成一个实体，在“profession”表中我们可以为每一个职业分配一个“id”，也就是主键，然后在“people”表中通过关联对应的“id”实现实体间的关联，如图 4-4 所示。

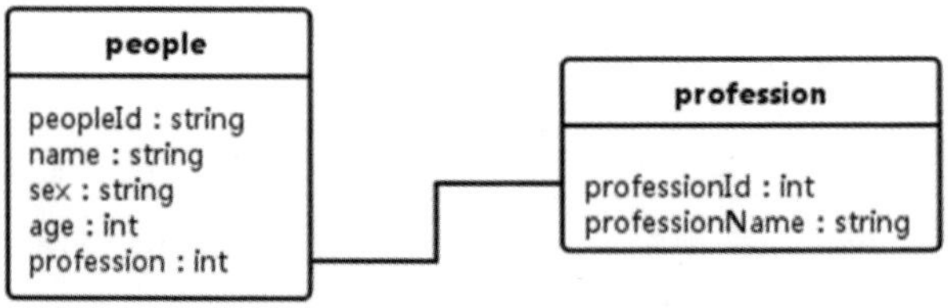

图 4-4 数据库表字段类型及关系图

我们基于图 4-3 添加了每一个字段的数据类型，然后将“people”表中的“profession”字段与“profession”表中的“professionId”字段关联起来。通过这种关联，两个表就产生了一个关联关系，接下来我们看看具体的数据如何在数据库表里进行存储，以及关联关系是如何表示的，如图 4-5 所示。

people				
peopleId	name	sex	age	profession
001	张三	男	35	1
002	李四	女	28	2

profession	
professionId	professionName
1	建筑师
2	工程师

图 4-5 数据库表结构图

典型的关系型数据库表结构实际上就是一个二维表，我们通过“peopleId”唯一标识一个具体的人，然后存储了包括姓名、性别、年龄和职业等信息。职业信息我们使用了另一个表来存储，然后通过关联两个表的对应字段进行联系。可以看到在“people”表中的字段“profession”存储的数据是整型数字 1，对应在“profession”表中也有一个整型字段“professionId”，对应值是 1，而且代表的职业名称是“professionName”对应的建筑师。从这个关联关系中我们可以知道，张三的职业是建筑师。这种分实体进行存储并通过关联关系进行表示的好处显而易见，我们可以单独维护一个职业信息表，如果有新增的职业只需要往“profession”表中添加数据，通过在“people”表中引用“profession”表的字段表示职业。如果要将建筑师修改为园艺师，我们只需要修改“profession”表中的字段内容就可以将“people”表中所有编号为 1 的人的职业从建筑师修改为园艺师。

数据库表字段的确定和表关系的设计在设计数据库初期就需要确定，设计一个完整且兼容性强的数据库需要非常丰富的经验及对产品需求的充分理解。对产品经理来说，在设计产品时要知道产品背后使用的数据库是哪一种类型的数据库，并且要了解数据库的基本结构，知道每一种实体间的关系是如何设计的，这样做的好处是在设计产品时能从数据的角度考虑产品的设计逻辑，设计出更符合数据模型的产品。

4.2.3 数据库操作语言（SQL）

SQL（Structured Query Language）即结构化查询语言，是一种用来操作关系型数据库的编程语言，可以理解为对数据库的操作命令。我们可以使用 SQL 对数据库进行各种操作，包括创建数据库表，为某一个数据库表添加数据，或者对数据进行修改、删除及查询操作等。SQL 和编程语言一样，也有固定的语法结构，我们可以使用对应的语句对数据库进行操作。图 4-6 所示是数据库操作员通过 SQL 语句操作数据库然后获取操作结果的流程图。

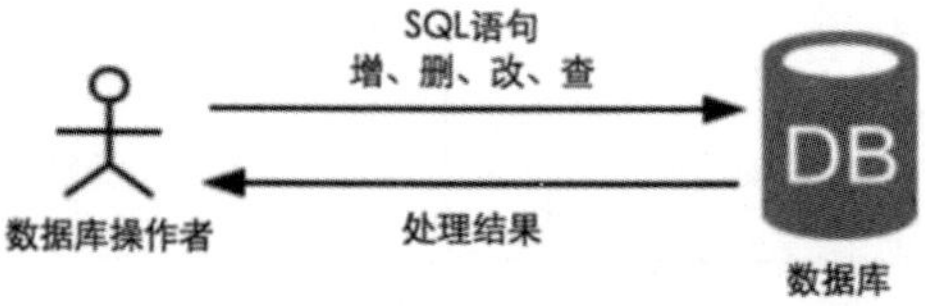

图 4-6　用 SQL 语句操作数据库的流程图

SQL 语句具体操作的是数据库里的数据表，如果我们需要在关系型数据库中创建一个表，例如创建“people”表，那 SQL 语句可以写成“create table people (peopleId varchar(30) primary key, name varchar (50))”，这条 SQL 语句创建了一个名为“people”的表，表里有“peopleId”和“name”两个字段，并且通过关键字“primary key”指明字段“peopleId”为主键，字段后面的“varchar(30)”也是一个关键字，在数据库中表示字符型，括号里的数字表示该字符数据的最大长度是多少个字符，例如我们将“name”字段声明为字符型且长度最长不超过 50 个字符。数据库建表语句可以创建包含多种数据类型的字段的表结构，例如支持日期类型、整型、字符型，还可以创建出一些限定类型的字段，比如限制数据库表字段只支持 0~9 的数字等。

如果我们想往创建好的“people”表中插入一条数据，那 SQL 语句可以写成“insert into people values(‘001’, ‘张三’)”，在这条 SQL 语句中，我们往“people”表中插入了一条数据，括号里的值按顺序对应到每一个字段，“values”也是 SQL 中的关键字，一般与“insert into”连用，用来表示插入的数据的值是什么。如果此时我们需要对刚刚插入的数据进行修改，可以使用 SQL 语句“update people set name=‘李四’where peopleId=‘001’”。在这条 SQL 语句中，我们将刚刚插入的名为“张三”的姓名修改成了“李四”，我们首先得表明更新的是哪一个数据库表，在关键字“update”后面跟上的是表名，“set”也是一个关键字，用来表示我们要修改哪一个字段的值，关键字“where”是限制条件，告诉数据库我们要修改的是“peopleId”为“001”的这条数据。

数据库表创建好了，也完成了往表里插入一条数据，如果我们想查询数据库表中刚刚插入的数据，可以使用 SQL 语句“select * from people”。这条语句会将“people”表中所有的数据都查询出来，“select”是关键字，表示查询；“*”表示这个表中所有的数据库字段。如果我们只希望查询出某一个或几个字段，也可以写成“select peopleId, name from people”；如果我们只希望查询其中某一条数据，可以加上限制条件“select * from people where peopleId='001'”。在这条 SQL 语句中，我们将编号为“001”的这条数据查询出来了。在“where”后面所跟的条件可以是多种类型的，比如我们要把年龄大于 20 岁的人从“people”表中查询出来，SQL 语句就可以写成“select * from people where age > 20”。

SQL 是一种非常灵活的数据库操作语言，可以进行非常复杂的数据库操作，它能做到的远远不止上文提到的内容，基本可以满足我们对数据库的一切操作。对产品经理来说，不需要学会写 SQL 语句，但要知道数据在数据库中是如何被组织和操作的，这对理解产品背后的数据逻辑和实现方式有很大帮助，在与工程师的合作过程中也能找到频率对等的沟通语言。

4.2.4 数据库索引

在产品经理的工作中经常会听到工程师们提到**数据库索引**这个名词，并且对关系型数据库来说，为数据表建索引能大大提高数据表查询的效率，也能降低查询时间。究竟什么是数据库索引呢？其实索引就是数据表的目录。我们在看书或者查字典的时候都会看到书的目录或者字典目录，目录存在的意义就是让我们快速找到我们想找的某一章节或者字典中的某一个字，而数据库中的索引就是数据表中数据的目录。我们可以通过图 4-7 所示来了解数据表和索引之间的关系。

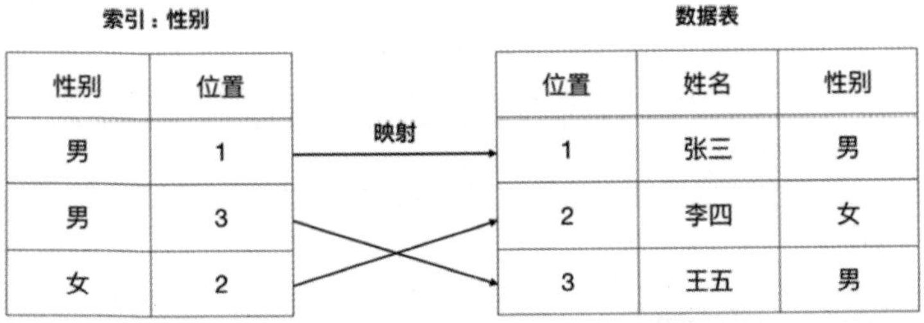

图 4-7　数据库索引

右边是一个存储了用户的姓名和性别的数据表，同时标记了数据表中每一行数据的具体位置。左边是针对数据表中性别这一列的一个索引，通过这个索引我们可以很快知道性别为男的用户分别在数据表中的什么位置。通过这个索引数据关系可以快速定位到要查询的数据位置，省去对全表进行查询和匹配的过程，这个过程就类似于我们通过书的目录快速找到某一个章节。所以，数据库索引是一项能提高查询效率的技术，被广泛应用在关系型数据库中。

4.3 非关系型数据库

与关系型数据库相比，**非关系型数据库是一种相对松散且可以不按照严格的结构规范进行存储的数据库。非关系型数据库一般叫作 NoSQL（Not Only SQL），它没有关系型数据库那样严格的数据结构约束，在存储的形式和使用上有别于关系型数据库。**现在主流的非关系型数据库有 MongoDB 和 CouchDB。以 MongoDB 为例，它是一种典型的非关系型数据库，数据以类似文档的方式进行存储，每一个文档都有对应的唯一标识和版本号。常用的非关系型数据库如图 4-8 所示。

图 4-8　常用的非关系型数据库

在关系型数据库中，我们使用二维表和字段来规范数据存储，但在非关系型数据库中，我们可以按照更灵活的方式定义数据存储。在非关系型数据库 MongoDB 中，我们使用键值对的方式表示和存储数据，键值对就是“key-value”的形式，类似在关系型数据库表中的字段名和该字段名对应的值。在 MongoDB 中，使用 JSON 格式的数据进行数据表示和存储，例如我们表示“people”这一数据结构可以使用如下方式。

```
{
"peopleId":"001",
"name":"张三",
"sex":"男",
"age":"28",
"profession":"建筑师"
}
```

上述就是一种JSON结构，一共有5个数据在这个JSON结构中，它们以“key-value”的形式存储，冒号左边的是“key”，冒号右边的是“value”，基于这个结构我们可以无限扩展其他的键值对，而且键值对可以进行嵌套，例如下面这种结构。

```
{
"id":"001"
"name":"张三"
"profession":{"id":"1", "professionName":"建筑师"}
}
```

键“profession”对应的值也是一个 JSON 结构，通过这种嵌套的方式可以很灵活地扩展数据表示，数据存储方式也更灵活。非关系型数据库适合应用在一些对存取要求比较高且并发处理比较高的场合，例如对网站访问数据的统计。非关系型数据库处在不断发展的过程中，现阶段与关系型数据库形成一种互补的局势，在很多产品后台，同时使用关系型数据库和非关系型数据库。

案例分析

在设计某一个产品功能时，工程师通常会提出跟数据库相关的问题，例如提出一个新功能时，工程师会说这个功能影响到了现在数据库的设计，这个功能里有些字段是目前数据库里没有的，或者这个功能导致了数据库结构的变化。

当遇到这些问题时，产品经理需要知道所有的功能最终都是将数据通过产品功能表现出来，尤其是对已有功能进行修改时，需要处理两个问题，第一个问题是新的设计应该对数据库做何种调整，是需要新增数据库字段还是修改或删除原有字段；第二个问题是新的设计对原有数据的兼容性问题，兼容性问题往往是产品设计中带来最主要影响的问题之一。为了适应新的产品功能，在数据兼容性上需要做充分考虑，否则就可能出现新功能好用，但在老版本的产品上会出现异常。

每一个数据在数据库里都对应一个数据库表字段，每一个字段都有自己的名字，工程师在讨论问题时，经常会根据字段的名字来说明问题，例如这个字段是代表哪个信息，在客户端和服务端进行数据传递时，对应字段的值是什么。当工程师说数据库字段值时，产品经理需要知道这个字段是代表哪个产品功能中的哪一个具体信息。

4.4　数据存储与恢复

数据库用来以规定的格式存储数据，我们使用各种互联网产品的同时也在不断地产生数据，例如发送一条文本消息和存储一张图片。这些数据在数据库里按照事先设计的结构和规则进行存储。有时我们会对不需要使用的数据进行删除操作，而删除了的数据去了哪里呢？已经被删除的数据有没有可能被恢复呢？本节就具体介绍数据的存储与恢复。

数据存储在数据库中，而数据库在物理上是位于服务器的数据磁盘中的。在数据磁盘里通常划分为两个区域，一个是索引区，一个是数据区，如图 4-9 所示。

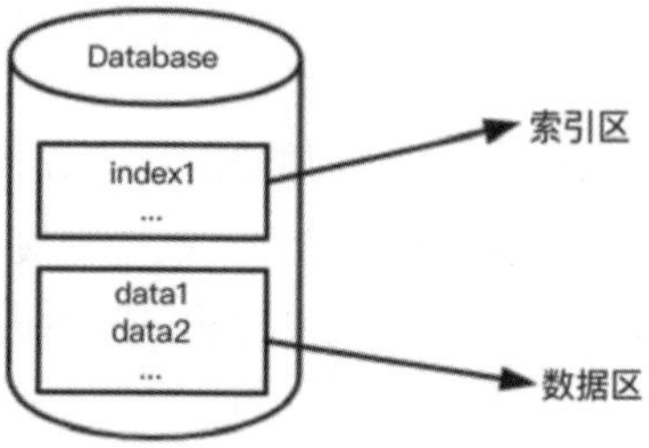

图 4-9　索引区与数据区

关于索引，前文我们有介绍，它是一个对存储的数据进行快速检索的数据目录，在数据磁盘的索引区内存储的就是数据的目录。数据磁盘的数据区就是具体存放数据的区域。

当一条新数据需要存入数据库中的数据磁盘时，首先会在索引区建立一个索引，然后将具体的数据存储在数据区，这是数据存储的过程。当删除一条数据时，只会将索引区的索引删掉，并不会立刻对数据区的数据进行删除操作，直到下一条新数据存储时，会将这些已经没有了索引的数据区数据覆盖掉。从这个过程中我们可以看出，当需要恢复已经删除了的数据时，只需要到数据区检索那些失去索引的数据然后重新为它们建立索引即可。当然，如果数据被覆盖，就无法恢复了。

删除一条数据都是优先从逻辑上删除，并不会立刻完成物理删除的操作。所以如果要恢复数据，在恢复数据前不要对数据库有其他新的写入操作，这么做的目的是防止需要恢复的数据被覆盖。还有另外一种情况，有的设计为了更保险，会对已经删除的数据做特殊标记，将这些已经删除的数据存储在另外一个数据库表中或者对数据做一个已删除的标记，当需要恢复时，修改数据标记即可，其实并没有真正删除数据。

在互联网产品设计中，涉及用户删除数据的时候，一般都是“假删除”，意思是对数据进行删除标记，实际上并没有在物理上真的删除数据，例如用户删除一个订单或者删除一张照片。当然，这些被“删除”的数据并不是永远不会删除，因为数据存储是需要开销数据硬盘的，如果所有被用户删除的数据都一直存储下来，占用的数据硬盘会越来越大，而这部分数据的价值其实并不是很大。所以，通常情况是存储某一个时间范围内的已删除数据，超出时间数据就进行物理删除。

4.5 从数据角度看产品设计

数据库是用来存储产品中各种数据的仓库，从数据角度看产品设计需要回归到产品中各个实体对象上。所谓实体对象就是产品中的各种角色，例如产品中的用户是一种角色，用户可能还分成很多种子角色，医疗类产品中有医生和患者，电商类产品中有买家和卖家，还有订单、商品等。每一个实体对象都有自己的基本属性，单个用户的属性有名字、头像、性别等，商品有价格、型号、库存等。这些基本属性共同构成一个完整的对象，每个对象在数据库中都可以叫做一个实体对象，表示一个实物。

数据视角往往独立于产品功能，产品功能描述的是一系列流程和逻辑的组合，而数据更多是站在原子角度描述产品中的每个数据对象。登录功能在产品角度是用户输入用户名和密码完成身份验证。如果从数据角度看，是查询了用户这个实体对象表中的用户名和密码两个属性，与此同时，登录过程中还会进行其他操作，例如在一些电商类产品中，可能在登录过程中会顺便获取用户目前的订单状况，这个过程中又访问了订单实体对象表。所以，在一个完整的功能流程中，可能会涉及多个数据实体对象。

产品都是在一些功能的基础上实现数据的流转，通过用户对产品的操作和具体的业务流程，实现对输入数据的处理和输出数据的存储。产品经理在设计产品时，需要先明确在整个产品业务流程中有哪些实体对象，产品所涉及的数据在系统内是如何流转的。举一个例子，用户使用电商类产品下订单，具体的数据流转包括用户选择商品，基于商品信息产生订单，订单会根据业务阶段划分为多种状态，例如待付款、已付款、待发货、已收货等。不同的业务阶段，数据处于不同的流转状态。当订单结束时，当前订单的数据才算流转结束，在这个过程中涉及的数据实体对象包括用户数据、商品数据、订单数据等，如图 4-10 所示。

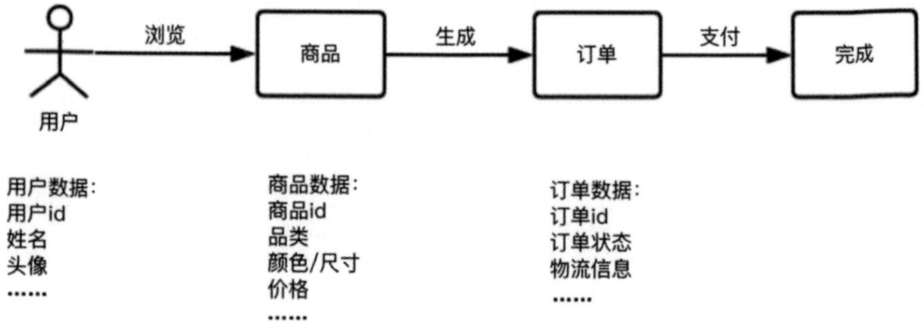

图 4-10 产品数据流转

产品中的业务逻辑实际上是由不同的实体对象按照一定的业务规则和顺序组合起来的。

4.6 本章小结

本章主要介绍了数据库相关的内容，数据库是数据存储的载体，互联网每天都会产生数以亿计的数据，这些数据最终会存储在数据库中，数据库是数据的仓库。

本章我们介绍了关系型数据库和非关系型数据库，在关系型数据库中介绍了实体关系模型，关系型数据库通过二维表及数据库表字段和字段类型表示数据。在关系型数据库中，我们可以将现实世界中的实体折射成二维表，然后通过实体关系关联不同的表，构成数据存储的关系模型。在数据库表中，通过主键关联其他的表，同时，我们可以使用数据库操作语言 SQL 对关系型数据库进行各种操作，包括创建数据库表，建立关联关系及对数据进行增、删、改、查操作。非关系型数据库是一种新的数据存储模型，以相对松散的结构进行存储。数据库是互联网的基础技术，也是互联网产品得以有效运转的基础设施。

5 产品经理学客户端技术

5.1 产品经理为什么要学客户端技术

产品经理在实际工作中设计的产品更多是以用户使用的客户端产品为主，例如产品经理画的原型图，就是从用户视角设计的产品功能。在PC互联网时代，客户端主要是Web网页；在移动互联网时代，客户端主要是以智能手机为载体的移动App产品。在设计客户端产品时，如果对客户端技术有一定了解，能大大提高产品经理设计客户端产品的效率。

产品经理在设计产品功能和界面时，会使用到很多界面控件（如输入框、按钮等），这么做的目的是降低开发者的开发难度，使开发人员可以方便快捷地使用系统控件，有利于对基本控件的复用，即不重复发明轮子。产品经理在了解这些技术控件后，一方面能对客户端系统控件有全面的了解，在设计产品时知道选用哪些系统控件构成产品功能界面；另一方面，能提高设计效率并降低工程师的开发难度。

另外，了解客户端技术的实现原理，有利于使双方基于同样的背景知识进行沟通，提高沟通效率。所以对产品经理来说，尤其是非技术背景的产品经理，了解一些客户端技术能在产品设计环节和与工程师沟通的环节起到非常大的帮助作用。

5.1.1 常用客户端技术介绍

客户端是指普通用户使用的终端，用户通过客户端接触并使用产品。客户端通常是指个人电脑、智能手机和平板电脑，以及逐渐普及的智能手表。一个产品可以同时支持多客户端，例如微信既有手机客户端，也有在平板电脑上使用的客户端。图 5-1 所示为一个产品所支持的客户端类型。

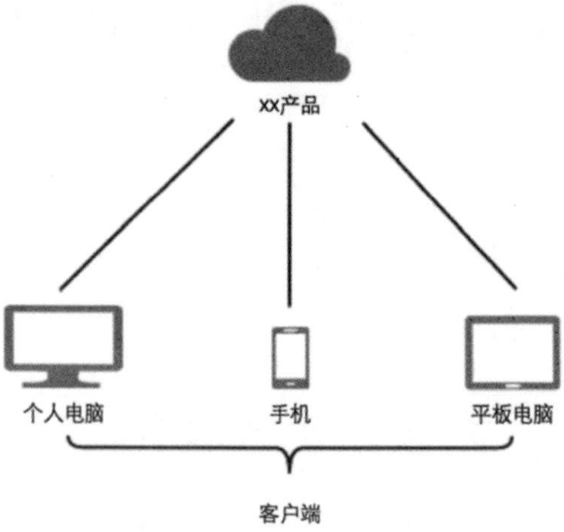

图 5-1　产品的客户端类型

在 PC 互联网时代，人们能接触到的客户端主要是个人电脑，通过使用计算机软件获取产品服务，例如早期在生产领域使用的库存管理系统，就是使用预先安装在计算机中的软件，这种客户端的弊端是每次软件有更新都得安装更新包。现在我们使用的操作系统（例如微软推出的 Windows 系统）就是一种安装型的客户端。

进入 Web 时代后，我们主要通过浏览器获取产品服务，通过浏览器访问各种网站，在网站内我们可以使用五花八门的互联网产品服务。Web 浏览器作为一种客户端让人们更方便地使用互联网产品，通过浏览器我们每时每刻都能获取到最新的产品，就算产品有更新也不需要像传统的软件一样安装更新包，直接打开浏览器就能获取最新的内容。Web 浏览器作为新的客户端技术让我们获取互联网产品服务的效率得到了大大提高。

进入移动互联网时代，我们主要通过智能手机接入互联网，智能手机弥补了 PC

机笨重且行动不方便的缺点。以前我们需要上网时眼前必须有一台 PC 机，现在我们可以使用智能手机随时随地接入互联网。智能手机作为一种新形式的客户端，已经深入人们生活的方方面面，通过智能手机人们实现了实时在线的需求。在移动互联网时代，主要的客户端技术是运行在智能手机上的由谷歌推出的 Android 系统和由苹果推出的 iOS 系统，这是目前两个市场占有率最高的智能手机操作系统。另外，微软推出的 Windows Phone 也是移动操作系统之一。

在移动互联网时代，HTML 5 技术（简称 H5）作为客户端技术的一种也得到了长足的发展，现在我们使用的手机 App 中就有很多是通过 H5 实现的。对比 Android 和 iOS 平台的本地应用，使用 H5 制作的应用具备跨平台的特性，同一个产品会开发 Android 版本和 iOS 版本，但如果使用 H5 开发，只需要开发一个 H5 的版本就可以运行在两个系统平台中。

通过 H5 实现的应用本质上也是 Web 的一种，通过浏览器就可以访问应用服务。H5 也其不足之处，通过 H5 实现的应用在产品用户体验上还无法达到本地应用实现的水平。在智能手机得到普及的今天，谷歌的 Android 系统和苹果的 iOS 系统是两大主流移动操作系统，占据了主要的市场份额，用户也最多，这两大操作系统平台都有其各自的特点，接下来我们就分类介绍这两大主流移动操作系统。

5.1.2 Android 系统

Android 系统最早由美国人安迪·鲁宾（Andy Rubin）及其团队在 2003 年开始研发，后来公司被谷歌收购后对 Android 系统进行持续研发。2008 年，谷歌发布了 1.0 版本的 Android 系统并宣布所有系统源代码开源。同年，第一款搭载 Android 系统的手机问世。Android 系统基于 Linux 开发，主要运行在智能手机或平板电脑上，以其开源的特性吸引了无数开发者。

在接下来的几年内，Android 陆续发布了多个更新版本，系统日趋完善，随着智能手机的普及，Android 系统也逐渐普及，如今 Android 系统已经成为主流移动操作系统之一，运行在各种智能手机、平板电脑、智能电视中。由于其开源的特性，很多厂商也基于 Android 系统进行了深度定制，从而研发出很多体验更优质的定制化系统，例如小米推出的 MIUI 系统就是一款基于 Android 系统进行深度定制的操作系统。三星、HTC 和华为等厂商生产的智能手机全部搭载了 Android 操作系统，根据各家厂商自己的要求，对系统进行了深度定制，这也是 Android 系统开源所带来的好处。

由于 Android 系统开源的特性被很多手机厂商所使用，也产生了一些问题。各个手机厂商生产的手机型号差异性较大，表现最明显的就是手机屏幕尺寸的差异性，有的厂商生产的手机屏幕大，有的小，有的又属于特殊尺寸。

当然，谷歌官方给出了一些标准屏幕尺寸参考，但厂商为了满足市场需求还是会逐渐增加不同的屏幕尺寸，由此带来的问题是开发 Android 应用需要对多种屏幕进行适配。同时，由于不同厂商对 Android 系统进行了深度定制，所以有些应用在 A 厂商的手机上运行没问题，但到了 B 厂商生产的手机上就可能出现问题，开发人员也需要对不同的操作系统进行适配。由此可以看出，对 Android 系统上的应用进行手机适配是一个大工程。

Android 是一个系统基础平台，由此可以开发出适合运行在手机、平板电脑和电视机上的系统，随着智能手表的兴起，Android 系统也可以运行在智能手表中。Android 的应用范围非常广泛，扩展性也很强。从开发角度看，它基于成熟的 Linux 开发而来，在应用开发层使用主流的 Java 语言进行开发，颇受开发者欢迎。经过将近十年的升级迭代，Android 系统的完善度逐渐提高。

5.1.3 iOS 系统

iOS 是由美国苹果公司开发的移动操作系统，第一版发布于 2007 年，当时运行在苹果发布的第一代智能手机 iPhone 上面。在后续的系统升级中，iOS 系统也应用到了苹果的 iPod Touch、iPad 和 Apple TV 等产品上。iOS 系统是基于 UNIX 的操作系统，在应用层使用苹果自家的开发语言 Objective-C 进行开发，后续苹果又推出了一门新的开发语言 Swift 来支持 iOS 系统应用的开发，目前使用这两种语言都能进行 iOS 应用开发。

与 Android 开源的特性相比，苹果的 iOS 系统是一个闭源系统，即不开放源代码。不开放源代码的好处就是保证了系统的统一性，不会出现因为 Android 系统开源而带来的系统碎片化严重的现象。iOS 系统只能被苹果一家厂商使用，不像 Android 系统可以授权给三星或者华为使用，所以苹果的 iOS 系统相对于谷歌的 Android 系统来说具备封闭性。iOS 系统都是统一的版本，这样保证了苹果软件生态的完整统一性。由此可以规避 Android 出现的屏幕尺寸碎片化和各厂商深度定制所带来的系统差异性问题，在一定程度上保证了 iOS 系统的完整性。

iOS 系统的开发语言是 Objective-C，目前也可以使用苹果自己推出的 Swift 语言进行开发。早期，Objective-C 并不是一门主流语言，随着 iOS 系统的普及和优质的体验，越来越多的开发者参与到苹果 iOS 应用的开发中，逐渐把原本冷门的 Objective-C 语言带到了前沿。全世界范围内有很多开发者开始学习并使用 Objective-C 语言开发 iOS 应用。

5.1.4 Web 网页

Web 网页技术是一门比较成熟的技术，在 PC 互联网时代，大部分产品都是通过浏览器访问网页来使用的。在移动互联网时代，可以在智能手机上访问 Web 网页。Web 技术通常是指由 HTML、CSS 及一些动态交互技术（例如 JavaScript 等）组成的 Web 前端技术。

Web 网页的好处是跨平台，只有通过浏览器才能获取产品服务。与 Android 和 iOS 等前端技术相比，Web 网页不需要对特定的设备进行适配，通过响应式布局的方式可以对不同屏幕的尺寸进行动态适配。现在 Web 网页也可以与 Android 和 iOS 前端技术平台进行交互（例如，可以使用 Web 调用智能手机的摄像头或从本地相册中获取图片），通过 Web 和原生应用的交互实现混合应用开发。当然，在传统网站领域，Web 网页已经是一门非常成熟的技术了，其应用方式和场景也非常多样化。

以微信公众号为例，公众号的文章全是通过 Web 实现的。另外，微信红包页面和一些微信服务号页面都是通过 Web 实现的，通过 Web 实现的好处是内容可以灵活变化，而且可以在不发布新版本的情况下实现内容更新，处理方式更加灵活和动态。随着 Web 技术的不断发展，Web 网页的体验也在慢慢提高和改进，现在在某些方面已经不亚于通过原生 App 实现的体验效果。

5.2 Android 基础技术及基本控件

产品经理在设计产品时，针对不同的平台特性，需要做出相应的设计调整。在设计产品原型的过程中，为了使产品设计在实施环节更顺利，产品经理需要对各平台的界面布局原理和系统控件有所了解。Android 应用使用 Java 作为开发语言，使用前文提到的 Eclipse 作为开发工具。

谷歌也推出了针对 Android 的开发工具 Android Studio，相对于 Eclipse，使用 Android Studio 开发更方便，并且实现了界面可视化，即可以一边编写界面代码，一边查看实际效果。Android 作为移动操作系统，产品应用运行在小尺寸的屏幕上，对界面布局有一定的规则，对应用获取系统服务有权限控制。例如，如果要使用系统相机功能，需要在开发阶段声明使用相机的权限。

我们每天使用的 Android 应用产品都由很多个具体的界面构成。每个界面上由各种按钮、输入框、文本框、列表，以及一些操作对象构成，这些元素组合在一起为我们提供了产品使用的交互介质，这些元素在技术上称为“控件”。

例如，一个按钮是一个控件，一个输入框也是一个控件。在 Android 系统中，系统为我们提供了一些基础控件，比如代表按钮的 Button、代表文本展示框的 TextView、代表文本输入框的 EditText 和代表列表展示的 ListView，等等。这些英文关键字都是 Android 系统默认提供的系统控件，系统已经为我们提供好，可以直接使用。系统控件只是最原始的控件状态，有默认展示样式。系统控件的样式一般都很简单，但我们使用的产品往往界面精美且具有一定的界面风格，这些风格其实都是基于系统控件演化而来的，下面我们就来分类介绍 Android 系统中的基本控件。

5.2.1 View

View 是视图的意思，表示在屏幕上展示的一个可视化控件，是 Android 所有控件的根。也就是说，所有 Android 控件都是基于 View 扩展的，可以把 View 理解成所有系统控件的祖先，其他（例如，按钮 Button 和文本展示框 TextView）都是继承自 View，在具备 View 的一些基本属性的同时还扩展了属于自己的属性。好比我们继承了父母的基因，同时也有属于我们自己的特征。在 Android 系统中，每一个界面元素都是一个 View，在界面上表示一个 View 需要说明这个 View 的宽度、高度、对应的位置，进一步还可以设置这个 View 的背景颜色及基本形状等。我们可以用 View 表示一条直线，也可以用 View 表示一个正方形或长方形。在 Android 系统中，系统已经帮我们实现了一些系统控件，例如按钮和输入框等。同时，我们也可以根据不同的需求实现一些自定义的控件，例如一些带手势移动效果的按钮。接下来，我们就分类看一下基于 View 衍生出来的一些 Android 系统基本控件，首先是表示按钮的控件 Button。

5.2.2 Button

Button 是 Android 系统默认提供的按钮控件，我们在使用产品的过程中所有可点击的部分都是按钮，对于按钮的形状和外观可以进行自定义设置，还可以设置按钮的点击事件，所谓**点击事件**就是当我们点击某个按钮时，这个按钮会触发什么操作。当我们通过代码去实现一个按钮时，需要指定按钮的宽度和高度，如果按钮里有文字，也需要指定按钮文字的大小和颜色。一个按钮的基本属性如图 5-2 所示。

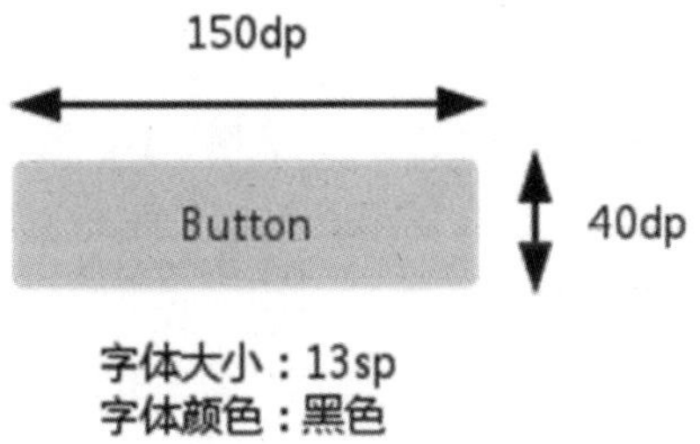

图 5-2 Button 示意图

这个按钮的宽度是 150dp，高度是 40dp，按钮内部的文字大小是 13sp，颜色是黑色。在这些基本属性中，我们可以看到有两个基本单位，分别是“dp”和“sp”。dp（Device Independent Pixels）是独立于设备像素（px：pixels）的单位，也可以称为“dip”，它与“像素密度”有关。我们知道由于 Android 设备的屏幕尺寸碎片化严重，各厂商生产各种大小和分辨率屏幕的手机，导致开发人员得适配多种屏幕尺寸，所以在 Android 开发中，使用与像素无关的单位 dp 对尺寸进行标注。我们解释一下什么是“像素密度”，假设有一部智能手机，其屏幕的物理尺寸为 1.5 英寸×2 英寸，屏幕分辨率为 240 像素×320 像素，则我们可以计算出在这部手机的屏幕上，每英寸包含的像素点的数量为 240/1.5=160dpi（横向）和 320/2=160dpi（纵向），160dpi 就是这部手机的像素密度，**像素密度**的单位是 dpi（Dots Per Inch），即每英寸像素数量。横向和纵向的这个值都是相同的，原因是大部分手机屏幕使用正方形的像素点。

不同的设备可能具有不同的像素密度，例如同为 4 寸手机，有 480×320 分辨率的也有 800×480 分辨率的，前者的像素密度比较低。Android 系统定义了四种像素密度，分别是低（120dpi）、中（160dpi）、高（240dpi）和超高（320dpi），它们对应的 dp 到 px 的系数分别为 0.75、1、1.5 和 2，这个系数乘以 dp 长度就是**像素数**。

随着智能手机屏幕分辨率的逐渐提高，这个比例也会发生变化。例如，图 5-2 所示的这个按钮的高度是 40dp，那么它在 240dpi 的手机上实际显示为 40×1.5=60px，在 320dpi 的手机上实际显示为 40×2=80px。如果你将这两部手机放在一起对比，会发现这个按钮的物理尺寸看起来差不多。这样，在开发时，就只需要标注这个按钮的高度是 40dp，在不同分辨率的尺寸上根据不同的像素密度进行不同的显示。

我们标记这个按钮的文字大小为 13sp，sp 是与缩放无关的**抽象像素**（Scale-independent Pixel）。sp 和 dp 类似，区别在于 Android 允许用户自定义屏幕上字体的大小。在系统设置中，我们可以设置系统字体是小、正常、大或者超大。在正常字体大小设置下 1sp=1dp，当字体大小是大或者超大时，1sp>1dp。在 Android 开发中，一般使用 sp 作为文字大小单位。结合标示距离大小单位 dp 和文字大小单位 sp，就可以解决 Android 多屏幕适配的问题。在开发时，用一套单位标注来实现对多种屏幕的适配，避免了为每一种屏幕设置一套尺寸。后面章节中我们还会介绍关于 Android 多屏幕适配的话题。

5.2.3 TextView

在 Android 中我们使用 TextView 代表文本展示框，**文本展示框**就是我们在产品里看到的展示文字的部分，例如界面中的一行文案提示。TextView 的属性和 Button 基本类似，也需要制定宽度和高度，宽高实际上框定出文本范围，同时还需要制定文本内容的字体大小和颜色等，图 5-3 所示为 TextView 的示意图。

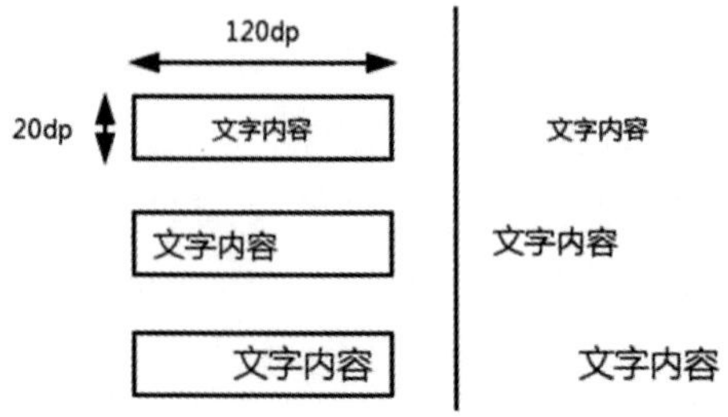

图 5-3 TextView 示意图

竖线左边第一个是一个宽度为 120dp，高度为 20dp 的 TextView，在竖线左边的三个 TextView 中，从上至下，文本区域的高度都一致，文本大小依次增大，文本排列方式依次是居中、左对齐、右对齐。在 TextView 中，我们可以设置文本是单行显示还是多行显示，可以设置字体类型。如果我们设置 TextView 的背景颜色，那看到的就是一个带矩形边框的区域。如果我们把 TextView 的背景颜色去掉，那看到的就是在竖线右边的三个 TextView。我们在正式的产品中看到的就是右边的效果。在正式产品中我们还看到过文本拼接的方式。

例如“￥100”这个文本，一般会把金额数字部分的字体调大，然后前面的“￥”符号调小，形成一个对比，这种实现方式其实就是使用了两个 TextView，第一个 TextView 的文本设置为“￥”并且字体大小调小，第二个 TextView 的文本设置为动态金额，字体大小调大，然后两个 TextView 并排左右排列。在产品中我们还看到过在一行文字里有多种颜色的情况，其实也是使用多个 TextView 进行拼接的结果。TextView 和 Button 一样都是在产品设计和开发中使用频率比较高的一种控件。

5.2.4 EditText

EditText 是文本输入框，也就是我们在产品中输入内容的控件。EditText 的基本属性和文本展示框 TextView 基本类似，唯一不同的地方就是它可以进行内容输入，而且对于输入的内容可以进行类型控制。例如，在登录时需要输入用户名和密码，用户名部分是明文，所谓**明文**就是我们输入的内容是可见的。当输入密码时，密码显示的是密文。**密文**就是我们输入的内容不可见，一般密码输入框都是用小黑点或者星号代替真实内容本身。

另外，在我们输入电话号码的输入框里，输入框限制我们只能输入数字，输入文字是无效的，我们还可以控制 EditText 输入内容的长度。EditText 还有一个属性叫作“hint”，我们在使用文本输入框时，输入框内部往往有一个提示语句，例如，“请输入用户名”之类的，当我们触发输入框开始进行输入时，这个提示语句就消失了。通过设置 EditText 的各种属性，我们可以实现对输入内容的个性化定制。

在一般的产品中，我们看到的 EditText 各式各样，有圆角边框的，有下画线表格式的，这些具体样式都可以通过设置 EditText 的背景实现。在设计产品低保真的环节，产品经理一般需要标注一个控件属于输入框，至于输入框的外观长什么样，由视觉设计师设计，工程师只需要使用 EditText 来实现，然后根据视觉设计师设计的背景样式给 EditText “穿上衣服”。

5.2.5 ImageView

ImageView 是图片展示控件，前文我们已经了解到，文本的展示和输入可以通过 TextView 和 EditText 完成，对图片来说，我们使用 ImageView 作为图片载体来体现。例如，在产品中我们经常接触到头像展示和商品展示，这些图片都存放在 ImageView 中。ImageView 的基本属性和前文提到的几种控件一样，同样需要指定控件的宽度和高度。ImageView 和 TextView 一样，也是一个矩形区域，如果为 ImageView 设置背景颜色，就和 TextView 一样能看出矩形边界，但一般我们在产品实现时，往往会隐藏这个矩形边界，所以我们在产品中看到的图片经常是各式各样的。

5.2.6 ListView

ListView 在 Android 系统中是列表控件。例如，我们使用微信时看到的联系人会话列表、使用淘宝浏览商品时的商品列表，以及使用系统通讯录时的联系人列表，这些列表式的展示控件都是通过 ListView 实现的。ListView 有一个很重要的组成部分，就是每一行展示的条目内容，根据产品内容的不同，ListView 条目展示的格式和内容有所不同。例如，微信的联系人会话列表条目，左边是头像，头像右边分别是按照一定的布局方式显示名称、聊天内容缩略及更新时间。淘宝商品列表的条目展示方式又不一样，左侧是商品图片，右侧是商品名称介绍、发货地和商品价格等。图 5-4 所示为微信联系人会话列表和淘宝商品列表的展示。

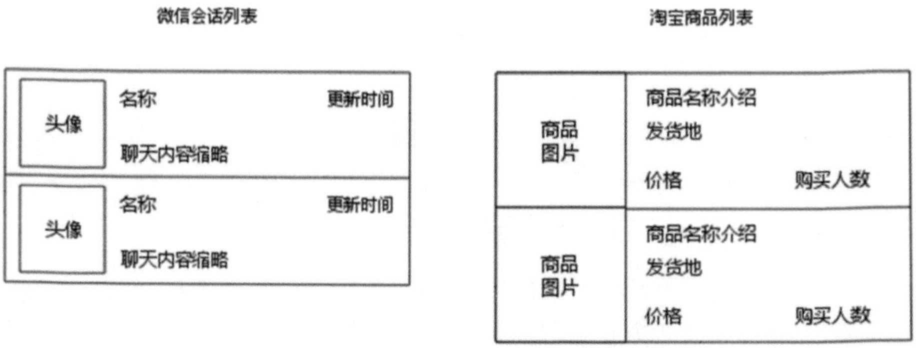

图 5-4　ListView 示意图

二者在 Android 系统中均是通过 ListView 实现的，不同点在于每一行条目的布局方式和内容。在实现 ListView 时，我们首先需要定义这个 ListView 的条目中控件的布局方式及展示的内容，虽然每个 ListView 会有很多个条目（例如，微信会话列表中的内容可能有十几行），但在实现层面，我们只需要定义行条目的展示方式，然后往这个 ListView 中填充数据即可。就好比我们只需要定义一个模板，然后根据这个模板填充不同的材料。

在微信会话列表这个 ListView 中，条目中包含了展示头像的 ImageView 空间，展示名称、聊天内容缩略和更新时间的 TextView，它们有的左右排列，有的上下排列，这种按照一定规则排列的方式叫作**布局**，关于布局的具体内容我们会在后面的章节中介绍。在 Android 系统中，ListView 是一种容器型控件，可以在其中放其他的控件，例如在图 5-4 中我们将 ImageView 和 TextView 都放在 ListView 的条目里。其他控件是不能进行嵌套布局的，例如我们不能将 TextView 放在 ImageView 中（在 iOS 系统中是可以的，后面章节会介绍）。在产品设计中，ListView 也是使用频率非常高的系统控件，ListView 的外观和其他控件一样可以进行自定义控制，扩展性很强。

5.2.7 GridView

GridView 和 ListView 类似，也是一种容器控件，区别在于 ListView 以列表的方式展示，而 GridView 以表格的方式展示。如果我们需要实现多行多列的展示，就可以使用 GridView。和 ListView 一样，我们也需要定义 GridView 中每一个单元格的布局方式，一个 GridView 的例子如图 5-5 所示。

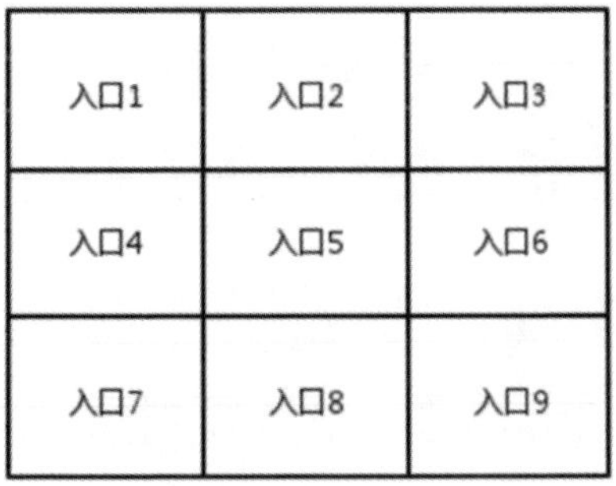

图 5-5 GridView 示意图

图 5-5 所示实现了一个三行三列的 GridView，这种表现方式在产品设计中很常见，例如支付宝的首页，展示了很多个入口，包括像美团和大众点评类多服务入口的产品，基本都通过这种方式对界面进行布局，单击某一个入口就进入相应的产品模块。每一个方格对应一个 GridView 条目，常见的布局方式是方格中上半部分是图片，下半部分是文字，实际上就是使用了 ImageView 和 TextView 的组合。

例如，支付宝 App 中生活模块的各种入口，就可以使用 GridView 作为界面布局控件，如图 5-6 所示。

图 5-6　支付宝 App 生活模块界面

另外，我们使用的系统相册、照片缩略图以表格的方式进行展示，这也是使用 GridView 实现的。Android 系统中各种控件的相互组合使用可以构建出各种各样的产品页面，控件之间的布局方式和原理我们将在 5.3 节详细说明。

5.3 Android 界面布局原理

产品经理在设计产品的过程中，需要对界面的布局和组合原理有一定的了解，这样的好处是能够站在工程实现的角度考虑产品设计，不至于设计出非常难实现的产品。对于产品本身来说，满足同一个功能的设计可以是多种形式的。符合工程实现的设计更有利于工程师开发产品，本节我们就了解一下在 Android 系统中界面是如何布局的。

在前面的内容中，我们介绍了 Android 中的一些基本控件，包括按钮 Button、进行文本展示的 TextView、进行文本输入的 EditText、展示图片的控件 ImageView，以及容器类控件 ListView 和 GridView。在我们使用的产品中，各种控件都是按照一定的顺序和规则摆放的，例如登录的页面，往往有两个输入框，一个是输入用户名，另一个是输入密码，另外还有一个按钮用来进行登录操作，如图 5-7 所示。

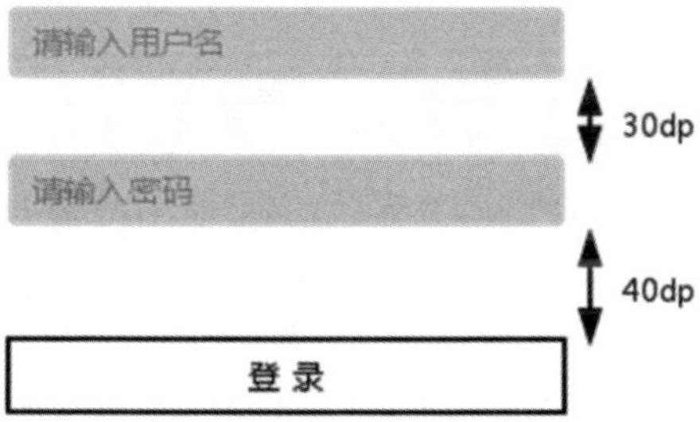

图 5-7 Android 布局结构图

我们使用了两种控件，用户名和密码输入框使用了 EditText，按钮使用了 Button，这三个控件以上下对齐的方式进行排列，两个输入框之间的间距是 30dp，密码输入框和按钮之间的间距是 40dp。**这种由上到下依次排列的布局方式叫作“线性布局”，线性布局简单说就是按照顺序从左至右或者从上到下依次在界面上排列控件，线性布局支持横向和纵向两种方式。**图 5-7 是一种纵向线性布局的方式。纵向布局的控件会按照从上至下的顺序依次排列，横向布局的控件会按照从左至右的顺序依次排列，若遇到屏幕边界则自动换行，然后依然以从左至右的顺序排列。控件与控件之间的间距可以指定某一个控件相对于其他控件的位置进行设置，例如我们设置密码输入框距离用户名输入框的间距是 30dp，其实是设置表示密码输入框的 EditText 上边距距离表示用户名输入框的 EditText 下边距为 30dp。这个属性设置在 Android 中叫作“marginTop”，意思就是上边距距离上方控件下边距的距离。同理，还有“marginTottom” "marginLeft""marginRight"属性，用来指明控件与其他控件之间的间距。

Android 系统中除了线性布局，**另外一种使用比较多的布局方式是"相对布局"，相对布局就是指定控件与其他控件的相对位置，所谓相对位置就是以某一控件为参考基准，与其他控件的空间位置。**

例如在登录界面的布局中，如果使用相对布局，并且以用户名输入框为参考基准，那用户名输入框就是在密码输入框的上面。在 Android 系统中，每一个界面控件在布局时都有一个 id，我们指定相对位置时，只需要通过 id 来关联相对位置即可。例如，我们要通过相对布局来定位密码输入框的位置，只需要在密码输入框中设置相对属性，该属性设置密码输入框处于用户名输入框的下部，属性值就是用户名输入框的控件 id。

在 Android 界面布局中，通常会根据产品界面的布局需要，混合使用线性布局和相对布局，二者搭配可以实现从简单到复杂的各种界面。另外，使用相对布局的方式也是解决 Android 多屏幕适配的方式之一，因为 Android 设备屏幕尺寸差异化很大，同样布局方式的界面，需要适配多个屏幕尺寸，所以指定控件的相对位置是一种非常好的解决方案。例如，图 5-7 中的登录界面，不管是在小屏幕还是大屏幕上，我们都可以指定控件的相对位置，保证整个界面控件处于居中而且相对位置不变的位置。

5.4 Android 系统的权限控制

Android 系统有专门的权限管理机制，应用访问用户隐私或者获取一些系统权限时，需要取得用户的授权后才能使用。例如，当我们使用 Android 手机安装某一个 Android 应用时，往往会先弹出权限列表，需要用户在安装前确认才能安装使用，如图 5-8 所示。

根据弹出的权限列表，系统会提示是否安装，若选择安装视为同意权限访问。在 Android 系统中，基本上所有涉及隐私的操作都需要进行权限控制，例如访问相册、启用相机、访问当前位置、访问系统通讯录、获取蓝牙等。这些权限的设置是在开发阶段由开发人员标记在代码中的，例如某一个产品需要使用用户的当前位置，那么开发人员需要在权限申请列表中添加访问位置这一权限，用户安装该产品时，会从安装列表中看到该产品申请了哪些权限访问，如果用户同意安装则视为授权使用。

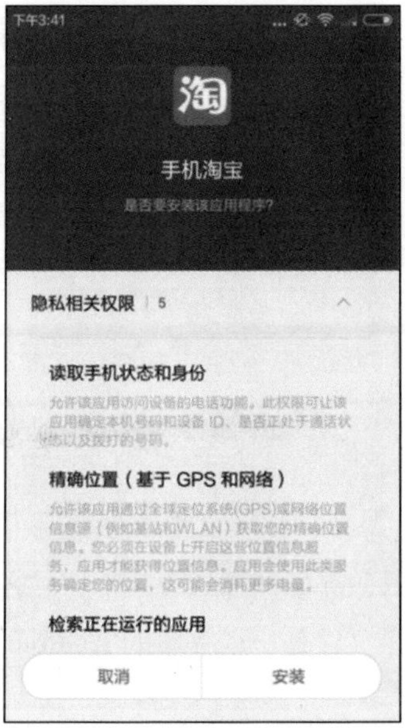

图 5-8　Android 应用权限

Android 系统的安全性一直是讨论的焦点，由于 Android 系统开源的特性，造成在系统安全性保护上存在一定的漏洞，例如用户的通讯录和通话记录可以被黑客窃取。虽然随着 Android 系统的迭代，系统安全性已经得到了很大的提高，但世界上任何软件都不是绝对安全的。

Android 权限控制实际上是对用户授权的一种后向保证。在权限控制的保护下，在开发阶段技术人员若需要使用某一项系统功能，需要在权限控制列表中登记，若没有登记，则系统会报错。一般的软件设计都会有相应的权限控制，常见的超级管理员和普通用户角色设置实际上就是一种权限控制。在 iOS 系统中也有对应的权限控制，我们会在后面章节中提到。

5.5 Android 应用打包及发布

当我们想使用某个 App 产品时，首先要从各种 Android 应用市场下载安装，我们能下载到的 App 都是由开发者将产品开发完毕并打包后发布到应用市场提供给用户下载的。我们在各种应用市场下载 Android 应用程序时往往下载后就直接安装了，如果看一下这个下载下来的文件，可以看到这个文件通常是一个“xxx.apk”类型的文件，如图 5-9 所示。

图 5-9 .apk 文件

Android 应用开发完成后，需要被打包成一个扩展名为“apk”的文件，APK 的意思是 AndroidPackage，这个文件是一个完整的 Android 应用安装文件，类似于我们在 Windows 系统中使用的“.exe”的安装文件。

在开发完成后，我们需要通过开发工具将开发完成的代码及一些素材（例如，产品中使用到的各种背景图片和图标等）一起编译打包成一个 APK 文件。打包安装文件时，我们需要使用一个特殊的签名文件为这个安装包文件签名，签名的目的是保证这个应用安装包的唯一性和安全性。因为最终我们需要将安装文件发布到各种应用市场，而市场里有各式各样的应用产品，做唯一性区分并保证安装包的唯一性，就是通过签名文件来完成的。好比我们修好了一座房子，最后给这个房子加一把锁，这把锁有全世界唯一的钥匙，使用其他的钥匙是打不开的。使用签名文件给安装文件打包后，就可以准备发布了。

发布 Android 应用可以说是一个体力活，因为 Android 开源的特性，每个厂商基本都开发了自己的 Android 应用市场，加上很多第三方也提供了 Android 应用市场，所以市场上的 Android 应用市场有上百个，例如腾讯的应用宝、小米的小米应用商城等。不管是发布新产品还是更新现有产品，面对这么多的应用市场，每一个都需要发布和更新。现在也有一些批量发布的工具可供使用，但是 Android 应用市场的多样性也会造成一定的版本碎片化，例如有的应用商城已经更新到最新版本，有的应用商城还是老版本，所以每次发布新版本时，每一个应用市场都需要更新。

与此同时，谷歌也提供了一个官方应用市场，叫作“Google Play”，这个官方应用市场在国外比较流行，在国内因为访问限制的原因致使使用起来不顺畅，所以才给国内各种应用市场遍地开花的机会。在发布 Android 应用时，我们需要标记当前所发布版本的版本号，这个版本号和我们在产品里看到的例如 V1.0 这样的版本号不一样，V1.0 这样的版本号是给人识别的，我们所说的版本号是以自然数标记并给计算机识别的，例如 V1.0 可以对应为 1，V1.1 对应为 2，每次更新版本这个自然数版本都会增加，这样就可以区分市场上的新老版本。

由于 Android 市场的多样化，在打包时 Android 给我们提供了一个选项，即标记安装包的渠道来源。例如，我们可以标记安装包 1 是腾讯应用宝市场的，安装包 2 是小米应用商城的。通过标记渠道来源，我们可以统计安装渠道，从而知道各个应用市场的安装量，同时还可以统计出有问题的版本来自于哪个应用市场，这样就可以更精准地定位问题。

5.6 Android 多屏幕适配

由于 Android 屏幕尺寸多样化，所带来的问题就是针对不同屏幕的适配，这种适配不仅针对不同厂商自定义系统的适配，更重要的是对界面的适配。同一个产品，在不同的设备上会因为屏幕尺寸和分辨率的差异性导致显示效果的差异，要知道，一个产品在 3.5 寸屏幕上展示的效果和在 4.7 寸屏幕上展示的效果是不一样的。

例如，有些按钮在 3.5 寸的手机上看起来是正常的，但在 4.7 寸的手机屏幕上看就出现发虚的现象。**为了解决界面适配的问题，Android 提供了一种使用可拉伸图片作为界面素材的解决方案，这种图片是以扩展名“.9.png”结尾的图像文件，通常叫作“点九图”。**Android 系统会对这种类型的图像文件进行特殊处理，例如一个按钮的背景图片，在小尺寸屏幕上显示没问题，在大尺寸屏幕上长度得到拉伸。还有就是同一尺寸屏幕上，竖屏显示时，按钮背景图片显示没问题，但切换为横屏后，也出现拉伸发虚的现象。类似的问题，可以通过“.9.png”图片解决，如图 5-10 所示。

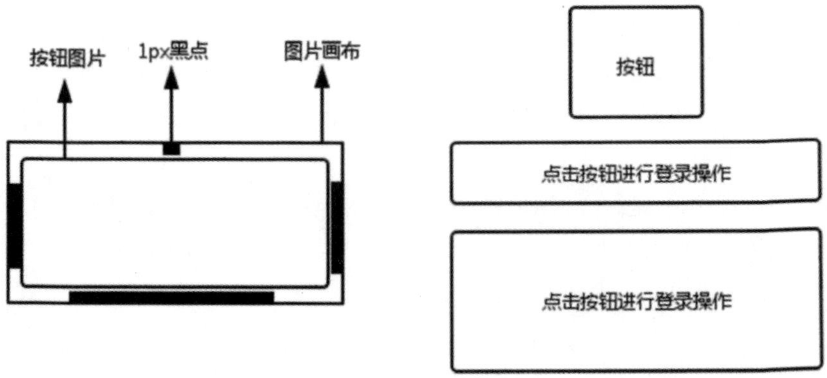

图 5-10 .9.png 图片示例

了解 PS（Photoshop）的人肯定知道，任何形状的图片其实都有一个矩形的背景画布，只是有时这张画布是透明的，我们看不到而已。如图 5-10 左侧所示，最外侧的矩形框就是一张画布，内侧有一个图像内容，这里是一个四个角带圆角的按钮背景图，外侧矩形和内侧按钮背景之间隔了一个像素（1px）的距离，按钮背景图像的四条边，我们用黑色像素点进行了标记。这种图片就叫作“.9.png”。

图片上边距的黑点表示横向拉伸的区域，也就是说，如果这张图片要进行横向拉伸，则只会对黑点所标记的区域进行像素横向复制，从而实现拉伸效果。左侧的黑点表示纵向拉伸区域，图片若是纵向拉伸，就会延伸这一部分的像素，而不会影响到按钮的圆角区域。右侧和底部的黑点像素区域控制的是按钮内部的内容展示的拉伸区域。

图片制作好后，将这张图片导出后我们就会得到一张“×××.9.png”的素材图片。导出时，可以将图片画布设置成透明。将这张图片设置成控件 Button 的背景，根据设置不同大小的 Button 或者在不同的屏幕尺寸上进行展示，可以得到图 5-10 右侧的三种效果。在真实效果展示时，四条边的黑点是不会被显示出来的，系统会自动对“.9.png”进行处理。从图 5-10 右侧中的三种效果可以看出，按钮四个角的圆角部分并没有因为图片大小的变化而被拉伸，拉伸的只是四条边。这样我们在不同分辨率和尺寸的手机屏幕上就可以实现使用一张背景素材图片适配所有的手机屏幕。

前文我们提到了 Android 界面的布局方式，其中的相对布局也是解决多屏适配的布局方式，相对布局配合“.9.png”的使用，基本能解决大部分的屏幕适配问题，但还有一些特殊情况。例如，“.9.png”只能对一些规则图形进行横向或纵向拉伸，如果是不规则图形，就只能根据屏幕的分辨率同时制作几个尺寸的图片，然后系统会根据当前屏幕的分辨率和尺寸自动加载适合的图片素材。Android 屏幕碎片化严重，屏幕界面的适配往往是 Android 开发中一项非常重要的工作。

5.7 iOS 基础技术及基本控件

在实际工作中，产品经理会同时与 Android 和 iOS 工程师打交道，同一个问题对于不同专业背景的工程师来说，表达方式具备差异性。所以对产品经理来说，同样是设计移动客户端的产品，在了解 Android 系统的基础上也需要对 iOS 系统的基本技术规格有一定的了解，这样在设计产品和与工程师沟通时更有针对性。iOS 系统由美国苹果公司开发，使用 Objective-C 语言进行开发，也可以使用苹果研发的 Swift 语言进行开发，开发 iOS 应用使用由苹果公司推出的开发工具 Xcode，而且只能在苹果系统中进行开发。

与 Android 系统不同的是，iOS 是一个闭源系统（也就是不开放源代码的系统），该系统只能由苹果公司在自家的移动设备上使用，不像 Android 系统可以被授权给其他厂商使用。也就是说，我们只能在苹果设备上使用 iOS 系统。与 Android 类似，iOS 中也有很多系统控件，其基本表现形式类似，只是叫法不一样。

例如表示文本展示框的控件在 Android 系统中叫作 TextView，在 iOS 系统中就叫作 UILabel。表示列表展示的控件，在 Android 系统中叫作 ListView，在 iOS 系统中叫作 UITableView。除了基本控件，在 iOS 系统开发中，界面元素的布局方式也与 Android 系统不同，前文中我们提到 Android 系统通过线性布局或者相对布局的方式进行控件位置定义，但在 iOS 系统中则通过坐标轴进行绝对布局定位来确定界面控件的位置。除此之外，在 iOS 系统中也有对应的权限控制，iOS 的打包发布方式也与 Android 系统略有不同，本节我们将对以上内容进行讲解，首先我们看 iOS 系统中的一些基础控件。

5.7.1 UIView

iOS 系统中的基本控件与 Android 系统基本类似，只是有些名字叫法不一样。UIView 是 iOS 系统中所有控件的基础，和 Android 系统中的 View 类似，其他的控件都是基于 UIView 继承扩展而来。UIView 在 iOS 系统中是一个通过坐标和长宽表示的矩形图形，我们可以指定 UIView 的背景颜色或者矩形的圆角。**与 Android 系统不同的是，在 iOS 系统中可以实现 UIView 的相互嵌套，也就是说，我们可以在 UIView 里再放一个 UIView，但在 Android 系统中，不能在 TextView 里再放一个 TextView，这是二者的差异。**所有 UIView 类控件在 iOS 系统中通过坐标轴进行界面布局，现在 iOS 设备的尺寸也越来越多样化，如图 5-11 所示。

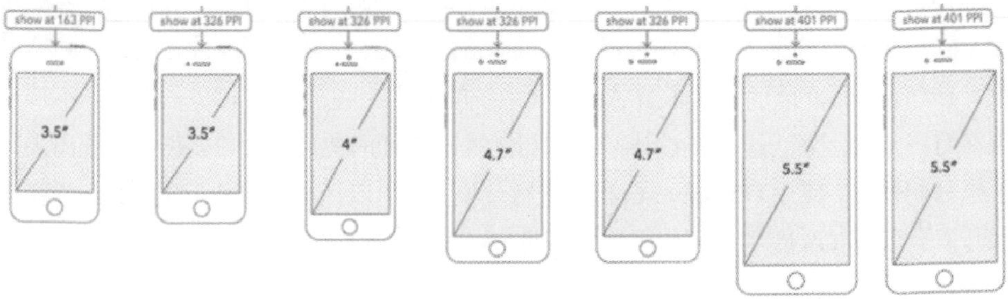

图 5-11　iPhone 屏幕尺寸图

不同尺寸的 iOS 设备具备不同的分辨率。例如，iPhone 8 的分辨率是 1334×750，iPhone X 的分辨率是 2436×1125，这些基于屏幕物理尺寸的分辨率叫作物理分辨率，根据手机屏幕的不同，物理分辨率会有差异。

在 iOS 系统中每一个控件在屏幕中都通过坐标轴定位具体位置，但这个坐标轴的范围不是根据物理分辨率的像素点标记，而是通过逻辑像素标记，所谓逻辑像素就是不管屏幕尺寸，只需要按照固定的逻辑像素定位坐标轴中控件的位置。

例如在 iPhone 4 和 iPhone 5 手机上，一个屏幕尺寸是 3.5 寸，一个是 4 寸，二者对应的物理分辨率一个是 320×480，一个是 640×1136。在进行界面布局时，我们需要判断当前设备是哪一种屏幕，然后按照逻辑像素布局，iPhone 4 对应的逻辑像素坐标轴是 320×480，iPhone 5 对应的逻辑像素坐标轴是 320×568，实际上就是在物理像素的基础上除以 2，在 iPhone 8 上，对应的逻辑分辨率也不一样，实现时我们需要判断当前的设备类型，然后使用适合的逻辑像素坐标轴。我们以 iPhone 4 的屏幕举例，如图 5-12 所示。

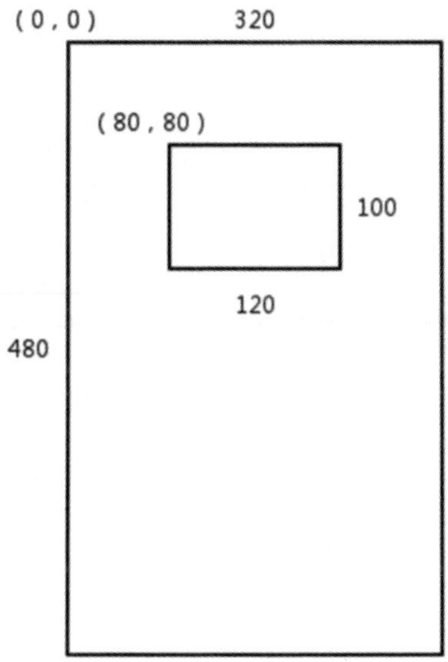

图 5-12 iOS 界面坐标轴

外层的边框可以理解成 iPhone 4 的屏幕，物理分辨率是 320×480，对应的逻辑像素也是 320×480，所以整个坐标轴就是以左上角为原点，从原点开始向右的屏幕宽度是横坐标，或者叫 x 轴坐标，从原点开始向下的屏幕高度区域是纵坐标，或者叫 y 轴坐标。我们在屏幕里放置一个 UIView，这个视图的位置通过坐标轴的定位是在横坐标为 80，纵坐标为 80 的位置，该视图矩形区域的左上角定位在坐标（80,80），然后我们指定视图的长度和高度分别为 120 和 100，长度和高度同样是相对于这个坐标轴体系。通常通过（80,80,120,100）这样的标识我们就可以确定一个视图在屏幕中的具体位置和大小。

5.7.2 UIButton

在 iOS 系统中使用 UIButton 表示按钮控件，与 Android 系统中的按钮 Button 类似，只是叫法不一样，基本属性类似。在使用按钮控件时，如果给按钮设置背景图片，我们通常需要设置两种状态下的背景图，一种是正常状态下的，另一种是按钮按下状态，两种状态分别显示不同的背景图，这种方式在 Android 系统中也类似。

基于 UIButton，我们可以自定义出很多样式的按钮，每一个按钮都会有一个点击事件，这个事件定义好后就确定了这个按钮的功能。例如，登录按钮的功能是触发登录操作，还记得在第 3 章中讲到的程序最小执行单元方法吗？登录操作就对应于一个方法，当我们单击这个按钮后就会执行对应的方法，在方法中我们可以完成判断用户名和密码是否为空及执行登录成功后的界面跳转等操作。iOS 中的 UIButton 与 Android 系统中的 Button 的不同之处在于——在 UIButton 中可以嵌套其他控件，例如可以将下文提到的文本展示框 UILabel 放在 UIButton 中，但是在 Android 系统中我们不能将 TextView 放在 Button 中，这也是 iOS 和 Android 在界面控件上的一个差异点。

5.7.3 UILabel

在 iOS 中使用 UILabel 表示文本展示控件，和 Android 中的 TextView 类似。同样，UILabel 也可以设置文本的字体颜色、大小和字体等。在屏幕上布局一个 UILabel 时需要指定控件所处的坐标轴位置，以及控件的宽度和高度。

例如图 5-12 所示的视图如果是一个 UILabel，那么这个 UILabel 的坐标位置及宽高度就是（80,80,120,100），里面文字的内容会在宽度 120 以上的单位范围内显示。如果超出宽度范围，超出部分系统会自动以“…”的方式处理，如果我们再调整文本框的宽度，那么剩余部分未显示的文字又会显示出来。我们在 iOS 应用上看到的显示文字区域的部分一般都是通过 UILabel 展示的，和 Android 系统中的 TextView 一样，UILabel 也是在产品设计和实现中使用比较多的一种界面布局控件。

5.7.4 UITextField

UITextField 在 iOS 系统中是文本输入框控件，对应于 Android 系统中的 EditText，都是用来进行文本输入的系统控件。UITextField 的基本属性与 EditText 类似，只是有些属性在叫法上不一样，例如 Android 系统中的 EditText 通过“hint”这个属性来表示文本提示信息，在 iOS 中 UITextField 就叫作“placeholder”。所以，产品经理在面对 Android 工程师和 iOS 工程师时，对方说不同的专业术语，我们也得知道其实表达的是同一个意思，不至于误解为两个东西，或者干脆没听懂。

UITextField 也具备限制输入内容类型的属性，例如我们可以限制输入的内容必须是数字或者设置该输入框是密码型输入框，密码型输入框显示的是暗文。在产品设计和实现中，UITextField 使用得很广泛，各种输入类的界面都会使用到。

5.7.5 UIImageView

在 iOS 系统中使用 UIImageView 作为图片展示的基础控件，对应于 Android 系统中的 ImageView，基本属性基本一致。我们可以看到，在 iOS 系统中，界面控件一般都是使用“UI”开头，UI 的意思就是 User Interface，代表**用户接口**。在 iOS 系统中，UIImageView 可以对图片进行展示和一些基本处理，例如对图片进行圆角处理，可以使用系统的一些滤镜功能对图片进行特殊处理。

5.7.6 UITableView

UITableView 和 Android 系统中的 ListView 类似，用来表示列表型控件，也是一种容器类控件，基本原理和 ListView 一样。与 Android 系统的区别在于，iOS 系统中的 UITableView 的自带功能更强大，所谓自带功能是指系统已经实现的，不需要另外开发的功能，使用时直接拿来用即可。好比我们用电，插上插头就可以通电，并不需要我们去发电和对电压进行处理等复杂的操作。iPhone 上短信 App 中有短信列表，向左滑动即可删除短信，这个控件功能就是系统已经实现好的，开发时直接使用就行。

另外，使用 UITableView 可以很简单地实现列表中每一项的拖动排序和多选操作，例如 iPhone 中的短信应用，我们可以多选并批量对短信进行删除操作。iPhone 的系统设置界面，基本就是通过 UITableView 实现的，它的扩展性很强，除了可以使用系统自带的基本属性，还支持多项扩展。例如，执行微信中的左滑操作，出现删除和备注两个选项，这就是对 UITableView 的自定义扩展。和 ListView 类似，UITableView 中的每一行叫作“cell”，我们可以对 cell 进行自定义布局，微信会话列表的 cell 和淘宝商品列表的 cell 属于两种不同的自定义类型。列表型控件可以应用在需要表达丰富内容的产品设计中，使用非常广泛。

5.7.7 UICollectionView

UICollectionView 是 iOS 系统中进行表格展示的控件，和 Android 系统中的 GridView 类似，iPhone 的系统相册就是使用 UICollectionView 实现的。另外，一些图片社交类应用经常使用瀑布流设计，其实现原理在 iOS 系统中也是使用自定义的 UICollectionView，和 UITableView 类似的地方在于都是容器型控件，每一个单元格的展示方式可以进行自定义，不同点在于 UICollectionView 可以进行多行多列的展示，而 UITableView 只能进行多行单列的展示。在产品设计中，通常根据产品需求和产品形态的要求，综合使用各种控件进行组合，从而呈现五花八门的产品界面。也正是由于界面控件的自定义程度高，我们才能设计并实现出很多交互效果和视觉效果都非常棒的产品界面。

5.8 iOS 界面布局原理

iOS 界面布局与 Android 不同，iOS 使用的是绝对布局，也就是说，每一个控件在界面上是通过指定控件的绝对位置进行显示的。由于早期的 iOS 设备比较单一，屏幕尺寸相对固定，所以在界面布局方式上使用绝对布局能达到精确定位的目的，但随着 iOS 设备尺寸的多样化，iOS 界面布局方式朝着更灵活的方向发展。如图 5-12 所示，我们通过指定控件的绝对位置（80,80,120,100）来标记这个控件在界面坐标轴的具体位置，而界面坐标轴的长度和宽度则根据屏幕的逻辑像素标识。

除此之外，其他的 iPhone 屏幕物理分辨率基本上是其逻辑像素的两倍。在使用界面素材时，iOS 的切图通常是“xxx@2x.png”的格式，在 iPhone 7 plus 和 iPhone 8 plus 上使用的则是“xxx@3x.png”的格式，这里的“@2x”和“@3x”表示素材的尺寸，对应不同的屏幕物理分辨率。**随着 iOS 设备尺寸的多样化，iOS 开发也逐渐面临界面适配的问题，为了适应多屏幕适配，苹果在技术上也推出了类似 Android 布局方式的相对布局，通过响应式布局来调节界面控件的显示方式。**对比 Android，iOS 在多屏幕适配上没有那么多机型需要适配，适配的工作量也要小很多。

5.9 iOS 系统权限控制

iOS 中的权限控制主要是与用户隐私相关的内容，对于权限的划分没有 Android 那么细，由于 iOS 系统闭源的特性，安全性相对于 Android 来说要高一些。**iOS 系统授权的控制方式也与 Android 不同，Android 授权是发生在应用安装阶段，当用户安装 Android 应用时会提示用户同意相关权限协议才能进行安装，而 iOS 的授权则是发生在用户使用产品的过程中。**

例如，当我们安装某一个 iOS 应用时，进入应用后往往会弹出一个系统提示框，提示我们是否授权该应用使用我们的位置信息或者是否允许该应用给我们推送内容通知，如图 5-13 所示。

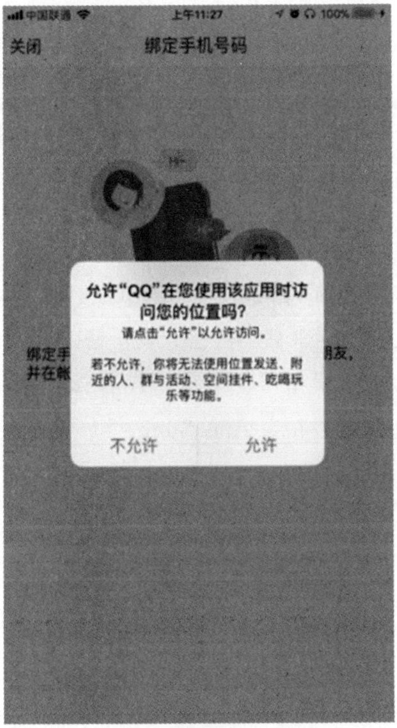

图 5-13　iOS 位置权限授予

在需要使用相机或者麦克风的时候，也会提示我们是否授权该应用使用系统服务，这种使用时授权的方式能告知用户在使用某一项功能时完成授权，这是 iOS 在权限管理上和 Android 不同的地方。iOS 系统权限在开发阶段不需要声明，而是在使用阶段由用户授权，可见，Android 和 iOS 在权限管理的设计上完全是两种思路。从用户体验的角度出发，iOS 系统的权限管理体验更好，当具体用到某一项需要授权的功能时再提示授权通知更能引起用户的关注。

5.10 iOS 应用打包及发布

iOS 应用打包是通过苹果推出的开发工具 Xcode 完成的，打包完成后，可以进行几种类型的发布。我们常见的一种发布方式是发布至苹果的官方应用市场 App Store，通过 Xcode 上传安装包至 App Store 后，需要等待苹果的审核人员对应用进行测试和审核，这个周期一般为一周左右，审核成功后则可以通过 App Store 下载应用。如果审核失败，修改后可重新提审，若遇到特殊情况需要加急审核，也可以填写申请加急审核的申请表，苹果审核人员会根据具体情况判断是否受理加急审核，若受理则审核周期可缩短至一到两天。

另一种发布方式是发布内部测试版，这种方式是在指定的测试设备上安装应用包。这种方式是有限授权的方式，苹果会给具备开发资格的开发者账户授权，每个账户能开通有限的测试设备，授权的设备可以不通过 App Store 直接安装应用包。不过要想提供给所有用户使用，还是得发布至 App Store。以应用安装包的方式安装是在测试设备上安装扩展名为".ipa"的文件，如图 5-14 所示。

图 5-14 .ipa 文件

另外，苹果的开发者证书分为三种，第一种是**个人开发者**，也就是在 App Store 上开发商署名为个人的开发者。第二种是**公司开发者**，这种开发者是在 App Store 上开发商署名为公司的开发者，申请公司开发者需要提供公司的相关证明材料。第三种开发者类型是**企业开发者**，企业开发者可以自行打包并发布应用。简单说，企业发布者可以自己开发并绕过 App Store 提供 App 下载，但只能在有限的范围内。企业开发者类型往往是提供给企业内部作为内部 App 开发和下载用，不面向公开市场。苹果的开发者资格需要按年付费购买，个人和公司类型的账户是 99 美元/年，企业类型的账户是 299 美元/年。

案例分析

产品经理在设计产品的过程中经常会使用一些控件对界面进行布局，在产品经理拿着方案和工程师沟通时，工程师会说各种专业术语告诉产品经理，哪个 View 的位置会影响到其他控件的显示，这个控件系统没有，得自己写。非技术背景产品经理听到这样的术语无疑是一头雾水。

另外，当产品经理分别与 iOS 工程师和 Android 工程师沟通时，iOS 工程师说这个 UITableview 是否支持左滑删除，Android 工程师说这个 ListView 是否支持长按删除。当然，可以理解的是工程师会站在各自专业的角度理解问题，也习惯性地将技术中的一些属性脱口而出，工程师以为产品经理懂了，而产品经理则对同一个东西接收到了两个输入。本质上表达的都是一个列表，在 iOS 系统中叫 UITableview，在 Android 系统中叫 ListView；iOS 平台的默认删除操作是左滑删除，Android 的默认删除操作是长按然后选择删除。对于不同前端平台的特性，产品经理需要做到充分了解，这样既能根据不同的平台做出正确的产品设计，也能提高与工程师的沟通效率，可谓一举两得。

Android 和 iOS 在布局方式上是两种类型，在应用打包发布上也是两种方式和策略。产品经理要能区分两个平台的特点，不要出现把 Android 的特性当成 iOS 特性的笑话，类似的例子在实际工作中笔者是见过的。这样既可能处理错问题，也会让工程师对产品经理产生不信任感。非技术背景产品经理要充分了解每个平台的特点，抓住本质性区别，是做好产品设计并与工程师高效沟通的前提条件。

5.11 Web 基础技术知识

通过浏览器访问的网页通常被称为**Web 页**，每一个 Web 页都有一个**唯一的地址**，不同的地址组合在一起，通过链接相互跳转，最终形成一个**网站系统**。我们使用的各种网站，需要通过网站的域名进入，所谓**域名**就是每一个网站的唯一地址，例如百度的域名是“baidu.com”，当我们访问百度网站时，可以通过网址“http://baidu.com”

或者“http://www.baidu.com”访问。“http”是一个互联网协议，在专门讲服务端技术的时候我们会详细介绍，网址前面的“www”表示万维网，是一个网页地址前缀，后面的“baidu.com”实际上就是百度的域名。域名的存在是为了让使用者更方便记忆，域名实际上是将一个数字化的IP地址进行了表达方式的转换。

例如我们访问一个网站时，实际上访问的是这个网站在互联网上的IP地址，类似“http://109.102.22.1”这样的地址，但是纯数字的IP地址不方便记忆，所以我们就通过域名来代表这个IP地址,通过域名访问和通过IP地址访问达到的效果是一样的。

与Android和iOS系统一样，Web页面也有自己的编程语言，我们通过HTML语言制作Web页面，通过CSS样式表对Web页面进行美化，这部分内容我们会在5.11.1节详细介绍。只要有浏览器，就可以使用浏览器通过域名地址访问任何一个Web页面，Web不局限于使用在网站系统，也有很多移动端的产品是通过Web技术实现的,我们常说的H5页面就是一种通过Web技术实现的适配移动设备的产品形态。例如，微信里公众号的文章或者红包页面，其实都是通过H5实现的。

在移动端App中使用Web加载的方式打开Web页面，就可以将Web页面嵌入移动App中，实现二者的相互混合。这种方式对一些变化比较频繁的产品页面是一种较好的技术方案（修改Web页面的内容不需要重新发布一个新版本的App），但是如果要修改某个App的本地功能（例如，修改图片的打开方式），就需要修改App的本地代码然后重新发布一个版本。使用Web的好处是能轻量化产品实现，而且能动态灵活地调整产品内容。当然，在移动端通过Web实现也有一定的劣势，Web的体验感和流畅度和原生的App实现还有一定差距，所以在选择是通过Web实现还是原生App实现时，需要综合考虑产品功能的使用场景和频次。使用频次低而且内容变化比较快的可以通过Web实现，使用频次高而且内容相对固定的，为了保证产品体验可以选择原生App的方式实现。

5.11.1 网页的骨骼和外衣：HTML/CSS

HTML（HyperText Markup Language）全称超文本标记语言。超文本的意思是它所能表现的内容不仅是文本，还可以是图片、链接、音乐等非文字元素，标记语言是对HTML特性的一种描述，HTML语言的语法结构是通过一个个的标签标记体现的。一个网页的结构往往包括“头”和“主体”，头部的内容使用标签<head></head>

标记，第一个 head 标签是指标签的开头，第二个带斜线的标签标示标签结尾，头部的内容就放在头尾标签之间。

头部主要存放一些网页信息，例如网页标题和网页描述等。主体部分用标签<body></body>表示，网页的内容全部放在 body 标签下。整个网页的内容都会放在一个顶层标签<html></html>下，如果我们打开一个网页，查看其源代码，能看到网页实际上是由一个个 HTML 标签组合而成的，大致的框架结构如下。

```
<html>
<head></head>
<body>
</body>
</html>
```

这是一个最基础的 HTML 结构，我们所看到的网页内部的内容，例如文字、图片、链接等都在 body 标签中，网页链接通过<a href="http://www.baidu.com">链接文字</a>标签表示，href 表示单击连接后跳转的链接地址，两个标签之间的文字就是会最终显示在网页上的链接文字。我们在网页上看到的各种图片，就是通过标签<img src="xxx.png"/>表示的，src 是图片的地址，我们也可以对图片进行大小和形状的设置。在网页上展示的输入框，可以通过标签<input name="username" type="text"/>表示，input 标签表示输入框，name 是这个输入框的名称，我们可以通过这个名称定位到这个输入框，从而获取里面的内容，type 表示该输入框的输入类型是文本。

如今我们常说的 H5 实际上是 HTML 的版本号，之前还有 HTML 4、HTML 3 等，H5 是 HTML 语言第 5 次比较大的更新，更新后对网页的内容支持更全面，功能更丰富，现在基于 Web 技术的开发基本都是基于 H5 技术进行的，H5 可以很好地对移动设备进行适配。通常，我们只需要开发一套网页，可以通过适配的方式在 PC 浏览器和移动端浏览器上展示，省去了开发两套网页的麻烦。

CSS（Cascading Style Sheets）全称层叠样式表，是一种将网页内容与网页样式分离的技术。简单地说，CSS 是给只有内容的 HTML 页面穿衣服，让 HTML 页面好看起来。我们可以定义一套 CSS 风格，例如指定各种型号的字体、颜色及按钮的样式等，然后将这个 CSS 文件嵌入 HTML 网页中，这个网页中所有的控件样式都会根据这个 CSS 文件的样式设计进行统一替换。

CSS实现了对HTML网页动态调整样式的功能，我们可以定义几套CSS样式文件，在不同的条件下可以选择加载不同的样式表，从而实现对网页的动态样式调整。在Web技术中，HTML和CSS是最基础也是使用最广泛的两门基础技术。当然，有很多其他的Web技术辅助，可以实现很多内容丰富而且动态的网页内容。Web技术以其轻量化而且修改方便的特点，被应用在很多移动产品中。

5.11.2 URL/HTTP

URL（Uniform Resource Locator）的全称是统一资源定位符，互联网上所有的资源都有一个唯一的URL地址，资源的类型可以是一个网页、一张图片、一首歌曲或者一段视频。通过URL标记每一个资源，就可以通过浏览器很方便地访问到这些资源。我们打开浏览器时，地址栏中的地址其实就是一个完整的URL，随着我们访问页面的不同，地址栏里的URL也在随之变化。一个网站往往由很多资源构成，这些资源通过网站组合在一起，我们通过网站的主域名进入，就可以访问该网站下的所有资源。

URL就是我们所说的网址，类似“http://www.xxx.com/aa/bb/c.png”这样的结构。URL通常分为三部分，第一部分是协议，也就是上例中的“http://”，**HTTP协议（Hypertext Transfer Protocol）**全称超文本传输协议，是互联网的基本协议。字面意思是通过该协议我们可以在互联网上传递除文字以外的其他内容，例如网页、音乐、图片等。第二部分是资源所在的服务器IP地址，为了方便识别，IP地址通常被替换成域名。第三部分是资源的具体路径，也就是域名后斜杠的部分，这部分内容和文件夹的层级结构类似，不同的结构间通过斜杠进行区分。在上面这个例子中，我们就标识了一个名为c.png的图片在互联网的唯一地址。由于URL具备唯一性的特点，所以在互联网上是不能用同一个URL标识两个资源的。也就是说，我们通过URL肯定可以定位到一个唯一的资源。

HTTP协议是互联网应用最广泛的一种网络协议，所有的WWW服务都必须遵守HTTP协议。HTTP是一个标准协议，设计之初是为了定义一个标准用来传递和接收HTML页面，在如今的互联网技术结构中，HTTP是客户端和服务端通信的基本协议，我们使用客户端和服务端进行功能交互和信息传递都是基于HTTP协议。

HTTP 协议是一种基于状态的协议，即协议本身可以对操作的状态进行标识。例如用户在做登录的操作时，基于 HTTP 协议向服务器发送登录请求，服务器接收到请求后处于待响应状态，处理完成后再基于 HTTP 请求将处理结果返回给客户端。这个过程就是基于状态的应答过程。一方问，然后等待对方答，每一方都有一个等待对方响应的状态。

HTTP 还有一个安全版本 HTTPS（Hyper Text Transfer Protocol over Secure Socket Layer），当我们在浏览器中使用网银或者跟支付相关的服务时，浏览器的地址协议通常是“https://”开头的，HTTPS 是基于加密协议的传输协议，其加密方式就是我们在第 2 章提过的 OpenSSL 组织研发的 SSL 加密方式。URL 和 HTTP 为互联网里所有的资源定义了唯一地址并制定了传输协议标准，使得互联网服务能以统一的标准运转。

5.11.3 Web App 和 Native App

移动 App 的实现有两种形态，一种是通过 Web 的方式实现，也就是在 App 内部通过加载 Web 网页的方式实现产品功能；另一种是 Native 或者叫原生的方式实现，这种方式是使用移动平台原生的控件开发而成。

例如，iOS 系统中的列表使用 UITableView 开发。这两种实现方式是两种策略选择，使用的技术也各不相同。我们先看 Web App，这种实现方式是使用网页开发技术，也就是我们所说的 H5 应用，这种方式实现的产品有一个很大的好处就是可以跨平台运行，不管是在 Android 还是 iOS 手机上，只要有浏览器就可以运行产品。

产品是以网页的方式实现，就像我们访问一个网站一样，而且网页实现通常都是动态布局的，不需要对手机进行特别的适配，相对于 Native 实现的方式，成本要低很多。而开发 Native App，就是指基于各家的技术平台开发原生 App。例如，基于谷歌的 Android 平台开发的是 Android App，只能运行在 Android 设备上，基于苹果的 iOS 平台开发的是 iOS App，只能运行与 iPhone 或者 iPad 设备上。同一个产品需要开发一个 Android 版本和一个 iOS 版本，使用不同的实现技术，必须安装 App 后才可使用。使用 Native App 的好处是能保证比较好的用户体验，通过 Native 实现的顺畅度和使用感受要好于 Web 的实现方式。

现在有很多产品是使用 Web 和 Native 混合实现的方式，混合实现是指在一个原生 APP 产品中嵌套一部分 Web 实现。例如在微信里，聊天和朋友圈的功能模块是通过 Native 的方式实现的，但微信红包和一些附属功能是通过 Web 方式实现的，选择通过 Web 实现还是 Native 实现得根据产品模块的具体情况。

对于一些用户使用频率高而且对体验要求高的产品模块，使用 Native 方式实现能保证用户体验，对于一些使用频率不那么高，而且内容变化比较频繁的产品模块，选用 Web 实现可以保证灵活度，因为修改 Web 的内容只需要在服务端进行网页修改就行，不需要重新更新发布 App，但是如果要修改 Native 的功能就得重新更新发布 App，更新成本较高。还有之前提到的开发成本，开发 Web App 只需要 Web 开发人员就能完成，而且对适配的要求不像 Native App 要求得那么高。另外，可以实现跨平台运用。随着技术的发展，未来 Web 技术会成为主流，原本的劣势可以通过技术发展得到弥补。

5.11.4 Cookie 和 Session

在 Web 技术中有两个技术术语，分别是 Cookie 和 Session。这两个技术术语在我们日常使用的产品中经常被用到。我们先看两个具体的用户场景，第一个是当我们登录一些网站要输入用户名和密码时，通常都有一个记住用户名和密码的功能，这样下次登录时就可以不重复输入。第二个场景是当我们使用电商类网站购物时，把商品加入购物车后，下次进入购物车或者从其他客户端进入购物车仍然能看到之前加入购物车的商品。

上述两个用户场景的功能实现分别用到了 Cookie 和 Session。记住用户名和密码是通过 Cookie 实现的，保存购物车记录则是通过 Session 实现的。无论是 Cookie 还是 Session，实际上都是一种会话存储技术，区别在于 Cookie 是将信息存储在本地，而 Session 是将信息存储在服务器端。这也就不难理解为什么当我们换一个客户端时记住密码会失效，但保存的购物车商品仍然能看到。通过图 5-15 我们可以了解 Cookie 和 Session 的区别。

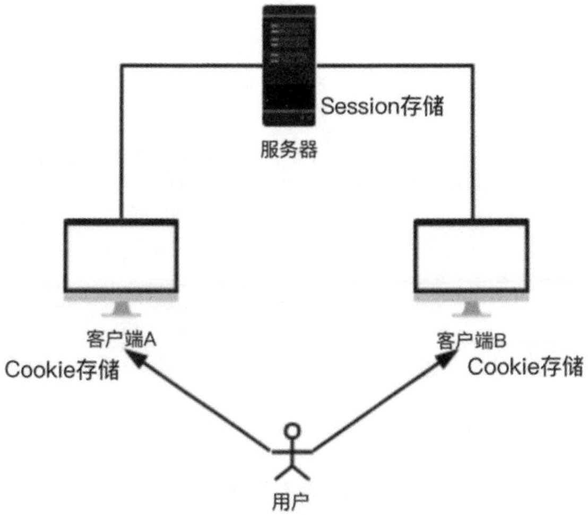

图 5-15　Cookie 和 Session 存储

用户在客户端 A 发生的操作（例如记住用户名、密码和一些浏览记录或者临时填写的表格信息等）属于无状态的信息，它们会通过 Cookie 存储，而 Cookie 在客户端对应的存储方式通常是文件。所以，当用户更换客户端时，对应的 Cookie 信息不会发生迁移。

Cookie 的用途十分广泛，现在一些广告推广系统中常用到 Cookie。例如，当我们在一个电商网站浏览过某一类商品，再去另外一个视频网站看视频，就会发现视频网站的广告栏给我们推荐了刚刚我们在电商网站浏览过的商品，而这两个网站是不同公司的产品。实际上，这里用到的就是本地缓存的 Cookie 信息，通过这种方式就实现了广告的精准展示。

与 Cookie 不一样，Session 是一种存储在服务端的信息，存储的方式可以是文件也可以是数据库。通过 Session 存储的信息不会随客户端的更换而丢失，例如之前我们提到的购物车商品记录。

5.11.5　Hybrid App

Hybrid App 是一种混合开发技术，所谓混合开发就是指在**一个产品中同时使用 Native 技术和 Web 技术**。根据产品使用场景的需要和技术框架设计，在不同的页面或者同一个页面的不同模块同时使用 Native 和 Web 技术，这种通过混合技术开发实现的产品就叫作 Hybrid App。

我们可以通过图 5-16 了解 Hybrid App 开发中的两种模式。

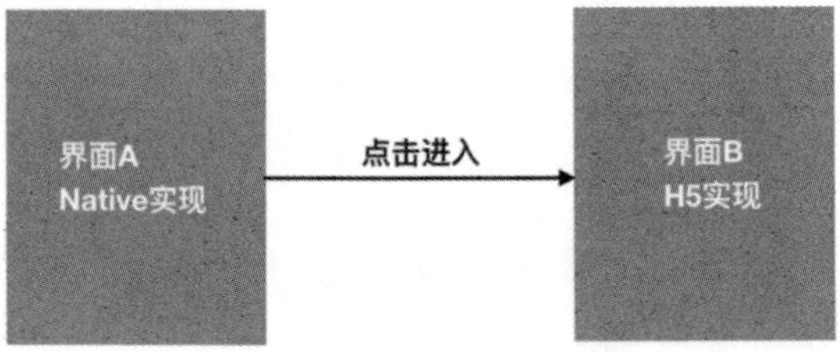

模式 1：同一个产品的不同界面实现方式不同

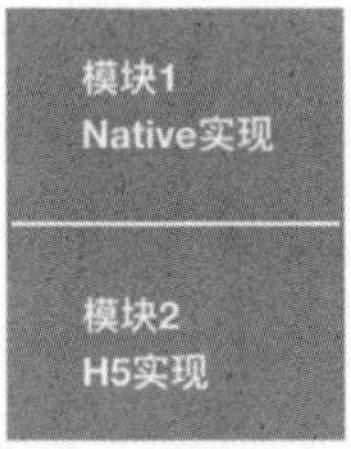

模式 2：同一个界面中不同模块的实现方式不同

图 5-16　Hybrid App 开发模式

上述两种模式都用到了 Hybrid 开发。在模式 1 中，同一个产品中不同的页面模块间同时使用 Native 和 Web（H5）两种实现方式，这样做的好处是能根据页面的不同使用场景做灵活控制。例如在模式 1 中，假设界面 A 是一个通用入口页面，界面 B 是一个运营活动页面，界面 B 的内容会根据不同时期的运营活动发生变化，所以界面 A 采用 Native 实现，而界面 B 采用 Web 实现。

模式 2 展现的是在同一个界面中的不同模块同时使用 Native 技术和 Web 技术，这种混合技术开发的方式在很多产品中经常使用。最简单常见的就是那些**首页顶部带滚动广告栏的产品**，广告栏通常使用的是一个可以随时变换内容的 Web 容器。复杂一点的界面也可以使用一部分采用 Web 实现，另一部分采用 Native 实现的方式，Web 实现的好处是内容可在不更新 App 的情况下随时更改，而 Native 实现的好处是原生的体验会好一些，具体采用何种方案和技术得根据产品的具体使用场景和要求做最终的选择。

5.12 如何判断产品问题是否出自客户端

产品经理要经常处理各种产品问题，协助发现和处理 BUG 就是日常工作之一。对非技术背景的产品经理来说，处理一个技术问题实在是有些为难，由此也经常会状况频出。例如，一个产品的 BUG 原本来源于客户端，产品经理却去找服务端的工程师，夹在他们中间容易两边受气。

其实这个问题反映出非技术背景产品经理对各个技术环节有知识性不足，毕竟是非技术出身。解决这个问题的关键在于如何表达具体的问题。用户会说产品登录不上去，如果产品经理也这么说，工程师其实获取不到有效信息。产品登录不了仅仅是现象，这个现象不足以用来排查问题，工程师也无从下手。在实际工作中，产品问题往往体现在客户端，因为这是用户交互的界面，所以从如下几个方面定位有助于非技术背景产品经理解决问题。

首先，根据客户端出问题时提示的异常信息判断。不同的信息能给工程师不同的判断依据，例如，提示**网络异常**和提示**数据加载失败**是两个完全不同的信号，网络异常有可能是用户当前设备所处的网络环境不佳，这种情况不是产品本身的问题，而是外部网络条件的问题，所以这种情况下工程师也做不了什么。如果是数据加载失败，有可能是客户端在向服务端发送请求时，数据返回有误或者数据显示有误，问题可能出自服务端，也可能是服务端修改了数据字段导致客户端解析失败。此时，如果定位不到具体问题，需要与客户端工程师、服务端工程师共同联调定位问题。

其次，对于产品表现出来的问题或 BUG，产品经理不要急于下结论定位问题出在客户端还是服务端，基于前文提到的一些客户端技术，可以做一些基本判断。例如，列表中显示的数据有重复项，而且每次都能复现，这极有可能是服务端返回数据时返回了两个一样的，同时也有可能是客户端在解析数据加载显示时的问题，把一个数据展示了两次。产品经理在遇到这个问题时，可以先从一方下手，即先向服务端工程师确定返回的数据是否正确，如果确定无误，那问题肯定就出现在客户端解析和展示数据的环节，直接与客户端工程师沟通并解决问题即可。

5.13 本章小结

本章我们主要介绍了客户端技术的基础技术知识，包括 Android 和 iOS 的一些基本控件及界面布局原理，同时介绍了 Android 和 iOS 平台的权限管理、屏幕适配及应用打包和发布机制。我们还介绍了 Web 的基础技术知识，包括 HTML 和 CSS、URL 和 HTTP 的基础内容，对比了 Web App 和 Native App 的实现方式。通过了解实现原理更好地选择是通过 Web 的方式还是 Native 的方式实现产品。

对产品经理来说，产品设计更多的是设计客户端产品，了解客户端技术有利于产品经理在设计之初就考虑技术实现。例如，在实现某一产品模块时是选择 Web 方式还是 Native 方式。在设计一个产品功能时，使用哪一种系统控件来设计既能满足产品功能和体验，又能降低工程师的技术实现成本。这些都需要建立在了解基本技术内容的基础上，知己知彼，才能有的放矢。

产品经理在日常工作中会经常接触到技术相关的内容，可能是需求评审中工程师提到的问题，也可能是产品遇到 BUG 时讨论解决方案。遇到这些问题时，非技术型产品经理不能不懂装懂，在考虑产品设计方案或者与工程师的沟通中，要能站在产品和技术两个角度思考，在保证产品目标和用户体验的前提下，与工程师一起商讨行之有效的解决问题的方法。

非技术背景产品经理对技术的了解程度需要达到理解原理和沟通的层面，这样才能保证在产品技术这个范畴内顺畅工作。对过于技术化的实现细节，产品经理不用深究，因为那是属于纯技术领域的内容，对这个边界产品经理要界定清楚。

在第 6 章的内容中，我们将主要介绍服务端的一些技术知识，服务端是负责逻辑处理和数据存储的，了解服务端的基本知识，对非技术型产品经理以全局视角审视整个产品起到非常大的帮助作用。

6 产品经理学服务端技术

6.1 产品经理为什么要学服务端技术

第 5 章我们介绍了客户端的相关技术，从技术角度来说，一个产品是由客户端和服务端构成的，本章我们就介绍服务端的一些基础技术知识。**对应客户端，服务端通常也叫服务器端，产品经理在设计产品时，虽然设计的更多是客户端产品，但两个客户端之间的信息互动和数据传输却是通过服务端完成的。服务端起到了中间核心处理者的作用，它负责处理复杂的业务逻辑并对数据进行存储管理。**客户端与服务端借助网络进行数据传输，数据传输基于基本数据传输协议，定义数据传输的规则通常叫接口，客户端与服务端需要进行很多功能和数据的交互，也就会有很多个数据接口，每一个接口都处理一个功能逻辑。

例如，使用微信发送一条消息给对方时，这条消息首先从客户端 A 发出，通过数据接口访问服务端，服务器处理后将这条消息推送给客户端 B，B 接收到消息后再展示在界面上。服务端起到了对所有客户端进行协调处理的角色，每时每刻都有很多客户端访问服务端，如果产品用户量大而且活跃度高，服务端就会承受巨大的访问压力，像微信这样有着庞大用户体量和很高活跃度的产品，服务器的压力是非常大的，这就需要对服务器进行扩容和各种优化，以此来支撑这么庞大的用户量和访问量。

基于这些内容，产品经理在设计产品时，可以对界面背后的一整套实现机制有一个更全面的了解，尤其是在客户端与服务端进行数据交互的设计上，从数据结构设计层面去了解产品的实现机制，在与工程师沟通的过程中能从数据的角度讨论问题。另外，对于服务端整体架构有基本了解，知道服务器是什么，知道上线是什么样的流程，了解每一次产品发布的具体步骤，都能提高产品经理对技术产品的全局掌握能力。当某一个环节出问题时，产品经理也能成为问题的协调者和解决者，最终成为产品和团队的推动者。

常用服务端技术介绍

和客户端技术一样，服务端技术也分为多种类型，例如常用的服务端开发语言有PHP和Java等。另外，常用到Java语言的开发平台Java EE（Java Enterprise Edition）。PHP是一种脚本语言，可以用于网页开发。PHP有很多现成的框架可以使用，通过框架可以非常简单地实现很多功能。顾名思义，Java EE使用的开发语言是Java，Java EE本身是一个开发框架平台，在这个框架上，可以实现企业级复杂系统的开发，也可以基于这个框架实现很多类型的服务端业务。另外，现在使用比较多的Node.js也是一种服务端开发技术，使用JavaScript语言进行开发，Node.js能实现从网页前端到后端服务的全流程覆盖，是一种灵活性和扩展性都比较好的服务端技术。

除了以上几种服务端技术，还有以Python语言为主的服务端技术和以C#语言为主的ASP.NET等多种服务端技术，不管使用哪种服务端技术，通过这些技术实现在服务端完成的产品业务逻辑，接收来自客户端的请求，根据请求类型进行对应的逻辑处理，处理完成后将处理结果返回给客户端。一个完整的客户端与服务端交互流程就是客户端发起请求、服务端处理请求、服务端将处理结果返回客户端。

在服务端处理请求的部分，可以通过不同的技术选型实现，针对不同的产品或系统类型，往往会选择对应各自特点的技术选型。例如，对平台安全性和支持性较强的产品或系统来说，Java EE企业级开发平台就是一种比较好的选择，一些银行或者政府系统是基于Java EE来开发的。选用Java EE的不足就是体积庞大，而且系统升级和维护成本高，每次系统升级都需要重新编译并打包，这个过程非常漫长，导致系统更新和安装成本很高。

如果是一些轻量级产品或系统，要求快速迭代和快速发布，可以选择例如PHP

或者 Node.js 这样的服务端技术，这些技术选型的特点是轻量化，不需要特别编译打包，由于是由脚本语言编写，可以直接运行发布，所以对于一些网站类产品或者做业务逻辑处理的产品服务端，选用这种技术类型是比较合适的。

和客户端技术一样，服务端技术也在不断发展，相对来说，服务端技术的要求更高，而且难度比客户端大，尤其对于一些大型系统，一套良好的服务端技术架构直接决定了后期产品表现的关键因素。碰到“双十一”时，电商服务端面临的挑战直接考验服务端整体技术实力。服务端的技术比较深，本书不进行深入介绍。对产品经理来说，了解服务端的技术类型、运行原理及相关技术职能就够了。

6.2 服务端的基本架构

服务端通常被叫作云端，也就是我们所说的云服务器，云服务器指物理机房托管在第三方，而不用自建机房。在有云服务之前，所有的互联网服务都需要自己建立机房，服务器和所有的网络设备都放在机房里。**每个机房都由应用服务器、数据库服务器、交换机、网络端口和外网光缆构成。**根据机房规模的不同，不同的服务器机房配置和架构略有差异，但其基本结构类似，常用的服务端基本架构如图 6-1 所示。

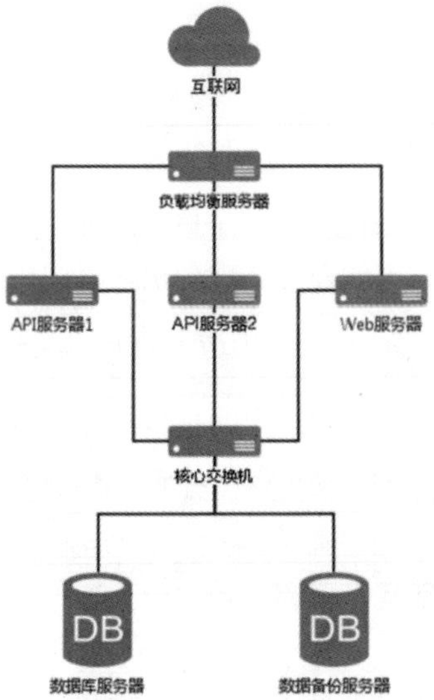

图 6-1 服务端架构图

当然，这是一个简化版的服务器架构图，实际生产中的架构图会根据具体的业务形态和技术架构有不同的架构方式。首先是从互联网接入，互联网的另一头实际上就是客户端，客户端通过互联网请求访问服务器，请求进来后首先经过**负载均衡服务器**，负载均衡好比是一个交通指挥调度中心，在车流量比较大的时候，它负责指导和梳理交通，将车流量比较大的路口的车辆分流到车流量较小的路口，实现流量的动态平衡。

负载均衡服务器是用来处理大规模请求的服务器，通常对于一些访问量比较高的系统来说，负载均衡就显得尤为重要，负载均衡服务器的作用是将同时进来的大量访问请求根据应用服务器的忙碌程度进行动态调度，可以把负载均衡服务器理解成服务端的调度中心，它负责流量的动态分配，根据对应的应用服务器的负载情况，动态分配请求到不同的应用服务器。

一个客户端请求经过负载均衡服务器的动态调度后，会被分配到某一台 **API（Application Programming Interface）服务器，通常也叫作应用服务器**。API 服务器主要根据不同的客户端请求进行相应的业务逻辑处理，并将处理完成的结果返回给客户端。同样的应用服务器通常会有多台同时运行，客户端访问量足够大时，一台服务器忙不过来，所以采用多台同时运行来分流处理客户端请求，而分流调度就是通过负载均衡完成的。

举个例子，当我们在“双十一”使用天猫或者淘宝购物时，每秒产生的访问量都非常巨大，这时天猫和淘宝的服务器就会应对非常大的访问请求，通过负载均衡服务器对应用服务器的响应情况动态分配流量。当我们抢购商品时，会出现排队或者无法访问的情况，这是因为我们已经进入了一个负载量非常大的服务器，如果这时我们关掉网页，重新打开再请求，有可能会被分配到另一台应用服务器上。若恰巧这台服务器比刚才那台负载量低，我们就有可能正常抢购到商品。

如图 6-1 所示，应用服务器下方对应的是数据库服务器，数据库服务器负责运行后端数据库，例如用户通过客户端访问某一个商品信息时，应用服务器会根据用户请求从数据库中查询商品信息并返回给客户端。数据库服务器负责运行系统数据库。一般情况下，会有多台数据库服务器同时运行，因为数据都是核心资产，为了保证系统数据的安全性，在多台数据库服务器上会存储同一份数据。当某台数据库服务器发生异常时，其他的还可以作为备用使用。

以上就是服务端的基本架构，产品经理需要了解服务端的整体结构，以及不同层次间的互动，在了解客户端的基础上，知道产品中的每一个功能、每一次操作都是由客户端和服务端共同配合完成的。在与工程师的沟通和配合中，涉及服务端技术的内容，产品经理在了解这些技术基础知识后，可以和工程师进行沟通，尤其是对一些功能进行调整时，产品经理可以从全局的角度考虑，不会被工程师鄙视为什么都不懂。

在第 1 章中，我们介绍过技术团队的基本职能，其中有一项职能就是运维工程师，**运维**是指对服务器的整体维护和优化，包括产品上线及配置各种服务器，对数据的备份及服务器的操作通常都是由运维工程师完成的，运维是一个非常重要的保障职能，产品能无间断地 24 小时运转，应对突发情况或者动态调整服务器的配置，都依赖于运维工程师对服务器的持续优化。

6.3 数据接口及结构

数据接口是指客户端与服务端进行数据传输和交互的数据协议，数据接口是一种数据交换的标准。例如，用户通过客户端的登录功能向服务端发起登录请求时，客户端将用户名和密码通过数据接口经网络传递给服务端，服务端判断处理完成后再将处理结果通过数据接口返回给客户端，客户端根据服务端返回的结果进行登录反馈处理。数据接口扮演的是信息传递者的角色，根据不同的产品功能，对应的数据接口也会有所不同。

数据接口的构成通常是“key-value”的形式，也就是键值对，键（key）代表某一个数据字段所表达的意思，值（value）是这个数据字段的内容，例如，我们可以定义一个最简单的数据接口结构“{username:ryan, password:123}”，在这个数据接口结构里，我们定义了两个字段，分别是代表用户名的“username”和代表登录密码的“password”，对应这两个字段的值分别是“ryan”和“123”。

如上面的例子，我们在完成登录操作时，客户端就会通过这个数据接口将客户端输入的数据携带并通过网络传递给服务端，服务端接收到后进行判断处理，处理完成后，服务端也会通过数据接口返回一个内容给客户端，例如“{code:200, message:登录成功}”，客户端通过这个数据接口返回的内容进行判断，服务端返回登录成功，说明输入的用户名和密码正确，这时就允许用户进行登录操作，如果遇到用户不存在或者密码错误的情况，也会在数据接口里面返回，客户端会根据返回的内容进行相应的处理。在实际应用中有两种常用的数据接口的结构，分别是 JSON 和 XML，接下来我们就分别介绍这两种类型的数据接口结构。

6.3.1 JSON

JSON（JavaScript Object Notation）是一种轻量级的数据交换格式，也是一种用来表示数据接口结构的形式。JSON 结构灵活性高，可以进行丰富的数据结构表达，JSON 结构易于理解和阅读，也便于计算机进行解析和表达，一个简单的 JSON 结构如下。

```
{
"username":"ryan",
"password":"123"
}
```

在上面这个简单的 JSON 结构里，我们通过键值对的方式表达了用户名和密码这两个数据项。JSON 结构通常由一个大括号包括，一个大括号包括的 JSON 结构叫作一个 JSON 对象，在一个 JSON 对象里，通过“:”左右的内容构成一个键值对，左边的是键，右边的是值，键和值都由引号括起来，每个键值对之间用逗号分割。我们在讲数据结构时介绍了数组结构，同样在 JSON 里也可以表示数组结构，我们来看下面的例子。

```
{
"name":"张三",
"skill":["足球","篮球","羽毛球"]
}
```

在上面这个例子中，表达了张三具备三个球类运动的技能，所以在技能一项里，我们可以通过数组的形式表达，在“skill”后面我们通过中括号表示数组，数组里面的值通过逗号分开，数组的元素本身也可以是一个键值对或者是一个 JSON 对象。下面我们看一个结构稍微复杂的 JSON 结构。

```
{
    "name":"中国",
```

```
    "province":[{
   "name":"黑龙江",
   "cities":{
       "city":["哈尔滨", "大庆"]
   }
    }, {
   "name":"广东",
   "cities":{
       "city":["广州", "深圳", "珠海"]
   }
    }, {
   "name":"湖南",
   "cities":{
       "city":["长沙", "株洲"]
   }
    }]
}
```

在上面这个稍微复杂的 JSON 结构里，我们表达了中国的三个省份及每个省份对应的城市。这是一个典型的 JSON 嵌套方式。首先，在这个 JSON 结构的第一层级，有两个键值对，分别是国家名称“name”和省份名称“province”，这时省份对应的值不再是一个单纯的内容值，而是一个数组，数组里的每一个元素又是一个 JSON 对象，数组里的 JSON 对象表达一个省份，这个对象里有省份和省份下面的城市的名字，省份城市对应的也是一个 JSON 对象，不过这个 JSON 对象只有一个键值对“city”，“city”对应的值是一个数组，数组里的元素是城市。从上面这个例子可以看出，通过 JSON 元素的嵌套和不同数据结构的表示，我们几乎可以把所有数据结构都通过 JSON 表达出来。

与此同时，JSON 易于理解，而且体积小，很适合用作数据接口进行数据传输。根据产品功能的定义，在需要客户端与服务端交互的地方定义好数据接口，然后通过约定好的数据接口进行客户端与服务端的数据交换，就可以实现我们想要达到的产品功能了。

6.3.2 XML

XML（Extensible Markup Language）的全称是可扩展标记语言，与 JSON 一样，XML 也是一种数据交换格式，也可以用来进行简单的结构化文本数据的存储。

XML 的结构可以进行自定义，XML 的基本元素是由一个个标签构成的，每一个标签都由标签头和标签尾构成，内容放在标签头尾之间，例如“<name>ryan</name>”就是一个完整的标签体，尖括号内是标签的名字，标签尾用“/”加在标签名之前表示。另外，与 JSON 类似，XML 的标签元素也可以进行相互嵌套，标签内的值也可以是标签体，下面我们来看用 XML 结构表示的省份和城市的例子。

```
<?xml version="1.0" encoding="utf-8"?>
<country>
    <name>中国</name>
    <province>
   <name>黑龙江</name>
   <cities>
       <city>哈尔滨</city>
       <city>大庆</city>
   </cities>
    </province>
    <province>
   <name>广东</name>
   <cities>
       <city>广州</city>
       <city>深圳</city>
       <city>珠海</city>
   </cities>
    </province>
    <province>
   <name>湖南</name>
   <cities>
       <city>长沙</city>
       <city>株洲</city>
   </cities>
    </province>
</country>
```

在上面的 XML 结构中，第一行是 XML 结构的头，注明了版本号和编码格式，编码格式是指该 XML 结构里的内容会以何种方式解析，“utf-8”是一种统一转换编码格式，可以支持繁体中文、简体中文及英文、日文、韩文等的解析。接着往下是一个用“<country>”表示的代表国家的大标签体，在这个标签体里有一个“<name>”和三个“<province>”标签体，“<province>”里又细分为省份的名字和省份下面的城市，在 XML 里表示数组的方式就是在一个标签体内存放多个标签体，例如标签

“<cities>”下的多个“<city>”标签。

在上面这个例子里，我们表达的数据结构与6.3.1节中JSON结构表达的数据一致，但是可以看出，XML的结构体积比JSON大，而且阅读结构不如JSON清晰。所以，在生产开发中，使用JSON作为数据接口进行数据传输和交换的要多一些。XML的应用领域非常广泛，例如，在Android开发中，界面布局文件就是通过XML结构实现的，很多服务器配置文件也都是通过XML结构实现的，在有些系统实现中，也通过XML表示数据接口进行数据传输，但主流是使用JSON结构。

案例分析

产品经理完成产品设计稿提交到产品评审会进行评审的过程中，参与评审的大部分都是工程师，除了对产品逻辑和设计本身进行评审外，主要是基于产品设计稿进行技术方案的评估。对工程师来说，看到产品功能设计的同时，思考的是功能背后的实现模型。对登录功能而言，产品经理设计时会标注登录的几种状态，成功后该如何处理、失败后该如何处理、对登录结果的处理后续流程是什么等。

工程师除了思考这些，还要考虑登录的接口应该包含哪些信息，这些信息是否足够，是否需要再添加其他信息。例如，用户的个人信息应该在登录时一并返回，那登录的接口里就需要包含这些信息，虽然在功能里体现不了，但实际上后台流程需要对这些信息进行处理。这也就是技术之外的视角看不到的内容，当产品经理衡量一个功能的工作量时，不能只看功能本身，应该从了解技术的角度去判断和这个功能相关的衍生流程。在与工程师沟通的过程中，基于这种完整的信息去沟通也会降低沟通成本。了解服务端能帮助产品经理从更宏观的角度了解和设计产品，提高对产品实现细节的把控。

6.4 服务端与客户端的交互模型

在前面的章节中，我们介绍了服务端的整体架构和客户端与服务端交互的数据接口，在客户端与服务端交互的过程中，数据和信息通过网络进行传递，而传递的载体就是数据接口，数据接口的体现形式有 JSON 和 XML，接下来我们通过图 6-2 来了解服务端与客户端的交互模型。

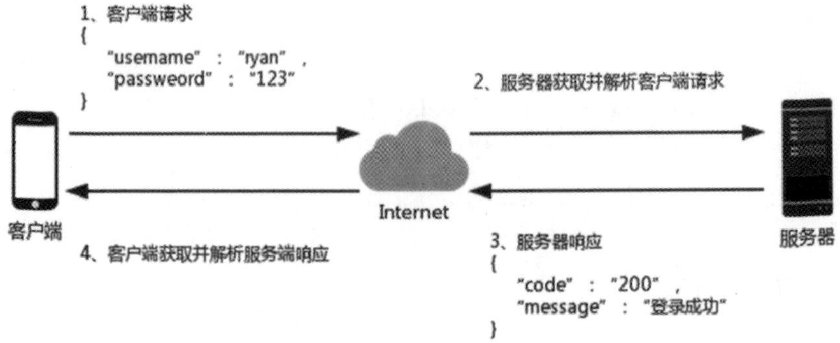

图 6-2　服务端与客户端的交互模型

这个模型叫作请求响应（Request-Response）模型，这是互联网技术产品实现信息交互的一种数据交换模型，通过这个模型主要完成信息的发送、处理和响应。这个模型主要由三部分构成，分别是客户端、服务端和中间的互联网。在这个模型中，还包括了数据的流动。数据通过数据接口进行传输，首先由客户端发起功能请求，例如进行登录操作时，客户端通过数据接口传递用户名和密码数据，数据通过网络传递给服务器，服务器获取到请求后进行数据的解析和处理，然后将处理结果以请求响应的方式返回给客户端。服务端也会通过数据接口返回给客户端一个数据格式，最后一步就是客户端获取到服务端的请求响应，同样进行数据解析和处理后，再将结果通知用户。不管是网站还是 App，基本上涉及客户端与服务端的交互都是基于这种请求响应模型，简单说就是一问一答，客户端问服务端，服务端接收后进行处理，并将处理结果回答给客户端。

6.5　服务器部署及运维

当我们开发完一个产品后需要将产品发布上线，上线后就可以提供给用户使用。这个“上线”究竟是上线到哪里呢？其实就是把我们开发完成的系统部署到公网服务器上，公网就是公开网络，我们平时能使用到的产品服务都部署在公网上。部署过程就好比我们在生产线上生产好了产品，然后将成品上架到货架上进行销售。

传统互联网时代，如果要自己开发一个产品，服务器的部署通常都需要自建机房，然后将服务器放在自己的机房里，机房的设施通常包括服务器、网络、交换机等，对于要求比较高的机房还需要配备备用电源和冷却系统，因为如果服务器压力过大会出现温度上升导致服务器宕机或损坏。这种自建机房的方式往往成本较高，而且需要自行购买和配置机房硬件，后期的维护成本也比较大。不过现在有了新的选择，就是**云服务**。我们可以租用云服务提供商的机房，然后将我们的服务端部署在云端，这样我们只需要按使用情况支付给云服务商一定的费用就可以正常使用了。

服务器部署完毕后，接下来就是长期的维护和调优过程，这个过程叫作运维，服务器运维工程师就是专门负责这一过程的。服务器运维包括发布新的服务，对服务器进行更新、维护，同时对服务器进行整体监控，出现紧急情况需要及时处理。例如，突然遇到用户访问高峰期时，服务器处理能力不足，就需要运维人员及时扩大服务器带宽或者增加服务器数量来支撑高访问量。服务器的运行要求通常是 24 小时无间断的全天候运转，如果涉及服务器因为物理损坏需要更换，通常需要有备份或者用临时服务器进行应急处理。如果因为系统维护或升级导致宕机，也需要有一整套完善的恢复机制。所以，服务器运维是一个非常谨慎和重要的环节。

产品开发完成后，测试也通过了，产品经理就会申请将产品上线，这时产品经理需要做的事情就是确保客户端代码已经更新到最新状态并且已经打包就绪，同时确保服务端代码已经更新到最新状态并且已经处于可部署状态。因为之前的开发和测试都是在测试服务器上，所以需要将测试服务器上的新功能或者修改迁移到公网服务器上，最后一个环节就是通知运维人员进行服务器更新部署，将最新的服务端上线到公网服务器上。这些操作都完成后，就可以试验新上线的产品是否运转正常了，此后的实践都出于不断测试和服务器运维的过程。

6.6 云服务器

当产品开发完成后，需要部署到服务器上运行，然后通过公网提供给用户使用。传统的做法是购买服务器然后专门腾出一间房间存放服务器，准备好交换机和各种网线并开通带宽，对一些要求较高的机房还需要准备制冷措施和备用电源，为确保服务器能 24 小时不间断运行，需要有专业的服务器机房运维人员 24 小时轮番待命，一旦出现特殊情况，需要快速响应及时处理。云服务器是一个中央机房，由云服务商提供服务，使用方按照使用情况付费，图 6-3 所示为传统服务器与云服务的对比。

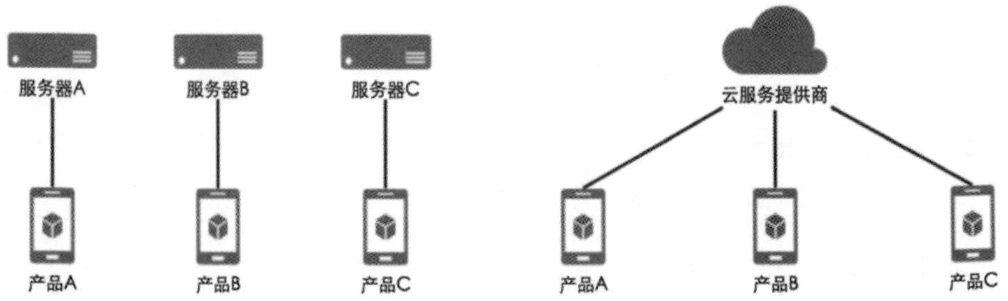

图 6-3　传统服务器与云服务

左边是传统的服务部署方式，每个产品都有自己的机房和自己的服务器，右边是云服务的方式，每个产品都有自己的服务器，只是这些服务器集中在云服务提供商的机房里，并且由云服务提供商的专业运维人员负责服务器的整体维护和管理。对产品开发方来说，省去了机房建设和服务器管理的成本，只需要将自己的服务器代码部署到云服务机房中的服务器上，相当于租赁了云服务提供商的服务器。通过这种方式实现服务器的部署，既能降低产品开发方的整体成本，也提高了服务器的管理和运维效率。

由此可见，自建机房的成本还是相当高的，一方面是硬件设备和外部条件的成本；另一方面是人力成本和持续维护的成本。这些高昂的成本对一些小公司就显得非常高，对大公司来说也是开销非常大的一块，为了解决这些问题，目前像亚马逊和阿里巴巴这样的公司，把自己多余的处理和服务能力开放出来，以租用和按使用情况付费的方式提供给其他公司或者组织使用。也就是说，不再需要自行建立机房，也不用自己购买和维护服务器，使用第三方公司提供的服务器托管和维护服务来运行自己的产品，这种方式称为**云服务器**。

使用云服务器的好处显而易见。首先，省去了建立机房及购买服务器的成本，通过租用和按流量付费的标准来使用云服务提供商提供的服务器。其次，云服务提供商会有专人对服务器进行持续维护，而且如果服务器不够用还需要对硬件或者带宽进行升级，只要进行在线配置，就可以很快完成对服务器的升级，非常方便快捷。使用云服务器还有一个非常大的好处就是它有非常强大的容灾能力，例如亚马逊的 AWS 就是非常强大的云服务提供商，它有一整套完善的服务确保服务使用者的运行安全和数据安全，而且对数据保护及服务器容灾也会有非常完善的保障机制。

国内的云服务提供商阿里巴巴也构建了自己的云服务阿里云，阿里云已经为中国甚至国外很多产品开发商提供了服务支持。云服务对于使用者来说更轻量化而且简单易用，但本质上，云服务器其实也有自己的机房和硬件设备等整套完善措施，可以理解成一个集中的机房中心，将传统的每个产品厂商都有的机房集中到一个地方，进行统一维护和管理。使用者按照使用情况支付费用，这种方式也是移动互联网时代的特点，按需付费，一切以轻量化为目标。云服务器的使用为很多中小创业者和个人创业者提供了便利，在服务器上节省下来的大量开支可以降低中小创业者的成本，帮助他们度过起步阶段。

6.7 如何判断产品问题是否出自服务端

在第 5 章结尾处，我们讲了如何判断产品问题是否出自客户端，也提到了具体的判断方法。本节我们要讲的是如何判断产品问题是否出自服务端。

服务端的作用我们之前介绍过，它是用来接收客户端请求并将处理结果返回给客户端的一个中间调度者。服务端不仅与客户端进行交互和通信，同时还与数据库进行交互。例如，当用户在产品上进行一次操作时，如果客户端报错提示“服务器异常”，那么问题肯定出在服务端，有可能是当时服务器响应有延迟或者在客户端请求过程中因为异常原因中断了请求过程。当产品经理发现类似的问题时，可以根据客户端的报错提示内容对问题进行判断。如果报错提示内容是服务器异常或者数据异常等错误，基本可以确定问题出自服务端。

还有一种情况，当客户端上显示不出数据时，问题也有可能出自服务端，具体原因可能是服务端在查询数据库时没有查询到信息，客户端通过网络请求获取数据时，接收到的数据集为空，所以在客户端产品中没有展示出数据。类似的情况还有很多，作为没有技术背景的产品经理，当遇到此类问题时，通过信息提示分析问题有助于快速定位和解决产品出现的问题。

6.8 本章小结

本章主要介绍了服务端的一些基础技术，对没有技术背景的产品经理来说，掌握基本的服务端技术能在工作中更好地理解技术方案，并且能够更顺畅地与工程师进行沟通和互动。

本章介绍了一些常用的服务端技术，服务端技术选型和客户端类似，可以用不同的技术方案选型去实现同一个产品功能。在服务端基本架构的内容中，介绍了服务端的基本组成部分及它们各自的职责。

另外，本章还介绍了服务端与客户端的通信方式，通过 JSON 或者 XML 数据格式进行数据交换，数据接口扮演的是客户端与服务端之间的通信协议，通过统一约定的接口协议，在客户端之间通过服务器进行数据传输。

最后，介绍了服务端与客户端基于请求响应式的交互模型，互联网产品使用的基本上都是这种交互模型。云服务作为目前互联网服务端的一种综合解决方案，为创业公司和中小型公司提供了按使用付费的服务器解决方案，极大地简化了对机房和服务器的维护，只需要简单地配置就可以获得非常强大的服务器资源，云服务器作为一种资源有效利用的手段，体现了互联网时代开放、共享的主题。

7 产品经理学数据

7.1 什么是数据

互联网每天都会产生大量的数据，**互联网里的数据是指我们在使用互联网产品时发生的行为所沉淀下来的结果。**例如，我们在电商网站上浏览商品进行购物时会产生商品浏览记录的数据，当我们完成商品购买时会产生购买记录数据。我们在使用微信进行沟通和发布朋友圈时也会产生大量的数据，这些数据都会被记录下来并且存储在数据库中。这些数据可以被用来进行分析，例如根据用户浏览商品的记录数据动态地给用户推荐相关的产品，还可以使用大量的数据分析和预测用户行为，这个过程我们称为**大数据**。大数据的基础是数据本身，也就是说，必须先积累足够大的数据样本，然后基于这些样本进行具体的分析，从而产生有价值的数据分析结果。

近年发展迅猛的出行类产品滴滴出行，从出租车发展到专车和快车，在解决人们高效出行问题的同时，也在调控着整个城市的交通网络。每一位乘客打车的订单数据都反映了乘客的出行轨迹，通过某一地区的订单密度数据可以反映这个地方的用车需求。滴滴可以利用这些数据进行平台上司机运力的调控。为此，滴滴向司机端推出了运力热点图的产品功能，通过颜色区分不同区域的用车需求量大小，需求量大的地方，在运力热点图上显示的颜色深，司机通过运力热点图选择前往用车需求量大的地方就可以更快地接到用车订单，从而增加自己的收入。

数据是互联网时代最重要的资产，尤其是对互联网公司。阿里巴巴拥有大量中小商家的数据和数以亿计的商品数据，可以用这些数据产生巨大价值。腾讯具备大量的用户关系数据，这种用户关系数据在线上构建了一个社交生态体系，使得微信这样的产品能在极短的时间内呈现爆发的态势，实际上这就是用户社交关系数据产生出的价值。利用社交关系数据可以产生很多衍生场景和价值，例如基于微信群关系的微信红包，利用社交关系产生的微信运动比拼等。

用户使用产品时会产生大量的数据，如果是内容型产品，产生的就是内容数据，例如文字、视频或者音频。如果是交易平台型产品，产生的就是用户行为数据和交易数据。根据不同的数据类型，可以进行大样本的数据分析，数据分析结果可以转化为商业决策的依据，从而反向产生更大的商业价值。可以说，在互联网时代，数据是唯一也是最重要的资产。

7.2　数据分类及数据分析

我们每天使用互联网产品会产生大量的数据，这些数据记录了我们在互联网上通过产品发生的一切行为，这些大样本的数据本身也会反映出一些规律，通过对这些海量数据的分析，我们可以得出很多结论，通过这些结论可以指导商业策略和产品设计的调整。大致来说，在互联网上产生的数据主要分结构化数据和非结构化数据两类。简单地说，**结构化数据**就是按照固定的格式和结构存储的数据，好比我们按照格子一个个存放数据；**非结构化数据**是对一些零散型数据的集中管理，好比我们在一个格子里放上很多零散的东西。

这两种数据分类基本囊括了互联网上产生的所有数据，针对这两类数据的分析也都可以挖掘出对应的价值。例如，通过分析结构化数据我们可以预测数据走势，提前预判风险，通过分析非结构化数据可以进行一些行为分析和相关推荐。接下来，我们就分别了解结构化数据和非结构化数据，以及数据分析的具体内容。

7.2.1　结构化数据

结构化数据是按照一定的数据规则存储的数据。例如，电商产品里的结构化商品数据，这些商品数据按照严格的商品分类和商品属性进行分类存储，手机归属在电子产品分类下，每个手机又具备颜色和内存规格等基本参数。按照这种结构存储的数据可以被有效地进行分类管理，基于这种结构化的存储形式，我们可以按照某一维度对数据进行分析和处理。

例如，如果我们要查看某一款手机的不同颜色款式的销售排名情况，就可以先按手机型号维度进行检索，把这款手机的全部销量数据查询出来，然后在这个数据集合里按照颜色款式进行分类查询，就可以得到这款手机的不同颜色款式的销售排名情况。基于这种数据分析结果，我们可以在下次进货的时候，有意地提高高销量的颜色款式数量，降低低销量的颜色款式数量，这样就能更好地优化库存，提升销量。

结构化数据存储就好比一个标准的大型图书馆，这个图书馆里的图书就是数据，每一本书是按照固定编号和分类进行存放和管理的。我们要调取哪一本书，只需要按照固定编号进行查询检索，而且我们可以对图书馆的书籍进行不同维度的数据检索分析，例如按照出版年份、出版社、书目类型等。结构化数据能大大提高数据存储的规范性和可分析能力，**我们平时所说的大数据其实有很大一部分都是结构化数据**，互联网中存储了大量的结构化数据，将现实世界的知识、内容、业务都沉淀在了数据库中。

产品经理接触比较多的都是结构化数据，例如我们在设计产品时定义的数据结构都是结构化数据，这些结构化数据组合在一起构成了产品整体。需要注意的是，如果后期需要对产品中的数据进行整体分析，那么在设计阶段就需要根据业务特点对数据结构的定义进行明确分类。

举个例子，在医疗产品里，很多检查报告都是以拍照传图的方式进行数据存储的，这些检查报告里有大量的关键数据可以作为后期患者病历大数据分析的原始素材，但是如果这些数据是以图片的方式存储的，就很难对里面的关键数据进行提取和分析，所以比较好的做法是抽取这些关键数据以结构化的方式进行设计，让用户进行关键数据的填写并以图片为附件。这样做虽然在操作上多了一步，但是数据的价值在后期会被发挥出来，这也是结构化数据带来的好处。

7.2.2 非结构化数据

非结构化数据大多数都是一些零散的、没有一定规律的数据。例如用户在电商网站上浏览商品的浏览记录数据，或者一些系统的操作日志等，这些不是按照一定的规则进行结构化存储的数据都叫作**非结构化数据**。例如图片、视频、音频等数据都属于非结构化数据。与结构化数据相比，非结构化数据的采集和分析更复杂，非结构化数据的数据量也要大很多。

例如，结构化的商品数据一般都是按照商品的种类和型号分类的，这些数据的数量基本等同于商品的数量，但是用户对商品的浏览数据却是非常庞大的，可以设想一下，一位用户在商品网站上浏览商品，浏览的顺序是非常多样化的，而且在不同的商品中浏览查看的内容也非常不固定，由此就会产生大量的浏览数据，这些数据都是以非结构化的方式进行存储的。

非结构化存储与结构化存储的区别在于对数据结构的设计。结构化存储类似于图书馆对书目的标准化分类管理，非结构化存储就好比一个杂货仓库，里面的货物随机摆放没有规则。但是如果能利用好这些“杂货”，也可以从里面挖掘出“金子”。当我们分析用户浏览商品的记录数据时，可以分析出用户行为。

例如某个用户的浏览记录通常都是覆盖在经济管理类图书和鞋类商品上的，通过对这些浏览数据的分析，我们可以判断出这个用户的使用行为，基于这个行为结论，我们可以向这个用户推送经济管理类的书籍和鞋类商品，以此提高用户对产品内容的关注度和成交率。这就是非结构化数据能带来的实际好处，能基于大量的数据进行决策分析。

7.3 数据指标

数据指标是指产品在各个方面所记录和统计出来的数据结果，是对过去进行回顾和对未来进行预测的参考标准。一个公司的业绩或者产品的健康程度也可以通过数据指标反映。常见的数据指标例如活跃用户数、周活跃用户数或者月活跃用户数可以反映出在一个时间周期内用户对产品的使用情况，活跃度越高说明产品被用户使用得越多。**转化率指标**是反映一种产品功能的实际效果的数据指标，例如设计并开发了一种产品功能，通过一些指标的监测，可以反映出这项功能在提高产品用户活跃度或者促进业务发展时是否真正起到了作用。数据指标是公司业务和产品健康情况的监测表，基于这些数据指标进行分析，可以得出很多指导性的建议和下一步的调整方案。

7.3.1　UV/PV

UV（Unique Visitor）是网站独立访客和独立用户的意思，指访问某个网站的独立 IP 的数量，通常计算的周期是当天的 0 点到 24 点。UV 可以反映出用户活跃度，也可以反映出在某一个固定周期内用户使用产品的情况。

理论上，UV 统计的是独立 IP 在一个周期内的访问，一台计算机的当前 IP 地址通常都是固定的，互联网中每个接入网络的设备都有一个唯一的 IP 地址，可以通过唯一的 IP 地址统计访问站点的访客数量。

假如某网站只有一个用户访问，用户在一天当中打开并访问了这个网站 3 次，而且每次 IP 地址都是固定的，那么在这一天，这个网站的 UV 数就是 1，因为对这个网站来说，只有一个 IP 地址访问了它。但是如果这个网站在当天有来自 10 个不同的 IP 地址的用户访问了，每个用户都访问了 10 次，那么这个网站这一天的 UV 数就是 10。通过 UV 统计，可以得出产品的活跃用户数。通过这个指标可以判断在某一个固定周期内，产品的独立访问用户数，UV 指标可以用来分析产品的活跃情况。

例如产品在做运营活动时，可以监测从运营活动开始到活动结束的时间段内产品的 UV 数，以此作为活动效果的反馈指标，如果 UV 数高，则说明本次运营活动带来了一些流量，让用户更多地使用到了产品，UV 数是反映产品健康指数的数据指标之一，图 7-1 所示的是截取的某网站的 UV 曲线图。

图 7-1　某网站 UV 曲线图

PV（Page View）通常是指网站的页面访问量，和 UV 不同的是，PV 统计的是用户打开网站的次数。如果用同一台计算机的同一个用户，在一天的时间内多次重复访问了网站，那 PV 数就是该用户当天实际访问该网站的次数。和 UV 相比，如果 10

个独立的用户在一天中访问了网站的首页，每个用户重复访问了 10 次，那么在这一天中该网站的 PV 数就是 100，PV 记录的是单次访问的次数，而 UV 统计的是独立用户访问的次数。

PV 指标能反映产品中某个页面的访问频率，一般首页的 PV 数是最高的，因为用户进入产品页面后首先看到的就是首页，接着用户会根据自己的喜好和选择进入二级页面，再进入三级甚至四级页面，那么通过每个页面的 PV 数，我们可以统计出转化率，统计用户以哪种使用路径访问时的 PV 指标是最高的，通过数据统计并反映出用户使用产品的主路径，在优化产品时可以围绕这个主路径进行优先优化。图 7-2 所示为截取的某网站的 PV 曲线图。

图 7-2　某网站 PV 曲线图

通过产品 PV 指标我们还可以进行一些分类测试，比如我们做一个图片展示入口有两个可选方案时，如果不确定哪个方案更好，就可以把两个方案都放上，然后通过统计目的页的 PV 数进行判断，PV 数高的说明用户喜欢这个方案并且愿意点击进来，自然我们就可以通过数据验证哪一种方案是更好的方案。

PV 和 UV 都是在产品设计中进行功能设计验证的很好的数据指标，也可以通过这两个指标监测一些运营活动或者一些事件。统计 UV 和 PV 数也可以借助一些工具来进行，比如百度统计和谷歌推出的 Google Analytics，借助这些工具可以很方便地统计产品的各项访问数据指标，还可以按照一定的条件和时间段进行数据的筛选和查询。接下来，我们看另外两个指标——DAU 和 MAU。

7.3.2 DAU/MAU

DAU（Daily Active User）是指日活跃用户，记录一天内独立用户登录或使用产品的次数。日活跃用户数通常可以反映网站或者 App 在一天内的用户活跃情况，DAU 越高说明产品的活跃用户越多，使用产品的人也就越多。**MAU（Monthly Active User）是指月活跃用户，记录在一个自然月内用户的活跃度。**MAU 与 DAU 相比是一个更宏观的指标，DAU 是偏向于微观的指标。通过对日活跃用户和月活跃用户数据指标的统计和观察，可以反映出网站或者 App 的整体运营情况，对于运营策略的制定和调整有直接的数据指导作用。图 7-3 和图 7-4 所示分别为某 App 产品的 DAU 图和 MAU 图。

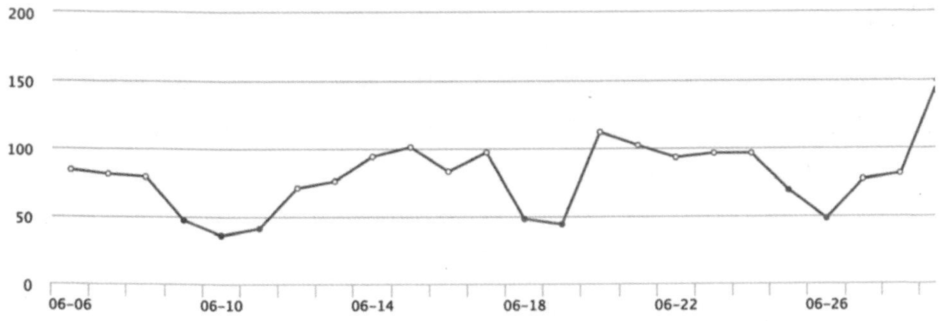

图 7-3 某 App 日活跃用户曲线图

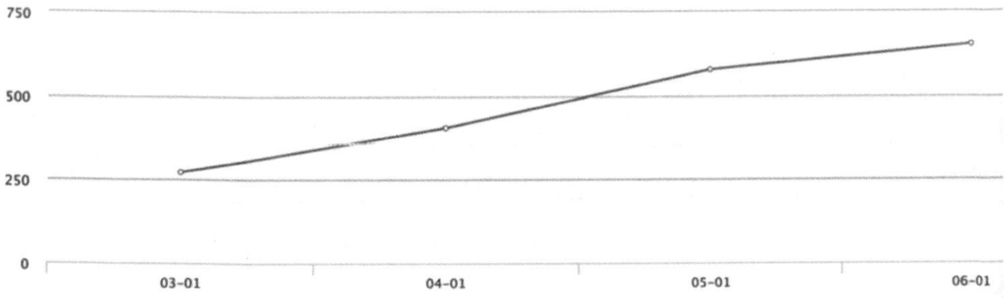

图 7-4 某 App 月活跃用户曲线图

这款 App 的日活跃用户曲线呈波浪形，也就是说存在一个规律性的波动，从日活跃用户曲线图中可以看出，每到周末，用户活跃度就会进入波谷，从周一开始到周五是一个上升阶段。从这个趋势可以判断，周末是用户的活跃低点，工作日是用户的活跃高点，从而可以得出一些运营性的结论：当我们要在产品上做一些运营活动或者推广的时候，可以选择在工作日投放，因为在工作日时段用户的活跃度是最高的，通过这种策略投放运营活动能提高运营活动的转化率，也能惠及更多的用户。

从月活跃用户曲线可以看出，该产品的活跃用户一直在持续增长，从 3 月份的 200 多人增加到了 6 月份的近 700 人，实现了近 3 倍的活跃用户增长，月活数据反映出该产品的成长曲线是比较健康的，活跃用户增长的同时反映了产品对应的业务一直在持续增长。通过 DAU 和 MAU 的数据统计，我们可以持续观察产品的运营情况，可以针对数据指标结果做一些对应的产品策略调整。作为产品经理，每天跟进产品数据是了解产品健康度的重要手段，也是持续优化产品的信息来源。

7.3.3 GMV

GMV（Gross Merchandise Volume）全称为商品交易总额，是一种反映平台交易总量的数据指标。一般在电商类产品里经常提到 GMV，例如，阿里巴巴公布的 GMV 数据是 3 万亿元，说明在淘宝和天猫上的商品交易总额达到了这一数字。GMV 不是指成交总额，而是指发生的商品交易总额，例如用户在淘宝上下订单了但是还没有支付，那么这个商品的交易额度也会被计算进入 GMV，下单后用户可以通过支付宝付款，也可以通过银联或其他方式支付。

所以阿里巴巴在公布财报数据时补充了 GMV 里有七成是通过支付宝交易的。GMV 反映了一个交易平台的交易活跃情况，商品在平台上的流转是通过用户的购买行为触发的。用户下订单越多，平台的 GMV 就越高，平台的交易总额也越高。只要是交易类平台都会涉及 GMV，但 GMV 也不能反映全部，就像之前说的，GMV 是商品交易总额，并不是成交总额。只有用户完成支付动作的交易额才被计入成交总额，如果用户发生下单却因为某种原因不支付的情况，就会被计入 GMV 数据，但其实没有反映到成交额里。GMV 数据指标只能从一个侧面反映平台的交易活跃度，交易类平台关键还是看总成交量。

7.3.4 转化率/留存率

转化率是统计一个大范围的运营活动或者产品动作转化出有效用户的比例。例如我们在线上做一场运营活动，让用户报名参与，有 1000 个用户打开并查看了该运营活动，最终有 100 个用户成功报名并参与了活动，那么此次运营活动的转化率就是10%。转化率越高说明活动的效果越好，投入产出比越高。通过产品引导性的设计和展示也可以提高转化率，尤其是在电商类的产品中，通过设计用户购物路径，引导用户进入某一类商品中去查看，就能提高用户购买该商品的转化率。转化率通常衡量的是投入产出比，低投入、高转化是所有产品和运营追求的目标。

留存率是指用户进入产品后，在一定的周期过后留存在产品中的用户比例。例如以某一天开始计算，当天进入产品的新用户是 100 人，一天后这一批人里有 50 个人继续使用产品，那这一天产品的留存率就是 50%，依此类推。我们可以看看某 App 产品的用户留存率，如图 7-5 所示。

首次使用时间	新增用户	留存率				
		1天后	2天后	3天后	4天后	5天后
2016-06-30	22	18.2 %	22.7 %	9.1 %	13.6 %	18.2 %
2016-07-01	8	25 %	12.5 %	37.5 %	25 %	
2016-07-02	3	0 %	66.7 %	0 %		
2016-07-03	1	0 %	0 %			
2016-07-04	5	20 %				

图 7-5 某 App 产品的用户留存率

从连续 5 天的产品用户留存情况可以看出，以 6 月 30 日的数据为例，当天新增用户 22 个，一天后这 22 个用户里有 18.2%的用户继续使用了产品，两天后留存率变为 22.7%，有所提高，第 3 天降低，第 4 天又提高，第 5 天的留存率又和第 1 天一样了。从数据中可以得到一个结论，该产品的用户留存率均值在 20%左右。也就是说，10 个用户中只会剩下两个用户继续使用产品，这说明产品本身对用户的吸引力不够，需要想办法改进产品提高产品的留存率，例如设计一些能增加用户黏性的产品功能或者优化之前的产品功能，以此发掘用户需求来提高产品对用户的可用性。

留存率能体现产品在用户心目中的可用性，像微信就是一个活跃度和留存率都非常高的产品，因为用户每天都通过微信沟通进行社交，所以这款产品对用户的可用性很高，用户留存率自然就高。

7.4 数据仓库

数据仓库（Data Warehouse）可简写为 DW，是一种对历史数据进行存储和分析的数据系统，通常是为企业根据过往数据进行分析从而制定相关决策而存在的。

数据仓库的数据来源通常是历史业务数据，例如历史订单及客户信息等，还包括一些系统的操作日志记录等。这些数据统一汇总存储至企业数据仓库，通过对数据仓库里的综合数据进行有目的的计算和分析，可以得出业务分析报告和历史数据报表等。数据仓库里的数据有一个特点就是有一定的延迟性，数据仓库里的数据通常是对历史数据进行的存储和分析，而实时数据都存储在图 7-6 中左侧的生产数据库中。

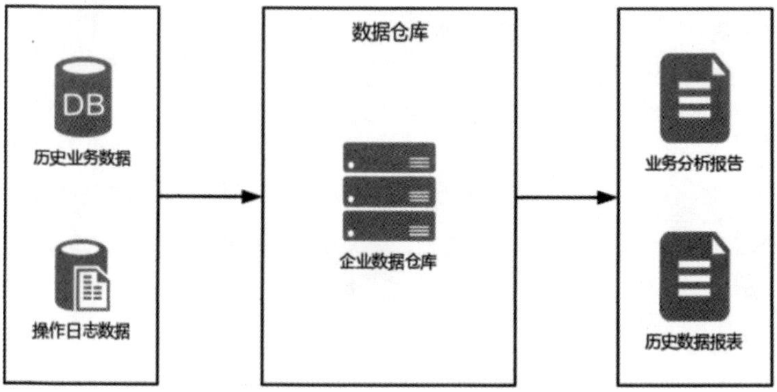

图 7-6　企业数据仓库示意图

数据仓库不同于数据库，数据库是对实时数据进行存储和事务性处理的系统，对应的操作包括了新增数据或是对数据进行修改和查询，但是在数据仓库中通常只对数据进行查询操作。

简单地说，数据库是为捕获数据而设计的，数据仓库是为分析数据而设计的。以银行交易系统为例，每一笔交易数据（包括金额流入流出）都在数据库里有完整的记录，这种记录都是格式化的业务型数据。在数据仓库中，存储的数据结构要比在业务数据库里冗余，在数据仓库里的数据可以被用来分析银行一个月内发生了多少交易额，也可以统计分析出在哪个时段内现金的流入或流出是最高的。在数据库里，我们存储的都是与业务相关的数据，在数据仓库里也会存储与业务相关的很多冗余数据，并且我们认为这种冗余是非常有必要的。

在实际生产中，数据仓库是基于数据决策的根基，当需要根据某一目的进行数据指标分析查询时，就可以在数据仓库中进行相关数据的组合查询和分析，产出的就是基于某一目的的数据报表。举个例子，在电商业务中，如果我们要分析过去一个月内三星手机的销量和地域分布时，就可以从数据仓库中组合“三星手机”“时间维度”“地域维度”这三个查询指标，通过组合数据导出数据查询结果并形成报表，决策者可以根据数据仓库生成的数据报表进行下一步决策。数据仓库的数据来源都是从业务数据库导出的，每天业务数据库都会产生大量的生产数据，定期将这些数据导入数据仓库可以为后续进行历史数据查询分析并制作目的数据报表提供数据来源。

产品经理也需要对产品的各种数据指标进行查询和跟踪决策，在了解数据仓库后，我们就知道这些数据都应该从数据仓库中获取，在和工程师沟通时也可以更精准地描述自己的需求。按照不同的维度进行组合数据查询和分析时，就是通过数据仓库完成的。数据仓库是数据的集中处理和分析仓库，为业务和产品决策提供数据支持。

7.5 数据可视化

数据可视化是指通过不同的视觉呈现方式，将数字数据通过生动形象的方式呈现出来，使数据查看者能以一种更直观方便的方式查看数据。**数据可视化是对数据分析结果的展示，通过数据可视化能给决策者提供更直观生动的数据决策支持。**数据可视化的技术没有什么创新，实际上就是使用现有的网页技术对数据进行可视化呈现，呈现的方式可以根据需要进行非常多样化的选择，例如曲线图、饼图、柱状图等，除静态的展示方式外，还可以对数据进行动态化展示，图 7-7 所示为某 App 的 Android 客户端设备分辨率分布柱状图。

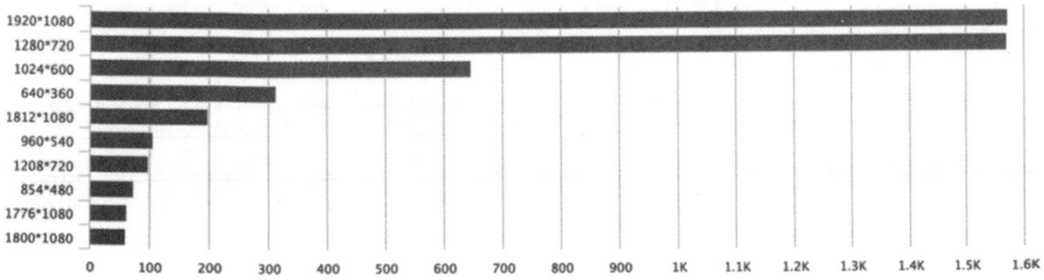

图 7-7　某 App 安卓客户端

数据分析人员可以从柱状图中直观地了解到所有产品用户中使用安卓客户端的设备的分辨率情况，用这个数据结果指导工程师更有针对性地对不同分辨率的安卓设备做兼容性适配。

另外，将数据以图表的方式呈现也是常用的数据可视化方式，一些常用的运营性报表就是非常典型的数据可视化例子，图 7-8 所示为某 App 不同版本的分布曲线图。

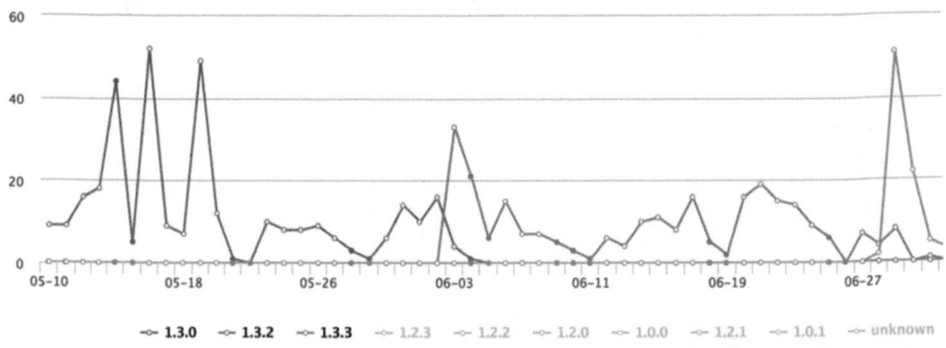

图 7-8　某 App 不同版本的分布曲线图

数据可视化是反映产品和业务整体情况最直观的方式，和前文提到的数据仓库相辅相成一起构成数据分析和数据展示的整体。数据仓库负责对数据进行存储分析，分析结果需要通过数据可视化技术以需要的方式呈现出来。数据可视化已经运用在很多领域，例如对系统运行指标、访问量、存储指标的监控，天猫在“双十一”监控的全国的订单和交易额及各地的订单量在大屏幕上的动态展示等都是由数据可视化技术提供的。在未来，数据可视化技术会被运用在更多更广泛的领域。

7.6　数据驱动下的产品与业务

数据是最能反映产品和业务结果的指标，产品上线后往往能收集到很多数据，通过这些数据进行进一步分析和验证，可以得出一些验证结论，基于这些结论指导产品的优化和业务的调整，可以不断地优化产品和业务，利用数据驱动产品和业务也是目前很多公司常用的方式。

数据往往能比较客观地反映事实，在没有数据之前，我们只能依靠主观判断进行初步假设并做出决策，有一定的数据量后就可以基于这些数据样本进行分析和结果提炼，例如验证一个产品设计的优劣，可以进行 A/B 测试，即同时在市场上发布 A 方案和 B 方案的产品，通过观察两种方案下该产品的转化率或者活跃度可以得出哪种方案更好，基于数据结果选择一种更优的方案。

数据驱动产品和业务的调整的前提是数据的采集，数据采集的方法有很多种，现在也有很多第三方公司提供数据采集和分析的服务，例如百度指数或者专门针对移动端产品的统计分析服务友盟，通过在产品中集成这些第三方平台的服务，可以对数据进行有针对性的收集，也可以自己定义需要收集和统计分析哪些数据。

在移动互联网时代，移动终端成为主要客户端产品，可以统计用户的活跃地区、手机型号、网络条件等，可以基于这些数据统计指标进一步调整产品开发和业务运营策略。例如，根据活跃地区的排名可以重点对该地区加强业务运营，提高产品业务转化率；对于手机型号数据，可以加强对高频率机型的测试，降低产品故障率。类似的数据指标还有很多，通过这些数据指标驱动产品和业务的优化，是一种指向性更精准、投入产出比更高的做法。在大数据时代，数据是真正有价值的资产，掌握了数据就掌握了未来，数据所能产生的价值远远超出我们的预期，对现在的很多产品和公司来说，掌握数据入口并拥有采集数据的能力就拥有话语权，真正利用数据驱动产品和业务也能在未来产生极大的商业价值。

案例分析

在产品设计完成并开发上线后，进入产品运营阶段，运营是通过人工干预来提升产品的各项数据指标，例如产品的用户总数、活跃数，以及产品的目标用户转化率等。如果通过数据去监控整个过程并根据数据分析结果优化产品方案，则首先需要完成的是定义数据指标，比如产品的日活跃用户。另外，如果想统计产品的第二天留存率，则可以计算产品次日留存率。针对一些产品转化事件，可以设置漏斗模型，例如，假设我们要统计两个不同的产品功能入口最终转化的用户下单成交的概率，就可以分别针对两个产品入口进行路径统计，看通过哪个入口最终完成的用户成交率高，通过结果分析就可以重点优化转化率高的路径。另外，从最优路径里还可以统计各个环节的向下转化率。

举一个形象一点的例子，假设某个购物类产品中有两个功能入口，目的都是引导用户完成最终的商品购买。进入第一个入口后是随机列举一些商品展示给用户看，然后进入具体的商品详情页，再进入下单和支付环节。进入第二个入口后直接是商品类别的筛选和商品搜索页面，根据筛选和搜索的结果展示商品列表，接着同样是进入商品详情和下单支付页。通过这两个路径我们可以设置漏斗，漏斗模型如图 7-9 所示。

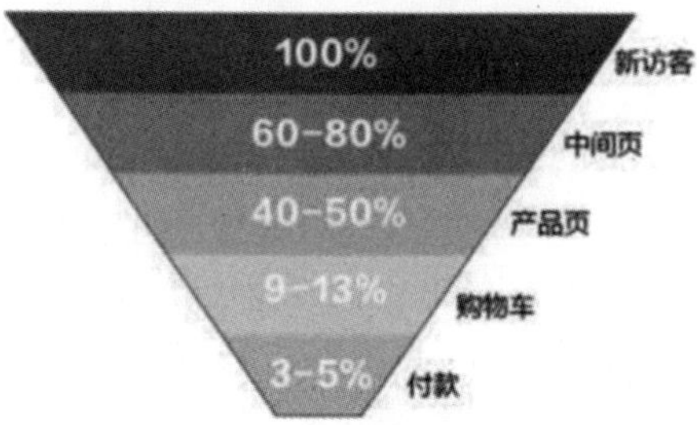

图 7-9　购物转化漏斗模型

从新用户进来到最后付款成单，中间经过的每一步都有可能有用户退出。也就是说，每一个环节和路径的设计都会影响最终的成单转化率。

从不同的入口进入是漏斗的第一层，这一层都是新访客，通过随机商品进入或者通过商品筛选和搜索找到目标是漏斗的第二层，也就是中间页，接着再进入商品详情页（漏斗的第三层），最后加入购物车并下订单和支付是漏斗的第四层和第五层。设置好这两个漏斗模型后，我们就可以收集数据并对结果进行分析得出最终结论。通过数据观察和分析可以得出哪种设计下的漏斗转化率更高，转化率高的设计就是建议被采纳的设计方案。

7.7　本章小结

本章主要介绍了产品经理在工作中会涉及的一些数据相关的内容，在后面章节中会介绍，有一类数据型产品经理就专门负责数据的收集和分析。

本章先介绍了什么是数据及什么是数据分析。数据按类别和用途分为结构化数据和非结构化数据，这两种数据类型分别有各自的应用场景。

另外，本章介绍了一些常用的数据指标。数据指标是统计和反映产品健康情况的指标，通过一些数据统计还能进行产品方案测试，通过数据结果进行产品决策。最后，介绍了数据仓库和数据可视化的一些内容，通过数据仓库和数据可视化我们可以将过程数据和结果数据集中存储管理和展示，数据可视化能提供给数据使用者更直观的展示方式，通过多样化的数据展示，可以清晰地了解每一个数据指标及其变化。数据反映的是客观事实，所以通过数据结果对产品优化和业务发展提供决策依据是数据最大的价值。

8

产品经理如何写一份高质量的 PRD

8.1 PRD 的基本结构

PRD（Product Requirement Document，产品需求文档）由产品经理负责撰写。**产品需求文档是产品经理用来与技术人员或其他相关人员进行信息传递和沟通的工具。**为什么说它是工具呢？因为 PRD 起到的是沉淀结论并且辅助沟通的作用。如果想用 PRD 取代沟通，势必会在产品执行环节出现各种问题，这种坑相信每一位产品经理都遇到过，PRD 上写得很清楚，结果工程师看后实现出来的却是另一个样子，产生这种问题的本质是人会对看到的东西按照自我理解进行加工，加工后就可能偏离原有的意思。那么怎样的需求文档才是高质量的呢？

PRD 的结构和格式没有绝对的标准，往往不同的公司和团队会根据自己的情况对 PRD 的结构和格式进行定义。大体来说，一份完整的 PRD 至少应该包括三部分，分别是变更日志、需求描述和功能设计。

8.1.1 变更日志

第一部分是 PRD 的版本及变更记录，我们称这部分为变更日志，它尤为重要，因为产品需求面临时刻变化的情况，而这种变化如果不通过文档的形式记录，就可能出现由于被遗忘或者工程师理解偏差导致需求实现出现偏差。相信这种情况在大部分产品经理的工作中都出现过。例如一个产品功能发生了变化，此时产品经理口头和工程师沟通了，产品经理想表达的意思是 A，工程师经过自己的理解后理解成 B，而此时双方都认为理解了对方的意思，结果实现出来后发现大相径庭，然后产品经理说工程师没理解对，工程师说产品经理没说清楚，并且此时无从查证，这样的场景相信大家都很熟悉。

那么，避免这种情况的最好方式就是将变化记录在 PRD 里，并标记上变更时间、原因及变更人等。通过这种方式不但能比较好地记录 PRD 的版本变化，还能将内容通过文档记录下来，通过这种中间媒介让双方更好地理解对方，尽可能避免因为理解差异出现的产品偏差，减少不必要的沟通。图 8-1 所示为笔者在实际写作 PRD 时的变更日志。

变更日志：

日期	版本号	修改内容	修改原因	修改人
2016.07.06	v1.0	第一版设计稿		Maggie
2016.07.11	v1.1	修改按钮文案	优化文案	Maggie

图 8-1 PRD 变更日志

变更日志的具体形式有很多种，不同公司的要求不一样，有的比较复杂而且全面，有的相对简单，但目的都是记录 PRD 的变更情况，有了 PRD 变更日志就可以很方便地为具体的产品需求变更情况做索引，既能回溯版本，也可以通过关键点的记录辅助沟通。PRD 的修改和更新比较频繁，需要产品经理非常有耐心地维护。

8.1.2 需求描述

需求描述是用来介绍产品功能所满足的业务需求和用户需求的，如果产品经理在设计产品时不知道产品功能满足了什么需求，那么这个功能就很有可能成为一个无用功能。若无必要，勿增实体。很多臃肿的产品都是在前期需求把控阶段不严格，随意添加功能，最终使得产品变得非常庞大，而且有一堆无用的功能。在产品设计和 PRD 写作阶段，需要明确产品功能所满足的需求是什么，这个需求又可以细分为业务需求和用户需求。

业务需求是指该产品功能在业务开展中所扮演的角色，例如“关注”这个功能，在有些产品上这个功能也叫“收藏”，这个功能满足的业务需求一般是获取用户对某个人或者某件东西的兴趣数据，通过收集这种兴趣数据，可以给业务发展提供指导。

例如笔者所在的互联网医疗领域，如果一个用户关注了某个医生，那么我们可以做一个全量的数据统计，看平台上被关注的医生中哪一个科室的比例最高，根据这个比例可以推断平台上的用户对哪一个科室的医生更感兴趣或者需求量更大，基于这个结论就可以在平台上多推出相关的运营活动或者推动业务，在线下多举办相关的活动来提高平台用户的活跃度和黏性。这个功能的业务需求就是提供业务动作指导数据，并且在系统里沉淀这种关系数据，为业务打法提供支撑。

用户需求是指该产品功能在用户的使用场景中为用户解决了什么问题，用户通过这个功能能完成什么用户任务。还是以“关注”功能为例，这个功能所满足的用户需求是能让用户将自己感兴趣的医生单独收藏进产品的关注医生列表，便于用户快速找到自己感兴趣的医生，并且在下次需要咨询或预约医生时能在最短路径内直接找到该医生，而不用再去通过搜索的方式查找，其所完成的用户任务就是用户关注完医生后可以在关注医生列表中快速查看。通过对业务需求和用户需求的描述，在 PRD 里面可以很明确地表明为什么要做这个产品功能，解决为什么的问题后，就需要解决怎么做的问题，进入 PRD 的第三个部分——功能设计。

8.1.3 功能设计

产品功能设计是 PRD 里重要的组成部分，PRD 的主要目的是沉淀记录每一个产品功能的设计思路和产品规则。产品功能设计包括产品业务流程、功能信息结构、产品原型及交互逻辑、产品视觉设计，除产品视觉设计是由专门的视觉设计师完成以外，其余的部分都是由产品经理完成的。

这些部分组合到一起构成完整的产品功能设计稿，功能设计是工程师参照实施的标准，工程师与产品经理之间的沟通经常围绕 PRD 里关于功能设计的问题展开，因为 PRD 里所能覆盖到的点很难做到全面，所以工程师在实施过程中会发现 PRD 没有涉及的一些逻辑或者规则。在 PRD 之上一项很重要的工作就是沟通，通过沟通弥补 PRD 中不完善的部分。产品功能设计是 PRD 的灵魂，而灵魂的开始就是产品业务流程，图 8-2 所示为一个医疗类产品预约医生的业务流程图。

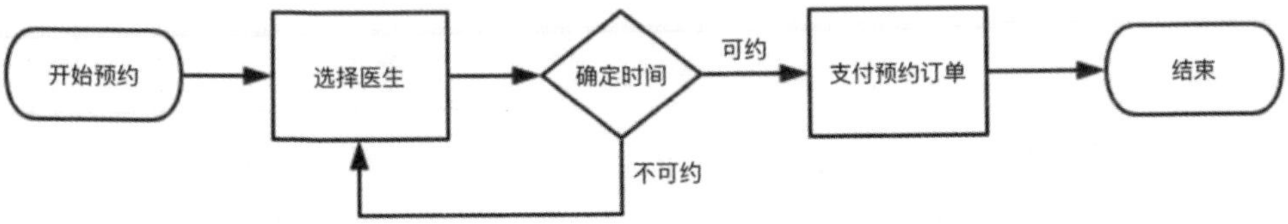

图 8-2 预约医生业务流程图

我们可以很清晰地了解"预约医生"这个产品功能所对应的业务流程是什么，明确业务流程是第一步，在 PRD 里先通过业务流程让 PRD 读者知道需要完成一个什么样的任务，然后基于这个流程进行下一步产品信息结构的设计。产品信息结构是产品表现的雏形，基于产品信息结构我们可以对产品功能进行划分和原型设计，功能划分是指将同一类型的功能划分到一个模块下，这主要体现在产品原型设计上，产品原型设计是对产品信息结构的具象化表达，图 8-3 所示为上述预约医生业务流程所列举的一个产品信息结构。

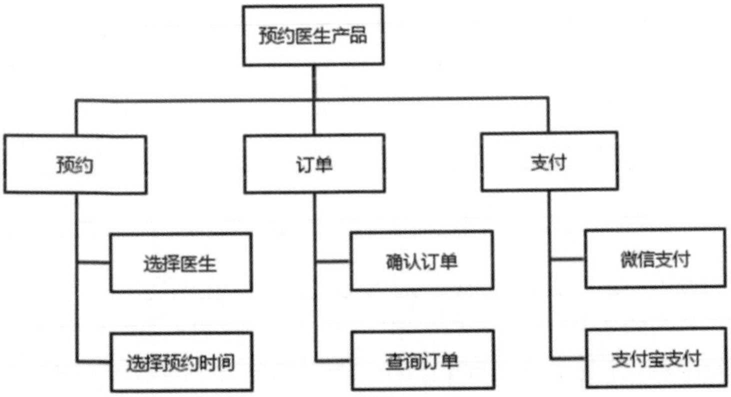

图 8-3 预约医生产品信息结构

在上述信息结构图中就可以很直观地看出产品的大致模块划分，即分为三个主要模块，分别是预约模块、订单模块和支付模块，在对应的模块下又会有更详细的结构细分，比如订单模块里细分为确认订单和查询订单，支付模块里划分为微信支付和支付宝支付。通过信息结构基本就可以描绘产品的雏形，接下来进行的产品原型设计也是基于信息结构展开的，产品原型设计将信息结构还原成一个可交互的用户界面，产品经理在设计原型时只需要基于业务流程和信息结构将产品的原型线框图设计出来即可，具体的视觉层面的设计可以交给专业的视觉设计师完成。

在产品原型设计中，既包括了产品界面线框图设计，也包括了基本的交互设计。当然，在一些大公司或者比较大的团队中，会有专门的交互设计师进行交互设计，但在小公司或创业公司中，产品经理承担了产品线框图设计和交互设计两项职责。图 8-4 所示为“预约医生”产品的部分产品原型设计。

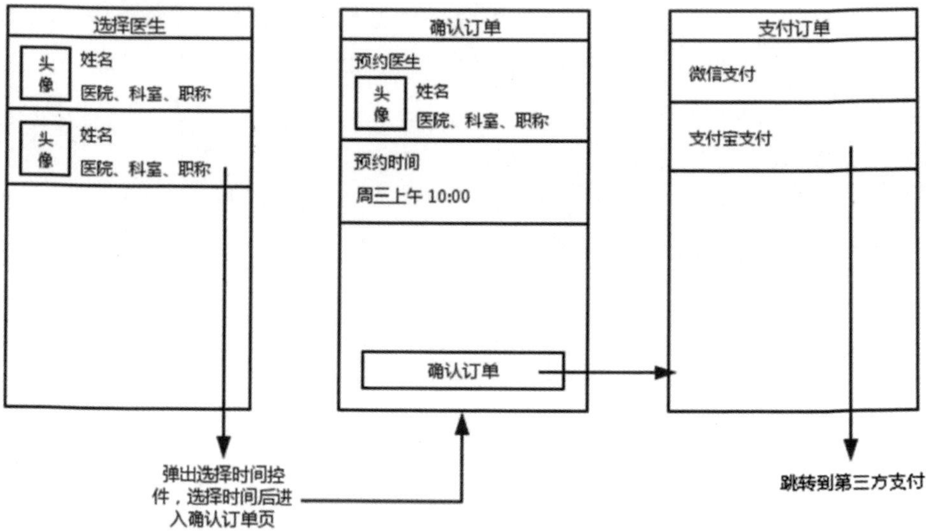

图 8-4 预约医生产品原型图

这里的原型图是产品线框图和交互的标注，产品线框图通过具象化的方式将产品界面和每个界面的基本功能及跳转逻辑表现出来，产品界面上的信息对应产品信息结构中的信息，例如在信息结构中的支付模块有微信支付和支付宝支付，那么对应的产品界面上就具备这两项功能。上述产品原型图中从左至右分别是选择医生页面、确认订单页面和支付订单页面。每一个页面上都用箭头进行了交互的标注，偏向视觉表现的设计可以基于产品原型图交给视觉设计师设计。视觉设计师根据产品经理交付的线框图原型进行视觉加工，让界面变得更好看也更趋近于最后用户使用的样子。

产品经理在写作 PRD 的过程中，在产品功能设计阶段做到足够细致就可以减少工程师在理解和沟通过程中出现的问题。一份详细的 PRD 本质上是一份详细的实施说明文档，产品经理将产品的设计思路通过 PRD 呈现出来，工程师根据这份说明文档进行技术实施，老板基于这份文档理解产品的设计思路，后续对产品进行升级优化也要以前期的 PRD 为参考进行优化。可以说，PRD 是整个产品工作中必不可少也是非常重要的组成部分。

8.2 产品经理如何评判一个需求的价值

产品经理通过各种渠道接到一个产品需求后，要做的第一步就是对需求进行分析和处理，分析过后要做出是否接受及开发排期的决定。这不是一个舒服的过程，产品经理需要对产品有足够的定力和理解，需求一旦被采纳，接下来就是投入团队资源进行设计和开发，产品上线后需要被真实用户检验。我们可以从三个维度判断一个需求的价值，分别是需求来源、需求目的和需求价值，如图 8-5 所示。

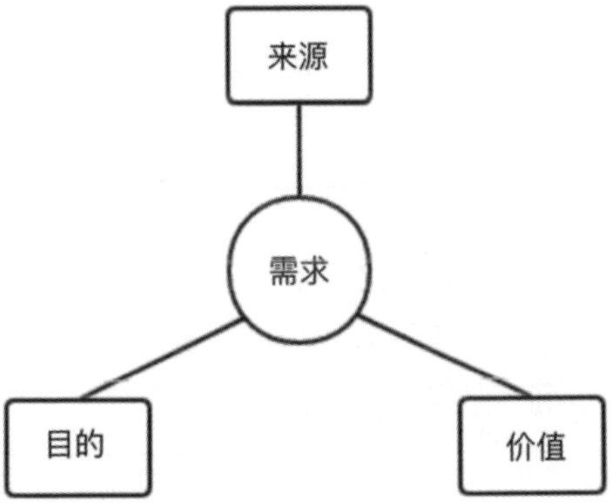

图 8-5　需求的三个维度

以上三个维度分别衡量的是需求来自何处、需求解决的问题（目的），以及需求本身的价值。在需求评估时，产品经理可以分别从以上三个维度逐一衡量，每个需求的评估和决定都是非常谨慎和重要的。

更常见的是，在需求评审阶段产品经理会遇到各种挑战，有来自工程师的、来自设计师的，或者来自公司其他部门的。原因也很简单，因为大家都觉得自己是产品的用户，会各抒己见，难以统一。有时候，一个产品需求顺利通过需求评审进入开发阶段并且成功上线，却发现使用产品的用户根本不买账，投入资源和时间开发的产品功能最终没有得到用户的认可。以上情况其实反映了一个本质问题：如何评判一个产品需求的价值。

需求的价值只有一个衡量标准：是否提升了用户价值！

用户价值是所有产品经理应该秉承的原则之一，所有的产品决策和产品设计都应该围绕用户价值展开，用户价值具体体现在对用户需求的释放、用户体验的升级等方面。笔者总结了以下三个方法来评判一个产品需求的价值。

1）需求来自用户还是“用户”

这里提到的用户和“用户”不是一类人，前者是我们真正意义上的产品用户，后者是设计产品的“用户”，例如老板、工程师、设计师，甚至是产品经理自己。尤其对早期或者用户基数不大的产品，产品需求更多是来自产品经理或者产品“用户”，基于对需求的共鸣进行先验的设计，然后投入市场交给真正的用户使用，通过用户反馈不断调整和优化产品。这是一个非常正确的过程，但产品经理经常会忽视需求究竟来自于用户还是“用户”。

以微信为例，不知读者是否还记得，微信的 Android 版本中曾有一个版本对产品整体结构的设计风格做过较大改动，将原本类似 iOS 风格的底部 Tab 改成了 Android 风格的顶部 Tab，这一变化没过多久就在下一版本恢复成了 iOS 风格的底部 Tab 样式。这种做了又改回去的需求到底是为什么呢？

我们可以做一个分析，微信设计团队为了遵循 Android 平台的设计风格，给用 Android 智能手机的用户最原生的用户体验，将 iOS 风格的设计切换成了 Android 风格的设计，原以为这一改变能符合用户对 Android 应用的预期，没想到得到的是用户的各种负面反馈，老用户的用户习惯被改变，导致产品用起来非常不顺手，破坏了用户对产品原有的熟悉感。这种修改设计风格的需求，可想而知是来自于“用户”而非用户。有时，我们以为我们提供的产品改进是为用户好，实际上是满足了我们作为设计产品的“用户”的一点不必要的“关心”。

并不是所有的“用户”都会提出不靠谱的需求，如果真是这样，那很多非常好的产品设计就师出无名了。这恰恰反映了产品经理的产品功力。所以，来自用户的需求比来自“用户”的需求优先级高，而且更有价值。更直接的解决问题的方式是，产品经理自己从“用户”变成用户，这是一个需要长时间修炼的过程。

2）需求满足少数人还是多数人

一个看似正确的需求可能满足的仅仅是1%的用户，那这个需求还应该被满足吗?这也是让很多产品经理困扰已久的问题。其实答案显而易见，如果一个需求是真正的用户需求，哪怕是只有1%的用户需要，也是值得被满足的。试想一下，1亿名用户的1%就是100万名用户。从另一方面讲，一个产品需求是否有价值，取决于是否给多数用户带去价值。只有主流用户的需求被持续满足，产品才有希望被大众用户接纳和认可，而且这个数量级越大越好。

微信刚推出小视频时，在产品中的消息列表里加了一个功能，用户只要下拉列表就会触发小视频的拍摄。同样，这个功能推出没多久就被下线了。可想而知，肯定是收到了很多用户的负面反馈，因为使用微信的用户会时不时地刷一下消息列表，无意的下拉会触发小视频的拍摄，这给用户带来了非常不好的体验，这是大多数用户都会遇到的问题。

那微信团队当时设计这个功能的目的是什么呢？笔者认为，微信团队觉得小视频抓住的是生活中某一个特定的动态瞬间，而这个瞬间转眼即逝，为了满足用户快速抓住特定瞬间的需求，小视频的拍摄触发功能被设计在消息列表下拉里，这是用户打开小视频最快速的操作方法。而事实证明，大部分用户并没有对快速抓取特定瞬间有需求，反而失去了原有的产品体验。最终，微信团队将这一设计去掉了，将小视频拍摄入口放在了发朋友圈功能里。

3）需求对产品战略的落实是否有促进作用

任何一个产品都有自己的产品战略或者产品理念。所有的产品设计都应该围绕这个战略去落实。Facebook 想要连接世界上的每一个人，那 Facebook 的产品就需要围绕更简单方便地连接人而设计，所以我们在 Facebook 的产品里能看到很多功能都是围绕着让更多的人建立好友关系，例如好友推荐等。微信公众号的产品理念是“让再小的个体都有自己的品牌”，微信公众号的产品设计都是围绕着这个理念设计的，所以我们使用到的微信公众号衍生出了很多关于品牌建设的功能。

有些产品需求看似正确，但实际上是违背产品战略的，甄别这种需求需要产品经理对自家产品有充分的理解和认识，否则很容易掉入需求陷阱。一个好产品是围绕一个方向解决用户的一系列需求，例如国内出行领域的巨头滴滴出行，最初是以出租车为切入点解决用户的出行问题，随后逐渐把业务延伸到专车、顺风车、巴士等出行方式上。共享自行车出现后，在滴滴出行的首页上还出现了共享自行车的入口，这也是一种沿袭既定战略方向的产品扩展，目标是让出行更美好。如果滴滴的产品经理在产品中添加订外卖的板块，显然不符合让出行更美好的产品战略，这就是一个看似合理的伪需求。好产品一定是在某一个特定领域为用户创造价值，有所为有所不为。

很多时候，我们都忘了产品要坚持的是什么，所以失去了对需求的把控能力。如果我们知道我们要去往何方，产品为谁服务，产品为用户解决的核心问题是什么，那么所有的需求都可被衡量，也更有助于我们把握住那些真正有价值的需求。

8.3 基于目标读者写作

PRD 是产品经理与相关人沟通和传递信息的主要辅助产物，PRD 的目标读者有工程师、测试人员、其他产品经理、业务市场人员，甚至是老板。通常，PRD 的主要读者是工程师，所以明确目标读者，以目标读者的视角去写作 PRD 能起到事半功倍的效果。一份好的 PRD 肯定能让目标读者一读即明白产品的核心设计思路和里面的要点，而且对接下来的实施环节做到心里有数。不好的 PRD 会让读者读完后感觉很空洞。明白目标读者的诉求，基于目标读者写作 PRD 尤为重要。

如何基于目标读者写作呢？首先得明白目标读者的阅读知识背景，以工程师为例，工程师阅读 PRD 时首先会以技术实现思维审视 PRD 里的内容，结合现有产品功能的实现方式判断新 PRD 带来的改变。例如对一项功能进行改进，这时工程师会回忆现在这个功能是如何实现的，然后再看改进后的功能在实现层面对现有结构的影响有多大。如果比较大，就可能涉及结构性的调整；如果只是微调，就只需要对部分内容进行调整。做出这个判断后，工程师会继续阅读 PRD 里的关键规则，也就是说 PRD 里是否把相关的隐含规则或者对其他模块的影响都包含了。

举一个例子，假设我们需要对用户个人信息的结构进行调整，由于用户注册时邮箱不是必填信息，通过数据观察发现，很多用户在注册时没有填写邮箱，但也有一部分用户填写了，为降低用户在注册过程中的认知和信息负担，产品经理决定将注册时填写邮箱这一项去掉。如果写这个变化的 PRD，就需要站在工程师的角度从几个方面入手。

首先，去掉邮箱填写后在新注册的用户信息里就没有填写邮箱这一项了，这是正常的逻辑和流程。其次，如何兼容老版本的用户，这是工程师考虑的问题，因为在数据结构的设计上，为了兼容新老版本，邮箱这个数据字段是肯定会保留的，所以产品经理需要在 PRD 里标注对老版本而言，处理方法是什么。另外，还有一种特殊情况，新注册的用户在注册时是没有地方填写邮箱的，如果新注册的用户用老版本登录使用产品，那么在用户信息中邮箱该如何显示，这也是需要考虑的。基于上述例子，产品经理需要在 PRD 里写明这几个关键信息点，这样工程师在阅读时就会一目了然。

基于目标读者的写作不仅要把事情说清楚，而且要说明为什么。在 PRD 中的需求描述里要写明本次变化的原因，是基于产品战略考虑还是观测数据后得出的结论，或者是用户反馈得出的结论。总之，要在 PRD 里写上变化的缘由及如何变化，还有就是变化的处理方案。基于目标读者的写作是站在对方关心的角度陈述事实，产品经理懂一些技术的好处就是能从技术视角写作 PRD，能提前考虑一些问题，将产品语言适当地翻译为技术语言给工程师看，提高双方配合和沟通的效率。

8.4 PRD 里的产品逻辑

之所以叫 PRD，就是因为它更多的是描述产品相关的内容，PRD 的目的就是把产品需求描述清楚并以此作为工程实施的依据。**在 PRD 里有一块很重要的内容就是产品逻辑，产品逻辑主要指功能模块内部及功能模块之间的相关逻辑，模块划分越清晰的产品，之间交错的逻辑就越少。**通常，产品逻辑的混乱导致工程实施困难是产品出现问题或者项目延期的主要原因。工程师在阅读 PRD 时，主要是在阅读 PRD 里的产品逻辑，所以写作 PRD 时需要对产品本身的产品逻辑进行非常清楚的描述。总体来看，产品逻辑主要包括功能逻辑、交互逻辑、边界规则等。

功能逻辑通常是指产品功能的内部逻辑，例如产品的登录功能包含检查用户账号是否存在、密码是否正确等逻辑。登录后的一些隐含逻辑最好也在 PRD 里指明，有的产品在登录后需要读取用户信息，或者获取用户当前位置等，这些都需要在 PRD 里标注清楚，工程师拿到一个逻辑完整的 PRD 去实施才不会出现遗漏。

很多产品经理在写 PRD 的过程中只写了正常情况下的功能逻辑，而没写诸如网络异常或者操作错误等异常情况下的功能逻辑，导致在实施的过程中工程师需要反复跟产品经理确认异常情况下的产品逻辑规则是什么，这样不仅效率低，而且这种临时性的沟通不及时补充记录到 PRD 里，很容易出现规则遗漏。过一段时间后再想起来就不记得当时是怎么确定的了，由此会产生工程师和产品经理的各种情景讨论。这些问题的出现都会导致产品逻辑遗漏或者实施出错而引起的产品问题。避免这些问题最有效的手段就是产品经理在写 PRD 的过程中，写清楚产品所涉及的正常功能逻辑、异常逻辑及特殊情况处理。

产品交互逻辑一般是产品经理在原型设计阶段就需要完成的工作。当然，在大公司里，会有专门的交互设计师完成交互设计的工作，但在创业公司或者小公司里都是由产品经理独立完成的，对于交互逻辑的描述，重要的是清晰地描述一个产品功能内部及各产品模块之间的交互逻辑，例如一些有关联关系的产品模块之间的交互形式就需要特别说明。以微信为例，当用户从微信联系人里选择一个人开始聊天时，从联系人主页单击“发消息”选项后进入聊天会话页面，这时从聊天会话页面单击联系人头像进入联系人主页，同样单击“发消息”选项后却直接返回聊天会话页面，这种交互细节的差异是从用户使用场景出发的。第一次单击“发消息”选项进入的是开启会话的场景，第二次单击“发消息”选项却回到会话场景，这两种场景的差异性引起了交互设计的差异性，这种细节设计需要在 PRD 里做特别标注，否则工程师很难察觉到这种差异性。交互细节标注能提高产品实施的执行效率，不仅让工程师一目了然，后期测试人员进行测试时也可以非常清晰地了解具体的交互规则。

另外就是产品逻辑里的**边界规则**，边界规则一般是指产品中的一些临界状态，例如微信联系人的上限是 5000 人，发布一个带图片的朋友圈的图片上限是 9 张，在微博中发布一条文字微博的字数上限是 140 个字，这些边界规则是在产品实施过程中尤其要注意的。同时还有一些隐性边界规则也是产品经理在写作 PRD 的过程中需要注意的，例如在用户注册时设置登录密码，密码的规则是最少 6 位、允许特殊符号的设置等，这些隐性规则会直接决定产品最后的可用性。工程师在实施过程中也需要基于这些规则通过代码一个个去实现，如果没在 PRD 里特别标注，很可能一些关键规则就遗漏了。图 8-6 所示为一个 PRD 高保真产品逻辑部分的示例。

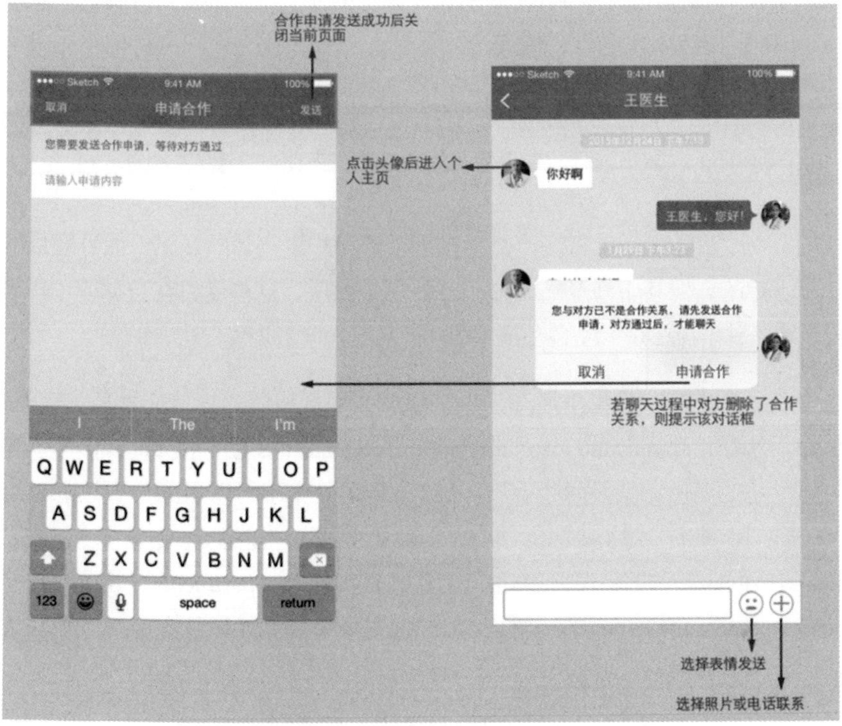

图 8-6　PRD 中产品逻辑图

这几个产品原型界面用带箭头的线标注了各界面之间的交互逻辑关系，用文字在对应的界面功能上标注了功能逻辑，对一些特殊的产品规则也做了详细的文字标注。因为静态图不足以表达完整的产品逻辑，所以配合文字解释和箭头标注能比较清晰直观地在 PRD 中说明产品需求。通过这种方式让工程师和需要阅读 PRD 的相关人员对这个产品需求有一个比较直观的了解。

当然，人无完人，没有完美的 PRD，很多细节都需要在过程中不断完善，所以产品经理在与工程师或相关人员沟通的过程中可以补充和完善 PRD，PRD 不是结论性产物，而是产品经理用来记录沉淀并辅助沟通的工具，一份好的 PRD 一定是逻辑相对完整的，而且能给读者清晰的阅读体验。

8.5 PRD 里的技术规则

PRD 里的技术规则是指在 PRD 里通过技术化的语言来标注的相关内容，把一些技术规则写在 PRD 里能提升 PRD 的专业性，也更易于工程师理解。当然，如果产品经理在 PRD 里用技术化的语言传递产品需求，肯定会让工程师刮目相看。由于不是所有的产品经理都是技术背景出身，所以在 PRD 里添加技术规格是一个“be nice”的过程，也就是说，不加也没关系，但加了会更好，因为能整体提高工程师的理解和执行效率。

我们看一个具体例子，很多产品里都涉及给用户发短信的场景，而且短信的基本文案都是固定的，但其中涉及的一些用户信息是变量，这些变量在数据库里都有固定的字段名称，关于什么是字段名在第 4 章“产品经理学数据库”中介绍过。

这里以医疗类的产品短信通知为例，添加技术规格后的短信文案是这样的：“亲爱的用户，您好！#applicantHospital# #applicantDepartment#的#applicantDoctorName#医生更新了您的病历，请及时查看”，从这条短信文案中可以看到，表达的意思是通知用户某医院某科室的某医生更新了病历信息，在短信文案中用变量字段“applicantHospital”直接表示医院，用“applicantDepartment”表示科室，用“applicantDoctorName”表示医生的名字，而这些变量字段都是直接对应数据库的字段。

这样一来，工程师在实施时就可以直接使用该字段解析对应的变量，然后在短信里显示。如果不直接加上技术规则，那么这条短信在 PRD 里可能会这么写：“亲爱的用户，您好！#医生所在医院##所在科室#的#医生姓名#医生更新了您的病历，请及时查看”，这样写也没问题，不过在实施阶段，工程师需要查阅这个字段具体叫什么，而且是否正确对应到响应的值。如果产品经理在前期就与工程师沟通，或者直接了解现在数据库里的各字段的情况，就可以在 PRD 里直接将这部分内容加上，这样既能使工程师快速理解，也能降低沟通成本。图 8-7 所示为笔者做的一个产品中真实短信后台对短信模板的处理。

2017-09-13 10:37:55	营销 marketing (edf1**)	营销类	【[redacted]】主人，您预约了今天#docname#医生#timedate#的就诊时间，别错过了哦，路上小心，到达医院请联系医生助理，助理将为您服务。若您临时有事需要取消就诊请与医生助理联系。谢谢！回T退订	审核成功	/
2017-08-28 17:21:09	营销 marketing (edf1**)	营销类	【[redacted]】尊敬的#mobile#顾客，您的订单已生成，订单号为#orderId#，我们会在一个工作日内给您发货，如有疑问请联系客服电话：010-[redacted]721回T退订	审核成功	/

图 8-7 短信模板

这个短信模板使用的是第三方短信服务提供商“云片”的服务，如果需要对每一个功能节点发送短信，就需要新建一个短信模板，短信模板里通常会携带一些参数，这些参数对应的就是技术中的某一个数据字段。例如，第一条短信模板中的#docname#和第二条短信模板中的#orderId#分别表示医生姓名和订单编号。通过这种方式在 PRD 中做标注一目了然。

8.6 常用的 PRD 写作工具介绍

工欲善其事，必先利其器，写作 PRD 的工具有很多，但工具仅仅是工具，关键是把握 PRD 的结构和内容。在不同的公司，写作 PRD 用不同的工具，有使用传统 Word 文档形式的，也有通过 PPT 方式写作的，现在有很多用来制作产品原型的工具也可以进行 PRD 写作。例如，产品经理常用的 Axure 和 Sketch，使用这两种工具能非常快速且直观地制作产品原型和交互图,同时也可以在原型上标注产品功能逻辑和交互逻辑。另外，还有通过思维导图来沉淀 PRD 信息的，例如 Xmind 就是一个非常不错的思维导图工具。

现在还有一些在线协作文档也可以被用来写作 PRD，例如“石墨文档”就是一种比较好的在线协作文档，当多位产品经理配合写 PRD 时，用在线写作文档会非常方便。虽然可用的工具很多，但关键不在工具，工具只是帮我们提高效率的手段，最重要的还是在 PRD 内容本身，通过合理的结构组织把重点内容囊括在内，通过添加技术规格来提升 PRD 的专业性。工具能帮助我们提高制作 PRD 的效率，也能帮助我们更好地管理 PRD，但要写好 PRD 还要基于前面几节讲述的内容。

8.7 功能型 PRD 与技术型 PRD 的区别

功能型 PRD 或者叫传统型 PRD 的目的是将产品设计详尽地文档化，包括需求分析与产品功能的具体设计。目的在于通过需求文档进行下一环节的沟通与工作交接，例如在大部分互联网公司中，产品经理或者项目经理把 PRD 制定好后，就会和技术工程师、测试人员、设计师或者其他相关方一起进行项目评估，产品经理根据 PRD 陈述产品设计。之后大家再完整地根据 PRD 进行项目实施。过程中如果有需求变更再对 PRD 进行调整和优化，这里的需求文档就是功能型 PRD。功能型 PRD 主要描述产品的功能设计及具体的业务逻辑。

对工程师来说，看完 PRD 之后需要基于对文档中产品设计的功能进行技术抽象，例如要设计什么数据库，哪些功能要拆分成哪些部分，最后制定出对应的技术方案开始整体实施。在这个过程中，工程师其实是边看 PRD 边将其翻译成技术语言的。

我们以移动客户端的 PRD 为例，产品经理描述一个对话框可能用的是文字或者一个简单的线框，工程师在实现的过程中通常会有两种选择，一种是实现成一个带按钮的交互对话框（Dialog），这种对话框的特点是弹出后得由用户点击完成操作才会消失。另一种是不带按钮的提示对话框（Toast），这种对话框的特点是提示几秒钟后就自动消失了，不需要用户做额外操作。根据产品设计，这两种对话框一般运用在不同的场景中，例如用户登录成功后提示用户“登录成功”信息，这种情况下通常是用不带按钮的提示对话框。如果用户退出登录，则需要使用带按钮的交互对话框提示用户“是否退出登录”，用户点选“确定”按钮后再执行对应的操作。

在上面这个例子中，产品经理可以通过描述具体的技术组件名称表达设计意图，比如直接用 Dialog 表示交互对话框，用 Toast 表示提示对话框。对工程师来说，阅读到这种信息后就能比较直观地理解产品经理的具体意图，在实际开发中也能大大提高效率，因为省去了跟产品经理确认设计和沟通的过程。

所以，对比功能型 PRD 重点陈述产品功能设计的特点，技术型 PRD 会在其中添加技术术语的部分，目的在于帮助工程师理解产品经理的设计意图，提高执行效率的同时降低沟通成本。对非技术背景的产品经理来说，在实际工作中会碰到一些技术名词，每次遇到不懂的名词一定寻根问底弄明白，这种信息获取得越多，对技术的理解就会越深入，不管是对写 PRD 还是对与工程师沟通的过程都会有极大的帮助作用。

8.8 沟通胜过文档

PRD 是传递产品设计意图的载体，应该说，PRD 是结果，是对产品设计沟通结果的沉淀。产品经理需要向老板、业务市场人员、设计师、工程师阐述自己的产品设计思路，需要跟不同的人讨论产品设计细节，通过反复沟通、讨论与所有人达成共识，最终将共识沉淀到 PRD 中，通过完整的 PRD 交付实施。所以，更重要的是前期的沟通，而文档只是结果，沟通胜过文档。

产品经理是一个复合职能，需要学习和了解的知识有很多，既要懂业务，也要懂设计和产品，一个产品想法从出现到落地，中间需要经历很多过程。首先需要从业务的角度说明这个产品想法能带来的业务价值，业务价值能转化成的用户价值或者商业价值是什么。这个过程就需要产品经理以一个懂产品的业务人员的姿态表达自己的观点，争取公司高层和业务方的认可，取得业务层面的共识。接下来需要将具备业务价值的产品想法转化为产品设计思路。这时，产品经理需要将自己的角色转换为产品和设计角色，在与其他产品经理和设计师沟通自己的产品想法时，站在产品经理的角度阐述为用户带来的价值，以及这个产品想法能为现在的产品提升什么。

这个过程中可能会有很多讨论，这时产品经理需要将对业务和商业的理解与对产品和用户的理解结合起来，通过这种结合点与其他产品经理和设计师沟通，然后将沟通结果沉淀为一个产品方案。最后才是和工程师的沟通，在和工程师的沟通中既要说明产品的合理性，也要说明完整的逻辑结构，这部分内容主要就是前文提及的产品逻辑。可见，产品经理的工作主要是提出产品方案，然后不断地沟通达成共识的过程，这个过程中产品经理需要了解业务、产品设计和工程技术，最终将沟通的结果转化为 PRD 交付实施。

沟通永远是产品经理需要学习和提高的技能，好的产品经理肯定是个会讲故事，而且能站在不同角度讲故事的人。产品经理的沟通能力直接决定了产品的推进落地情况。PRD 是辅助沟通的工具，在理想情况下，产品经理只需要将 PRD 交付出去就可以了，但实际情况是需要根据 PRD 与相关各方进行沟通，沟通胜过文档，沟通才是产品经理需要掌握的核心技能之一。

案例分析

在确定产品定位及产品功能后，产品经理开始写作 PRD，重点在于对产品逻辑的梳理。通常，PRD 需要经过几个版本的修改和更新才会最终定稿，就算在开发过程中也经常会遇到需求调整，此时，变更日志就非常关键。在现实情况中，常因为产品需求发生了变化，产品经理没有记录导致工程师实现的版本与设计稿不一致，或者是口头沟通变化而 PRD 还是维持之前的版本，导致最后都不记得具体的修改项，由此产生了很多问题，最终影响产品的质量和发布进度。

例如，某产品经理在 PRD 中对登录功能的设计是要求密码是 6 位数，且规则没有特别说明，工程师进入开发阶段，在开发过程中，产品经理意识到密码的设计规则不严谨，修改了产品设计，将密码位数增加到 8 位，而且规定密码只能由数字和字母构成且区分大小写。规则明确后，产品经理与工程师沟通，工程师认可了这种设计调整并且开始实施。此时产品经理认为已经开始实施了，结果一段时间后，当回忆当时密码的设计规则时，翻开 PRD 发现并没有记录，所以只能让工程师通过程序代码看当时的实现规则。这个过程就体现了 PRD 的重要性，尤其是对变更记录的重要性，因为人的记忆是有时限的，不可能记得所有的细节，之所以要有 PRD 就是为了充当产品设计备忘录的角色。

8.9 本章小结

本章主要介绍了产品经理写一份高质量 PRD 的具体方法，一份完整的 PRD 应包括的基本结构，涉及变更日志、需求描述和产品功能设计。通过这几部分共同组成一份完整的 PRD，从需求到概念设计再到详细设计，描述了一个产品从 0 到 1 完整的设计流程。PRD 的主要读者是工程师，所以如果能标注一些技术规格，则既能降低与工程师的沟通成本，也能提高 PRD 的技术实用性。在 PRD 中需要重点描述的是产品逻辑，产品逻辑基本上代表了整个产品的思维路线图，产品经理需要做的就是将这个路线图描绘得尽可能详细和具体。

另外，介绍了一些 PRD 的写作工具，工具只是辅助，关键还是将产品思路和逻辑梳理清楚。最后，沟通胜过文档，PRD 应该是备忘录和沟通记录，产品经理真正需要提高的还是沟通能力，但通过文档化表达的方式将沟通过程和结果沉淀下来也是产品经理必备的核心技能之一。

9 如何与工程师正确沟通

9.1 工程师是一个什么样的群体

如果把计算机世界比喻为一座金矿，那工程师就是在这个金矿中孜孜不倦地挖掘黄金的掘金者。工程师是知识型脑力工作者，他们的世界是非常简单的，他们和代码打交道的时间要超过与人打交道的时间。在计算机代码的世界里，编写程序是他们与计算机世界进行互动和交流的方式，他们通过程序控制着这个复杂的世界，通过代码与这个世界进行交流。在一般人眼里，工程师整天都面对着屏幕，写着一堆看不懂的天书，然后敲着键盘就开发出了一个个非常棒的产品，他们的世界其实很丰富，没有外人看起来那么单调。笔者也是工程师出身，能很直观地感受到这一点，特别是做产品之后，对工程师这一群体的理解更深刻。

计算机的世界是一个由数字 0 和 1 构成的世界，在这个世界里，一切都按照事先设定好的规则进行，例如一个开机或者关机的功能，永远只会按照事先给它设定好的程序执行，不会出现使用关机功能时触发别的功能的情况。这些指令的设计和编写就是由工程师完成的。分析工程师群体的性格和思维特点，可以得出如图 9-1 所示的图谱。

图 9-1 工程师思维图谱

从这个图谱可以看出，工程师的思维及性格的核心是“理性”，与设计师或者从事艺术文化相关工作的感性思维不一样，理性的外围主要体现在严谨、挑剔、逻辑性强、固执等具体表现上。从外表看，工程师所表现出来的是简单、直接、抽象和完美。跟工程师接触能感觉到他们说事情很直接，做事追求完美，喜欢把复杂的事情简单做，不重复发明轮子。不重复发明轮子的意思是做过一遍的东西就尽量复用，复用也体现在工程师的抽象思维上。通过抽象思维可以提炼综合解决方案，从而解决一类问题而不是具体问题。

工程师的思维方式是一种线性而且逻辑性比较强的方式，考虑问题或者做出行动时往往会按照严密的顺序和逻辑进行，他们认为一件事情肯定是按照固定的流程执行，不喜欢中间突然变化或者出错，因为这会使他们感到沮丧。另外，工程师是一群有理想和追求的完美主义者，至少在计算机程序世界里，他们希望自己编写的程序代码是完美无缺的，希望自己所写的代码是最优美的。写代码的过程实际上也是表达工程师思维方式和逻辑能力的过程，虽然表面看起来是同样的功能，但实际上里面的实现逻辑存在很大的差异，这好比专业的裁判看跳水运动员跳水和一般的观众看完全是两种感觉，专业裁判能看出运动员的每一个动作是否有瑕疵，而观众只看到了旋转的优美程度和落水时水花的大小，内行看门道说的就是这个道理。

工程师又是一群极为“自负”而且追求极致的人，这种“自负”并不是贬义的自负，而是一种对自己所做的东西的自信，这种自信超出传统的自信，所以用“自负”来描述这种超额自信。这种态度源于工程师对自己编写的代码的掌控力，因为计算机是严格按照工程师编写的程序代码来执行的，这种感觉会让程序员有一种控制力和驾控感，这种感觉会让工程师形成这种“自负”的效应。

所以我们经常看到，当和一个工程师说他们写的程序有问题时，很多人的第一反应是“不可能，怎么会有问题呢”。没错，正是这种“自负”让工程师对自己写的代码极为自信，计算机对程序代码毫无条件地严格执行，一旦出现问题，就说明程序代码在逻辑上存在错误，而这种错误肯定是工程师留下的。人的本能是不愿意承认自己的错误，所以当出现这种情况时，产品经理应该换一种方式与工程师沟通。比如用一种问题转移的方式与工程师沟通，可以说“我们在设计产品时有一个逻辑没有考虑到，但现在我们在实现时发现了这个问题，我们要一块把这个逻辑漏洞补上”，通过这种方式可以维护工程师的“自负”心理，然后用转移问题的方式将问题转移到产品逻辑没有覆盖到上，这样既可以让问题得以顺利解决，也让双方都感觉好一些。

有时，并不是工程师不愿意改或者不承认问题所在，而是维护自己的作品，这是从人性角度出发考虑的。作为产品经理，需要与各种各样的人打交道，需要推进事情向前发展，所以了解与自己合作的人并掌握面对不同人群的问题处理方法就显得尤为重要。

9.2 如何向工程师阐述产品需求

产品经理在日常工作中除了写PRD，还有一项很重要的工作就是讲解产品需求，讲解产品需求的过程实际上就是将自己的想法和产品设计方案通过语言表达的方式传递给需求执行者，这里更多的是指工程师。在向工程师阐述产品需求的过程中，考验的是产品经理的语言表达能力和换位思考能力，即能否将自己的想法和产品设计方案以工程师能理解的方式和语言传递给对方。

在这个过程中，经常会出现产品经理讲了半天但工程师不理解的情况，或者是产品经理讲的是意思 A，但工程师理解成意思 B，最后产品开发出来后发现牛头不对马嘴，这种情况在实际工作中屡见不鲜。为什么会出现这种情况呢？实际上这是思维方式的差异和表达方式的错位导致的，尤其是对非技术背景的产品经理来说，在与工程师的合作和沟通过程中往往会遇到更大的困难，因为知识背景和思考方式的差异性，使得很多非技术背景的产品经理感觉在这个过程中很为难。实际上，围绕与工程师阐述产品需求这个话题，有一些方法可以帮助产品经理提高技巧性的能力。

首先，当产品经理完成产品的设计并写好 PRD 后，不要急于与工程师沟通，因为有时工程师对产品细节的熟悉程度甚至超过产品经理，毕竟每一个细节和每一个产品规则都是他们通过一行行代码实现的，加上工程师的智力和记忆力都不差，所以他们对逻辑细节的记忆和把握能力都比较强。

产品经理可以先从几个方面审视。首先，看一下产品功能所涉及的逻辑是否已经完整，这里的完整不是指正常的功能逻辑，而是指正常功能逻辑和异常功能逻辑。很多 PRD 中只包含正常功能逻辑，因为这是大部分用户都会使用到的逻辑，但是在程序实现中，必须考虑而且覆盖到所有的情况，例如当网络异常时该如何处理，当数据加载失败时如何处理，当用户因为一些原因操作中断时产品该如何处理。这些问题都是工程师关心的问题，所以在向工程师阐述产品需求前，先进行自检，拿着逻辑覆盖完整的 PRD 与工程师沟通，也会让工程师刮目相看。

其次，在表达方式上，尽可能采用第三方讲述法。所谓**第三方讲述法**就是站在一个公立的立场上，不要把自己的感情色彩带进去，因为人在主观上都只认可自己的观点，如果总是被要求接受别人的观点，就会让人感觉不舒服。所以，产品经理可以用叙事的方式讲述产品需求，例如在讲解一个产品功能时，多用“我们一起来看一下这个问题”、“用户在使用产品时经常会觉得”等这样的方式去讲述，少用“我觉得”“我认为”这样代表自己观点的话语。多使用通过叙述一个问题的方式阐述问题和沟通，这样既能让对方以解决问题的心态参与到讨论，也能让双方进入一种协商的氛围。如果只是单纯地告知或者表达自己的观点，沟通效率就会比较低，如果碰到一个非常“自负”的工程师，那么沟通过程中难免会出现问题。

需求讲解是产品经理日常工作中最主要的几项工作之一，用同理心去做需求阐述是产品经理在进阶路上必须修炼的，人与人之间差异巨大，产品经理的工作是为不同背景、文化的用户设计产品，所以同理心和换位思考能力就显得非常重要，做到“无我”是能否做出好产品的前提，如果乔布斯当年在设计 iPhone 时把解锁功能再设计得稍微复杂一点，那么 iPhone 不一定能做出今天的成绩。

9.3 如何从产品角度参与技术讨论

当需求阐述完毕后，工程师基本也理解了完整的产品需求，接下来就是针对产品需求进行技术方案的讨论。在这个过程中有的产品经理选择不参与，觉得是纯技术的事，自己参与也帮不上什么忙，尤其是非技术背景的产品经理，因为先天不懂技术，所以本能地排斥参与技术讨论。然而，作为产品经理尤其是非技术背景的产品经理，基于理解一致的产品需求和工程师一起讨论技术，是学习和了解技术的最好方式。

如果产品经理参与针对需求的技术讨论，不能以一个技术人员的视角来要求自己，而应该站在产品的角度，以产品经理的角色参与到技术讨论。如何参与呢？首先应该要求自己对产品需求有充分理解与把握，即知己知彼。产品经理只有了解每一个产品的细节并且把握产品原则，才能在关键时刻为产品代言。工程师在进行技术讨论的过程中，会完全站在技术实现的角度，以实现思维审视产品需求，目的是在最小实现成本的前提下实现产品功能。

注意，这里完全是考虑技术实现成本，容易忽略产品和用户价值。所以基于这个前提，工程师在讨论技术方案时容易改变产品设计需求，转为寻找一种实现成本更低的方案和产品经理讨论，如果产品经理自己都不知道为什么要这么设计，那这个产品就是没有灵魂的。所以，产品经理要想参与技术讨论，首先要做的就是思考每一个设计背后的原因，只有知道了原因，才能真正参与到工程师的技术讨论中，在讨论中维护产品的完整性，然后学习并了解产品的技术实现细节，等下次再针对这个需求做优化或者升级时，产品经理也能做到心中有数，做到真正知其然并知其所以然。

从产品角度参与技术讨论还有一个技巧，那就是形象化提问。所谓**形象化提问**就是产品经理利用自己同理心优势，将自己不了解的技术问题通过一种比较形象化的方式描述出来，以提问的方式让工程师帮忙解答，这样既能合理地表达出问题，也能得到工程师的帮助，例如当讨论产品功能所涉及的数据结构时，工程师说了一堆技术术语，这时非技术背景的产品经理可能会听糊涂，如果想让自己理解并且参与进去，最好的做法就是从另一个角度引导问题的讨论。

比如可以这么说："咱们现在讨论的是不是这个功能的数据结构设计？数据结构是不是可以理解为这个功能的数据字典，咱们要讨论的就是这个字典里需要包含什么词，并且给这些词起什么名字，是吗？”工程师听到这样的问题势必是理解的，而且从知识普及的角度考虑，也乐意给产品经理解释，在这个过程中，产品经理就可以进一步地了解所讨论的技术问题的本质核心，从而从产品的角度参与到技术讨论中，不管是有技术背景还是没有技术背景，都可以和工程师一起进行方案商议，在讨论的过程中维护产品原则，以产品视角引导技术讨论。

9.4 产品需求变动时的沟通方法

做产品的过程中无一例外避免不了需求的变化，所谓唯一不变的就是变化，在产品的演化过程中，用户需求和商业目标都在时刻发生着变化，如果不拥抱变化，就有可能被淘汰。产品经理在工作中无时无刻不在处理着变化，产品需求的变化该如何处理呢？变化的产品需求该如何与相关人员沟通呢？尤其是对产品经理的密切合作者工程师，面对变化的产品需求该如何与他们沟通，避免因为沟通不畅带来的产品问题呢？作为产品经理，需要掌握在产品需求变化时应对的沟通方法。

产品需求的变动会有很多原因，例如来自老板的需求，来自业务销售的需求或者是来自产品经理自身的需求变化。这些变化都会有一个共同的特点，那就是对原有既定需求的调整或者颠覆。需要注意的是，工程师通过代码完成产品功能的过程好比建筑工人用砖和水泥建造一所房子，房子的建造需要经历打地基和建筑房屋结构阶段，如果要修一栋 20 层的房子，当已经修到第 19 层时，发现第 15 层有问题需要对结构进行调整，是没法只调整第 15 层的结构的，这时必须从已经修好的第 19 层一层层往下拆，拆到第 15 层时重修，此时就相当于把已经修好的房子拆掉再重修。

在这个过程中，一方面浪费成本，另外一方面新的结构是否比老的结构好，实际上在全部完工前谁也不知道。产品需求变更带来的影响类似于此，产品就类似这栋房子，工程师就是建筑工人，由此可见，我们就知道工程师为什么那么抵触产品的需求变更了。

但是，作为互联网产品，如果不变化就意味着倒退，变化是日常，变化是寻求新的竞争力的内因。**产品经理作为变化的驱动者，需要把握产品变化的原则和如何去驱动变化，驱动变化的过程中需要做好的第一步是变化前的沟通。面对拒绝变化，产品经理应当从事情的本质层面进行探究。**变化往往体现在表面，例如一个功能的变化或者是一个文案的变化，产品经理需要了解这个变化表象背后的原因。如果直接沟通变化本身，那么人的第一反应肯定是拒绝变化。

沟通需求通常可以从四个角度切入，分别是需求背景、功能逻辑、界面设计和技术调整，如图 9-2 所示。

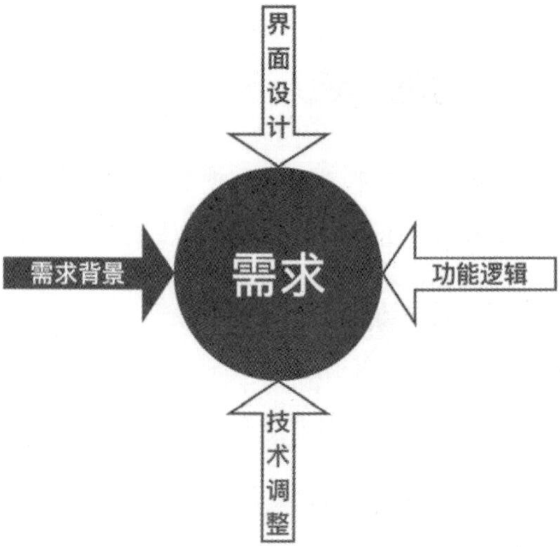

图 9-2　需求变化时沟通切入点

同一个需求可以从不同角度切入沟通，但是往往不同的沟通角度会带来不同的结果。这四方面产品经理在工作中其实都会涉及，而到了与工程师沟通需求时更多是从功能逻辑和界面设计角度切入，而省略了需求背景和技术调整。这里最重要的，也是决定沟通成败的往往就是需求背景，因为需求背景是产品经理自己思考或者与其他相关人员讨论过的，以为不涉及技术的部分，所以在沟通需求时不被重视。一上来直接讲功能和界面，作为工程师肯定会排斥这种毫无理由的变化，根本原因是已经开发完的需求在没有任何理由的情况下变化无异于是浪费开发成本。人的本性是排斥变化的，但不排斥参与创造变化的过程，所以，着重讲需求背景能让沟通双方都进入创造变化的过程中，这样后续的沟通就会顺畅很多。

举一个例子，当需要对产品内某一个宣传活动页进行设计上的调整时，调整涉及界面布局和视觉文案，将按钮文案从“马上参与”调整为“获取本次机会”，从表面理解，这两个文案差异不大，但从原因本身分析，前者是最常规的书面式文案，略显生硬，将“获取本次机会”作为活动按钮的触发器，可以从人的动力行为层面促使用户完成按钮的触发从而提高转化率，提高转化率带来的是业务或销售的增长。从这个角度出发，谁都希望自己做的东西能带来更大的价值，所以变化就可以很顺利地发生。如果只是告诉变化执行者我们要把A改成B，在变化执行者不理解的前提下去执行，一是执行者内心拒绝变化，二是执行者执行的过程中也不会有任何创造力，而通过内因驱动的变化方式去沟通，则能带来非常好的效果。

还是那句话，唯一不变的就是变化，尤其是作为互联网产品经理，身在变化中，驱动变化就是驱动创新，不要为了表面的变化而变化，要发掘变化的内因，并通过内因推动变化的实施，拥抱变化本身就是在创新。

9.5 非技术背景产品经理的沟通技巧

非技术背景产品经理的本来背景可能是运营、销售或者其他任何行业，随着互联网的发展，产品经理这个岗位的专业化程度越来越高，在未来，产品经理岗位肯定会形成一个专业化并且有专门知识体系的岗位。沟通作为产品经理技能体系内的重要组成部分，是衡量一个优秀产品经理的基本条件。产品经理是产品的设计者和产品执行的驱动者，需要调动资源并且与其他职能的人配合共同完成产品。组织一批人完成一件事情需要与不同性格和背景的人进行沟通，沟通成了产品经理在日常工作中的主要职责之一。那么，掌握一定的沟通技巧能帮助产品经理推进事情向前发展，也能让产品经理在团队协作上更进一步。

说到沟通，最重要的就是把自己想讲的事情表达清楚，因为产品经理的角色是信息上游和信息输出方，信息在每个人脑海里的组织结构是不一样的，所以将事情以对方能理解的方式讲述清楚是沟通的开始。如果沟通双方都无法基于一致的信息进行沟通，那么沟通就是无效的。

将一件事情表达清楚是可以按照一定的顺序进行的，先说明事情的背景，即把事情的前因后果讲清楚，让被沟通人了解事情的全貌，再讲述事情本身及所面临的问题，最后讲需要对方做什么或者本次沟通的下一步行动方案。这样的沟通顺序能比较好的传递信息，也能降低沟通成本。

图 9-3 所示为一个由沟通发起方和沟通参与方加入的沟通模型，在这个沟通模型中主要有四步，这四步表示了一个比较合理的沟通顺序。第一步由沟通发起方表达本次沟通的核心观点，第二步根据沟通参与方对于观点的理解和反馈情况，沟通发起方进行初步判断后确认对方对观点的理解程度，第三步对沟通观点进行重复和确认，确保在这个沟通环节中双方的理解是一致的，第四步沟通参与方二次确认理解是无误的。经过这几步后能保证信息是有效而且正确传递的，并且能保证沟通的双方在理解上是一致的。

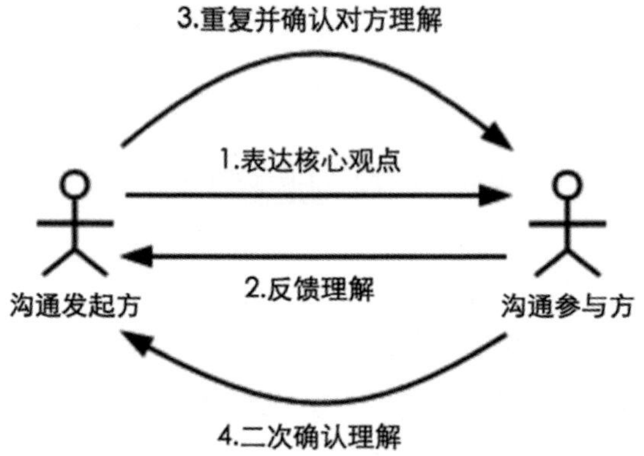

图 9-3　沟通顺序

举一个例子，当产品经理策划了一个线上运营活动时，需要在产品上开发一个功能来承载本次活动，也需要让设计师设计一个精美的插图放在产品上进行展示，同时也需要让销售部门进行线下推广扩大本次活动的影响力。为此，产品经理需要沟通的目标对象就有工程师、设计师及销售人员。首先要做的事情是把这些相关人员叫到一起，把事情的目的说清楚（通过本次线上运营活动提高产品付费用户的转化率，然后通过线上线下传播的方式提高产品的覆盖面），为了达到这个目的，必须相互配合一起努力完成这件事。在这个过程中，多用“我们”代替“我”，多用“一起”“共同”这样的词汇，这有利于大家形成一个利益共同体，并且为了同一个目的努力。

在这样的沟通过程中，通过共同目的把大家团结在一起，然后对工程师说明需要实现的功能，讲述需求时围绕目的去讲；对设计师讲就需要表达这个设计的目的是提高产品转化率，所以在设计时要考虑用户视觉和行为，让设计师明白这个设计的目的，而不只是为了设计一个图片而设计。跟销售人员讲就需要结合产品目的设计线下场景，具体的业务动作是什么，让销售人员明白自己该干什么，而且通过他所做的动作确实能够提高产品转化率。通过这种**目的型沟通方式**，能让被沟通者找到自己所做的事情的具体意义，执行起来更有针对性，也会得到更好的结果。

非技术背景的产品经理在工作中会遇到工程师提出的很多问题，这些问题大部分是基于一个产品需求产生的，但表达方式更多是从技术角度出发，这时其实不用害怕自己听不懂，而是要通过引导对话的方式让工程师以通俗易懂的方式表达问题，这样既可以让工程师把问题表达清楚，自己也可以比较快速地理解问题从而共同商量解决方案。沟通技巧的训练不是一朝一夕的事儿，这是一个长期的过程，要在不断的实践和打磨中慢慢提高自己的沟通能力。

9.5.1 “这个功能做不了”时怎么办

在产品经理与工程师沟通的过程中，经常就某一个产品需求的实现进行激烈讨论，工程师经常会以“这个功能做不了”回绝。对不懂技术的产品经理来说，这个回答通常会让他们无所适从。

笔者在实际工作中也遇到过很多这样的情况，作为一个技术背景出身的产品经理，笔者具备基本的技术判断能力，但并不是所有的技术领域都了解。所以，笔者的经验是当遇到工程师说某个功能做不了时，反问三个问题。

第一个问题，“这个产品需求在现有技术条件下是否可实现，是不是存在技术边界”。如果得到的回答是现有技术不可实现，就只能转而寻求新的产品解决方案。例如，我们要在手机 App 里实现测量人体体温，现有的智能手机并不具备温度传感器，所以存在技术边界。如果得到的回答是在现有技术条件下可以实现，那接着就需要问第二个问题。

第二个问题，“既然是可实现的，那做不了的原因是否是因为我们目前不具备这样的技术”。如果得到的回答是没有技术储备，那现阶段我们就需要寻找技术替代方案。例如，做图片分享的产品需要实现智能读取图片中的文字，那就需要图片识别的技术，这个技术是需要单独研究并使用的。如果得到的回答是技术上没问题，接着问第三个问题。

第三个问题，“既然不存在技术边界也不存在技术储备不足，那是因为开发进度和时间导致做不了？”如果是因为开发进度和时间导致做不了，那作为产品经理就需要衡量这个产品需求的用户价值和业务价值，也就是说这个产品需求的满足是否会为用户解决棘手问题，是否能在业务上带来增长。如果能满足这两个条件中的一个，哪怕调整开发进度延长时间也是可以接受的。

所以，需要挖掘“这个功能做不了”的问题本质，如果产品经理只是听了做不了就不做了，那就真的搁置下了原本会非常有意义的产品需求。非技术背景的产品经理可以通过这三个问题对问题进行判断，要把听到的当成结论，但更重要的是通过提问引导还原分析的过程，这样做的好处是能把问题的本质挖掘出来，从而做出更正确的决策。

9.5.2 “这不是 BUG”该如何处理

产品经理与工程师沟通时经常出现的话题就是对于 BUG 的认定。当产品经理发现产品中存在 BUG 并报给工程师要求修复时，有时会遇到工程师回答这不是 BUG 的情况。例如，产品经理发现产品某个界面在加载数据时没有提示加载框，而是让界面处于一个什么都不显示的空状态，等后台数据加载完成后数据会突然显示出来。这个细节的设计并没有在 PRD 中专门说明。

这个问题在工程师看来是不影响产品使用的，因为只要网络条件好，数据总会加载出来，如果网络不好或者加载出错，会提示相应的异常信息。然而这个问题对产品经理来说，就是一个会影响用户体验的产品 BUG，因为在加载数据时界面显示空状态，会给用户一种不安全感或者是一种不确定感，即用户不知道后台发生了什么，是不是网络不好或者后台数据加载出错。所以，从产品用户体验的角度来说，在加载数据的过程中需要对用户有所提示。

这个问题的根本原因是在 PRD 中没有对这个细节功能进行非常详细的设计。本质上这是一个交互设计问题，没有这个不会影响产品的功能使用，但是有了会让产品的用户体验更好。从工程师的角度理解，这是一个不影响产品功能的优化，所以不是 BUG，而从产品经理的角度理解，这会极大地影响用户体验。两种角度，两种观点，各执一词很难在沟通上达成一致。

产品经理想解决这个问题，首先需要了解什么是 BUG。在工程师的世界里，BUG

是一种贬义词，是因为代码或者逻辑出错而导致的功能性错误。例如用户无法正常登录或者无法获取到用户头像，BUG 通常会导致产品功能使用中断从而妨碍业务流程的顺利进行。工程师接收到 BUG 时，心里通常是不爽的，自己写的程序代码出了故障，这是很难接受的。

产品经理可以从另一个角度解决问题，以数据加载为空状态为例，产品经理应该让工程师知道这是 PRD 里没有定义的内容，属于新增的一个小特性，不是工程师的工作有缺失，基于这种认知，接下来就会好办很多。同样是解决一个问题，方法不一样，结果的差异会很大。

案例分析

需求评审会是每个产品经理都会参加的，这个会的主要目的就是和工程师或者相关人员一起针对产品设计进行整体评审。评审的内容是围绕设计本身从技术实现角度和用户角度进行合理性判断。需要注意的是，需求评审会参会的产品经理和工程师各自的视角不一样，工程师代表的是技术思维，而产品经理代表的是产品和用户思维，这两种思维天然就存在一些冲突和矛盾，所以产品需求评审会往往会变得比较激烈。产品经理通过良好且有技巧的沟通能够让需求评审会呈现另外一番景象。

例如在一场产品需求评审会中，产品经理在陈述完产品设计思路后，工程师会对产品设计提出意见，然后产品经理会回应工程师的意见，这个过程中的讨论经常转变成一场无关主题的争论，比如对于登录功能的设计，是否需要在密码中支持特殊符号，产品经理的意见是需要支持，因为不同人对密码的要求不一样，有很多用户会使用特殊字符设置密码，不能通过特殊字符设置密码会给用户一种不安全感。

工程师认为特殊字符过于复杂，产品可以定义一个统一的规则例如只支持数字和字母，这样产品规则就简单了。注意，在这个过程中，大家讨论的焦点并不是产品的技术实现解决方案，而是对产品的设计和对用户的理解，如果产品经理能够把握住这个差别，应该耐心地询问工程师这两种设计方式在实现上有没有区别，如果没有区别，则建议选择让用户更具安全感的方式；如果在技术实现上有区别，那么再来衡量具体实施工作量，看投入产出是否合适。产品经理要在这个过程中发挥很重要的沟通引导作用，简单地说，就是需要引导每一个讨论。

9.6 用讲故事代替介绍功能

产品经理每天需要与很多人沟通，包括技术工程师、设计师、运营人员、市场人员、老板等。每类人群的专业背景不同，对事物的理解都有各自的立场和观点。快速传递信息并取得沟通理解一致对于忙碌的产品经理来说尤其重要。笔者见过一些产品经理，花了很多时间介绍产品或者讲产品功能，对方听得云里雾里，结果可想而知。

还有一种情况，产品经理为产品后续发展争取支持和资源投入，这种场景下的沟通尤为重要。例如和老板介绍接下来的产品计划，如果侧重讲产品功能和价值，对老板来说没意义，当然也争取不到资源。对运营人员来说，需要的是对产品的支持，如果产品经理只站在产品功能而非运营场景或者用户场景的角度理解，也很难和运营人员达成沟通一致。产品经理是产品的代言人，通过合理的表达方式和技巧能让产品被更多人接受和理解，而用不同的方式来表达同一件事情可能会形成不同的结果。乔布斯举办的苹果发布会每次都会让人印象深刻，而且会让大家对苹果的产品好评如潮，很大程度上取决于乔布斯对自己产品的表达和介绍方式，这是一种深入人心的理念传递。

以上这些场景无非体现在一个关键问题上，即产品经理用什么方式与目标对象进行沟通。单纯地介绍产品功能听起来很生硬，没有上下文背景也理解不了这个功能背后的具体意义。在与工程师沟通时，只讲功能就会让沟通陷入具体的功能和设计层面的争论，因为谁都对产品有自己的见解，所以很难达成沟通的一致。

产品经理应该把自己的沟通范围拔高一层，站在功能背后的实际意义角度与目标对象沟通。举个例子，产品经理要往产品中新增一个话题模块，类似于新浪微博中用两个“#”把一个话题标记出来的功能，所有发布信息时携带了同样话题的用户都会被聚拢到同一个话题下。这个功能不复杂，但产品经理在沟通时可以从这个功能背后的意义角度展开。话题功能的意义在于增加同类用户间相互发现的概率，通过同一个话题，把原本没有交集的用户聚集到一起，增加他们之间建立关系的概率和互动的频率，本质是提升产品的用户活跃和互动性。

从上面这个例子可以看出，通过把产品功能放入一个具体的故事场景中，能大大提高沟通效率，也更利于沟通对象接受产品经理的观点。这种讲故事的方式可以运用在产品需求评审会上或者与其他角色的沟通中，切忌只讲产品功能，那样会显得比较生涩。将每一个产品功能都赋予用户价值和业务价值并放入一个故事场景中，通过具有感染力的方式描述产品需求。成为一个优秀的产品经理，这是必备技能之一。

9.7 本章小结

本章主要围绕如何与工程师沟通展开讨论，首先对工程师群体进行探究。对工程师这类“自负”的人，产品经理需要有与工程师相处和配合的独特方式；其次，在了解工程师的基础上，产品经理在日常工作中需要向工程师阐述产品需求，阐述产品需求的过程考验产品经理讲故事的能力，使用第三方叙述法讲解需求，更有利于工程师理解需求，也能让产品经理提高自己的工作效率。

另外，本章还介绍了产品经理如何从产品角度参与技术讨论，从产品视角与工程师讨论产品需求。另外，对于变化中的产品，产品经理需要掌握面对变化时如何沟通产品需求，**化解变化是产品经理推动事情往前发展的前提**，拥抱变化并且将变化的内因传递出去，通过自身对产品的理解将这种理解传递给更多人，形成共同目的下的利益共同体。

10 产品经理的自我修养

10.1 三种类型的产品经理

在互联网时代，产品经理的角色越来越被重视，几乎成为所有互联网公司的标配。虽然名字叫产品经理，但实则没有经理的职权，产品经理只是一个称呼，不像工程师和设计师，总不能叫产品师吧，所以产品经理成了产品设计人员的统一称谓。

在产品经理这个岗位的定义中，通常将产品经理描述为产品的设计者，是为产品整个生命周期负责的人，期间需要组织和协调资源完成产品的设计和研发工作。如果按照产品经理的具体职责分，严格来说分为三类，分别是**用户体验型产品经理、业务型产品经理和数据型产品经理**。这三种类型的产品经理的划分根据公司和产品形态不同而不同，有的公司偏业务型，所以产品经理的工作侧重点偏向业务逻辑和业务动作设计，而有的公司偏重用户体验，产品经理的工作侧重点则偏向设计良好的用户体验。这三种类型也可以说是三种技能，如图 10-1 所示，是产品经理可以综合掌握的横向能力。

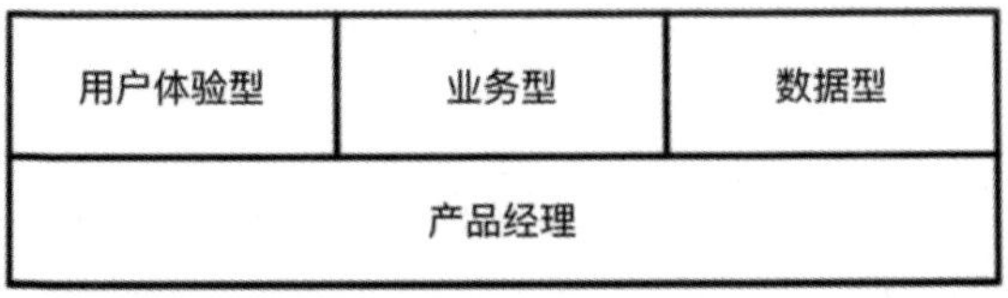

图 10-1　产品经理的三种类型

这三种类型的产品经理在职能侧重点上各有不同，接下来我们就分别看一下这三种类型的产品经理的工作内容和各自的特点。

10.1.1　用户体验型产品经理

顾名思义，用户体验型产品经理主要是为产品的用户体验负责，什么是用户体验呢？简单说就是用户在使用产品的过程中形成的对产品本身的主观感受。用户体验包括了产品功能体验、视觉体验和信息体验。用户体验型产品经理更关注产品本身的体验，结合业务目标完成对产品的设计，并持续对产品进行体验层面的优化。

首先是对产品功能的设计，在市场上我们会使用到各种同类型的产品，比如打车 App，功能基本类似，无非是通过设定起点和终点来完成打车需求，这是产品需求，但实现这个产品需求可以用不同的功能来完成，不同的打车 App 对这个产品需求的实现不同。例如，滴滴出行 App 是乘客发出用车需求，司机根据订单情况挑选乘客，而易到用车 App 是乘客发出用车需求，司机选择是否响应，最后由乘客选择乘坐哪一辆车。这两种功能设计都满足了打车需求，但是功能实现的业务流程不一样。

用户体验型产品经理关注每一个产品功能的体验，到底是 A 方案体验好还是 B 方案体验好？用户体验的提升是一个主观感受的过程，评判一个产品的用户体验是否优秀，首先是让新用户用着感觉很爽，这个“爽”不仅仅体现在功能的酷炫上，更多是指产品是否能快速地完成用户任务，而且能很清晰地传递产品关键信息。能让用户在非常简单的操作环节下完成目标任务就是一种很好的用户体验设计。

为什么大家觉得微信的产品用户体验好，第一肯定是因为习惯，第二是微信把很多事情做到了最简单，而最简单的东西往往才是无法超越的。试想一下，微信数以亿计的用户，要用一个统一的产品满足这么庞大体量用户的差异化需求，只有通过最简化这个方法才能实现，否则稍微做一点特化，就会有很大一部分用户的体验受到损害。

专注于用户体验设计的产品经理首先得具备非常强的同理心，得理解目标用户的心理，甚至得成为产品的用户才能真正设计出好的产品。用户体验型产品经理千万不要去假设，如果总是假设这么设计或那么设计用户用起来会比较好，最终的结果只会是设计出了一堆无用的功能。

一种比较好的方法是使用最小化可行产品的思路去设计或者优化产品，所谓最小化可行产品是源自精益创业的一个概念，意思是构建一个能基本满足需求的产品，去掉多余的细枝末节，只保留主干功能，快速投入市场让用户开始使用，然后收集和整理用户在使用过程中出现的问题，经过分析后基于这些问题提出解决方案，再将这个解决方案应用到产品改进中，再快速投入市场，再次验证和修正，如此反复，就可以将最开始的最小化可行产品迭代打磨到一个相对完整的状态，这个过程可以保证每一步的成本都是最低的，不需要花几个月设计和研发，上线后才发现一堆问题。

通过最小化可行产品的方式可以缩短产品设计与用户使用之间的时间窗口，让产品快速地被用户使用，通过这种可行性测试的方式持续完善产品，最终沉淀下来的产品一定是被用户接受的而且能解决实际问题，通过这种方式打磨出来的产品的用户体验也一定非常不错。

10.1.2　业务型产品经理

业务型产品经理的主要工作内容是围绕业务流程和业务动作展开的流程设计，业务型产品经理不直接设计产品功能。不同公司产品形态不同，产品经理的职责重心也不一样。有的公司偏业务型，所以产品经理的工作中有很大一部分是从产品角度定义业务流程和业务动作。例如，医疗领域的互联网公司就是偏业务型的，在互联网医疗公司中产品经理需要梳理并设计整个业务流程，最终将这个流程固化到技术产品里，通过产品功能将业务流程具象化地表现出来，让用户的整个业务流程动作都在产品中发生，所以产品是执行业务动作标准化的环节。

有的公司偏产品型（例如工具类产品），工具类产品要求功能符合用户需求和使用习惯，而且能快速帮用户解决问题，这类产品对用户体验的要求很高，所以产品经理的工作重心在核心功能体验的设计上。业务型产品经理每天关注的应该是整个业务流程是否顺畅，每个业务节点是否有可优化的地方。

做业务型产品经理需要具备宏观思维，因为业务型产品经理把控和设计的是整个产品的流程，具体到业务流程中的每个角色的动作，以及每个业务节点之间是如何衔接和配合的。以在互联网医疗产品中为患者设计整个就医流程为例，在这个大环节中，涉及患者如何获取信息、基于信息做出决策、预约就医，以及就医结束后的整个环节，每个环节都包含各方的具体动作和相互之间的配合。例如，患者需要通过 App 产品查看医生的出诊信息，就涉及医生的出诊信息该由谁来提供和更新，并且需要规定更新的频率。另外，患者在就医环节如何与医生对接，以及对接之后的服务需要谁参与，产品经理在中间扮演什么样的角色及产品应该提供哪些信息，只有整套流程和每一个细节都设计好了，才能明确产品在这个大环节中需要在哪一步发挥作用。所以，这种结合线下业务的产品模式需要有一位业务型的产品经理来定义并且设计整套流程。

业务型产品经理需要具备哪些能力呢？首先是全局思维能力，需要对整体业务有一个全面的了解，然后定义业务流程中的关键角色及每个角色的具体业务职能和动作，如果涉及业务角色之间的协作，还需要定义具体的协作和衔接方式。其次，业务型产品经理还需要具备整合资源的能力，因为设计的是整个业务流程，所以流程中势必涉及各方的配合和资源提供，如果只是一个单纯的业务流程设计没有资源方的配合，那只能叫一个方案。如果需要最终落地，就要搞定整个业务流程中其他部门或者资源方，确保能提供有效资源。

最后，业务型产品经理还需要具备一项核心能力，那就是沟通，或者说这是最基本的能力。因为需要与各方配合共同把整个业务流程落地，所以沟通会起到很重要的作用，通过沟通去传递和达成一致目标是最终事情得以顺利进行的基础。对业务型产品经理的个人综合能力的要求更高，一方面需要他有全局独立思考的能力，还需要整合资源方；另一方面得对产品本身有一定的设计能力，可以这么说，业务型产品经理是站在业务和产品十字路口的人，既要具备对业务的敏感度也要从产品角度以产品思维思考整个业务流程的合理性和完整性。

10.1.3 数据型产品经理

顾名思义，**数据型产品经理是专注数据的产品经理，这里既包括了数据采集和数据分析，也包括了基于数据分析结果进行产品改进和决策的过程**。数据型产品经理一定是对数据极为敏感的，而且需要掌握一套方法通过数据衡量产品的直接效果。

数据型产品经理需要专注在产品的数据指标上，定义产品数据指标然后通过技术的方式采集指标反馈，从而根据大样本的结果辅助产品决策。在选择产品优化方案时，对于拿不准的两个方案，通常会采用 A/B 测试的方式，所谓 **A/B 测试**就是同时将两个方案投放市场，然后设置数据指标。例如转化率等，根据数据反馈的结果判断应该采用哪种方案。A/B 测试的结果通常会呈现对比性，根据对比差异分析差异原因，然后选择最优方案。

除了对产品进行数据验证，数据型产品经理还需要对产品数据进行实时跟踪，提前预判或者事后分析，通过这种预判和分析判断接下来可能发生的事件。例如，当某天产品的 PV 和 UV 增长较快时，数据型产品经理就需要探究其中的原因，是因为某个现象引发了用户传播引起的产品曝光量增加，还是因为运营活动的效果好使产品活跃数据得到了增长。

总之，数据型产品经理需要探究数据变化背后的原因，根据这个原因优化产品策略。另外，数据型产品经理还需要对产品结果进行数据验证，除了 A/B 测试，对产品的每个值的改进细节都可以进行数据验证，Facebook 在数据验证方面就做得比较好。对一个 UI 的改动或者一个文案的改动都会影响产品的用户使用，例如是通过文案引导用户使用一个功能，还是通过一个图标引导用户使用，二者的转化率是有差别的。

数据型产品经理就好比产品的健康诊断师，需要随时关注产品的数据反馈，通过检测数据变化对产品进行灵活调整。另外，数据型产品经理需要主动对产品进行数据干预，例如发现产品的活跃度降低了，就需要联合运营人员对产品进行活动运营，激活用户来提升产品的活跃度，从而保证产品始终处在一个相对健康的状态。

数据型产品经理日常工作中需要去解释、验证、探究与产品相关的数据，需要对数据变动进行业务解释，例如产品活跃度的变化；需要对产品进行数据验证，例如 A/B 测试；需要对产品进行数据探究，例如如何通过数据驱动产品优化。

数据是衡量事实的指标，通过数据可以判断一些不确定的事件，但数据只能反映客观事实，并不具备绝对性。也就是说，数据的结论只是一种通过数据统计的方式呈现的表象，数据本身无法保证结论就是正确的。数据上表现更好的方案不一定是真正最好的方案，有可能因为数据采样分布不均造成。例如，男女用户不均或者年龄分配不均都有可能造成数据结果的偏差，所以数据不是万能的，更多是作为产品决策的辅助依据。

10.2　产品经理的三项核心技能

如果让笔者选三个产品经理的核心技能，那么笔者的答案会是如下三个。

第一，让对的事情持续发生。

第二，让信息高效流动起来。

第三，让组织合作顺畅进行，如图 10-2 所示。

图 10-2　产品经理三项核心技能

人人都是产品经理的时代在慢慢过去，随着专业化程度的不断提高，产品知识体系的不断健全，职业化的产品经理在慢慢出现。产品学在未来会逐渐成为一门新的知识领域，就好比几十年前软件开发技术刚开始普及时一样。那时候的程序员可都是多面手，但专业化程度不高；随着技术的发展和时间的推移，慢慢产生了职业化程度更高的职能划分。例如后端开发、前端开发等。产品也是一样，从开始的人人都可做产品经理，逐渐向专业化产品经理过渡。

何谓专业化？也就是说必须得具备一定的核心技能。产品经理遍布各行各业，对行业背景的差异化，也导致产品经理处理问题和技能的差异化，笔者认为如下能力是任何行业的产品经理都必备的三项核心技能。

1）让对的事情持续发生

驱动事情向前持续进展，让对的事情持续发生。在做产品的过程中会遇到很多问题，比如对一个设计方案的拿捏，对技术限制的规避，对产品节奏与业务和市场节奏的匹配等，这些环节中的任何一环都有可能导致产品向前推进受阻，产品经理需要时刻处于问题一线，对随机出现的问题有快速应对能力，快速抓住问题的核心本质，并给出进一步的行动方案。也就是说，产品经理在很大程度上必须是行动派。

虽说需求分析是产品经理的基本技能，但分析毕竟停留在推测和理论层面，利用需求分析的结果快速推动事情向前发展，快速产生对的结果，才是行动派应有的风格。何谓对的事情？就是问题的解决方案是可扩展的方案，也就是说当前给出的解决方案是一个最小化的解决方案，它能解决当下最核心的问题，而且具备让这个解决方案持续优化的空间。产品思维必须是解决问题的思维，对于随时会遇到的问题，第一反应是有什么方法能解决这个问题，而不是陈述问题本身或者说有哪些外部客观条件的限制。笔者认为，产品经理第一项核心技能是行动派、变通者及问题解决者。

2）让信息高效流动起来

什么叫让信息高效流动起来？产品经理有一大职责，就是沟通，而沟通的目的是让信息高效流动起来。作为承上启下的关键角色，使信息流动在一个正确的轨道上，成为信息布道者，确保各个关键角色都能对信息有充分了解，直接决定了能否让对的事情持续发生。挑战恰恰就在这里，产品经理覆盖的沟通面很广，需要对接设计、技术、业务、市场等，这些专业领域内的人都有一套自己的语言系统，产品经理需要时刻切换语系，让自己能在一个正确的频率上对话很重要。

举个例子，对于“后端”一词的理解，从技术的角度说，是服务器端的意思，但是对前线的业务和市场同事来说就是后勤支撑了。可以设想这么一个场景，产品经理、程序员和业务人员开会，大家讨论问题，用到各自的专业术语，如果没有产品经理这个翻译，那基本就属于一场失败的沟通。所以，对产品经理来说，交叉学科知识的获取很重要，无须过精，但需了解，产品经理是合作促进者，这样才能起到信息中轴的作用。从战略层到执行层，每一层产品经理都会接触到，只有让信息的流通高效起来，产品的发展才会高效，整个组织就会高效起来。笔者认为，产品经理的第二项核心技能是信息布道者、信息中轴及合作促进者。

3）让组织合作顺畅进行

什么叫让组织合作顺畅进行？公司是以合作的方式组织起来的，有各个职能部门的相互配合才形成合力推动公司向前发展。组织内合作的顺畅进行不会自动发生，需要有推动者，而产品经理就是这个先锋。特别是现在的互联网公司，其组织形态已经与传统企业的组织形态有了很大差别，更多的互联网公司不再是层层设级，而是趋向于扁平化管理，从老板到推动者到执行层三层架构可能是如今很多互联网公司的组织形态。

在这种组织架构下，推动者的角色更多是公司的产品经理。当然，有的公司会配以项目经理专门管理项目，但就笔者所在的互联网创业公司来说，这个角色就是由产品经理承担。笔者的日常工作就是与一线业务人员、工程师、设计师、测试人员、财务人员、客服人员及老板互动与合作，有些互动是跨职能的，而产品往往是这种互动的衔接者。

举个例子，客户向业务人员反馈了一个产品问题，产品经理接收到这个需求后需要进行快速信息处理并形成最小化解决方案，然后推动设计师和工程师去解决问题，同时需要与业务或客户直接沟通解决方案，这一系列的动作都需要组织职能间的相互配合，而产品经理是这中间的桥梁和润滑剂。笔者认为，产品经理的第三项核心技能就推动者、合作桥梁及组织润滑剂。

10.3 懂技术不如懂产品

对非技术型产品经理来说，由于本身没有技术背景，在开展产品工作的过程中会遇到一些阻碍。我们知道，越是在意自己的不足就越容易陷入困境中。换一种角度，对非技术背景的产品经理来说，虽然不懂技术，但恰恰可以不受技术的束缚，可以通过用户思维来理解产品。当然，前提是需要在技术边界的范围内，而技术边界的确可以通过寻求工程师帮忙的方式获取。其实，优秀的产品经理不在于是否懂技术，而在于是否懂产品，或者说是否懂用户。如果能把自己变成产品的用户，那么通过这种思维做出来的产品就具备很高的可用性，技术应该成为产品经理寻求可行性的工具。

一些伟大的产品经理，例如苹果公司的乔布斯和微信创始人张小龙，他们一个不懂技术，一个是技术出身，但都不妨碍他们成为世界上最优秀的产品经理，乔布斯以其对用户的深度洞察力，自信地持续为用户带来优秀的产品和用户体验。在这个过程中，乔布斯通过对产品的理解寻求技术的可行性，然后将这种可行性落地成具体的产品，最终成就了苹果。我们难道说乔布斯不懂技术就做不好产品吗？显然不能。反过来说，他具备把好产品的理念传递出去的能力，通过对产品和用户的理解，团结他认为可以一起共事把想法落地的人，这些人里面肯定就有技术专家，技术专家去衡量可行性并实施，而乔布斯作为产品经理，他是事情的发起和组织推动者，这才是产品经理应该做的。

如果产品经理本身过于关注技术，就变成技术经理了。所以，对产品和用户的理解肯定是第一位的。张小龙是技术出身，他成为优秀的产品经理恰恰是因为他对人性的深度理解，能带来让用户超出预期的用户体验，微信的成功绝不是因为张小龙懂技术，而是因为他懂产品。

非技术背景的产品经理在转行做产品经理前都有自己的专业背景，有做设计转型的，有做运营转型的，也有从其他专业转型过来的。产品经理这个职能本来就没有专业的培养体系，不像计算机学科或者设计学科，都有成体系的培养方式，产品经理还没有形成一个学科领域，所以没有通用的学习方法，基本上都是靠自学或者企业自行培养的方式学习。

对非技术背景产品经理来说，需要学习的是做产品的方法，而不是通过学习技术做产品的方法，这两种方式是有本质区别的。前者是对产品和用户的理解，简单地说就是发掘用户需求，通过产品满足这个需求；后者是通过了解技术实现方法完成一个产品功能。显然，前者是在做产品，而后者是在做功能。做产品是一条漫长的学习之路，但一定要明白的是，**懂技术不如懂产品，去理解产品、理解用户才是真正把产品做好的决定性条件。**

10.4 为什么懂得这么多还是做不好产品

坊间流传着这么一句负能量话，“为什么懂那么多道理，还是过不好这一生。”没错，知道和了解不代表能实践。就像一个专门研究篮球战术的优秀教练，上场了可能连球都接不稳，但并不妨碍他成为一个优秀的篮球教练。

做产品经理的人越来越多，看两本书或者到网上搜索一下关于产品经理的内容，再或者听了几位大咖的专场分享，了解几个概念或者方法就以为可以开始做产品了，结果做出来的产品除了自己谁也用不明白。产品经理这个职能并没有系统化的培养体系，基本上都是各公司自己摸索和沉淀出来的一套产品方法，随着人员的流动，不同公司的方法开始相互融合，取其精华后成为现在主流的产品理论。

同时，尤其是互联网产品，谁都可以说上几句，谁都可以基于自己的理解发表几句观点，自然就产生人人都是产品经理的繁荣景象。大到一个行业，小到一个公司，上至 CEO 下至一线业务员都会对产品加上自己的理解和期望，而这种绝对不平衡的期望让产品经理左右为难步履维艰，尤其是老板比较强势的创业公司，基本上老板自己就是产品经理，产品经理们充其量只是个功能经理。不得不承认，一个真正有灵魂的产品不可能是多个人讨论后达成共识的产物，一定是一个人将自己的产品意识植入后产生的结果，这种产品势必有一种特点，就是肯定会带有某种满足不了的看似的"瑕疵"。

例如，微信基本上代表的是张小龙的产品意识，微信简单并且带有自己的个性，微信不做消息已读状态，微信除了聊天消息，其他所有的诸如评论、点赞信息全都不向用户推送。如果把这些都看作是合理的用户需求，那以微信现在的体量，上述两个需求至少也得覆盖几千万用户。要知道，很多产品的总用户量可能也就几千万。所以，懂得用户需求，知道如何设计产品，不一定能做出好产品。

懂了很多产品理念，学会了很多产品设计方法，也了解了如何洞悉用户需求，不代表就能做出好产品。所谓的好产品无非是让用户感觉好，这种感觉不仅包括看起来（视觉）和用起来（功能），还包括价值感（超出预期）和成就感（心理满足），而决定是否成为好产品往往是后二者。

看起来漂亮只需要通过好的视觉设计就可以实现，这是产品给人的第一印象，用户开始使用后，功能和交互的设计就会产生用起来的感受，自然的使用体验是最能让用户没有束缚感的。而价值感带来的是超出预期的体验，超出预期是产品带给用户的额外体验，这种感觉会让用户产生情感认同，从而愿意深度甚至长期使用产品。例如我们使用打车软件，在家就可以订车，车到了下楼上车就走，到目的地后下车直接自动支付，这种超出预期的价值感会让用户产生强烈的认同感，因为对比的是路边等车、下车找不开钱的尴尬体验。成就感是产品带给用户的心里满足，这种感觉是决定用户下一次是否继续使用的根本前提。

例如微信能帮助我们完成沟通的诉求，而沟通的目的是交换信息和解决问题，微信极大地丰富了沟通的方式并且提高了沟通的效率，用图片、语音、视频传递沟通信息，甚至用表情传递情感，这种信息交换的高效性让用户产生强烈的心里满足感，而这种满足感对比的是以前必须通过电话或者见面才能满足的场景。

决定好产品的不是感官层面的体验（视觉、功能），而是心理层面的体验（价值感、成就感），从感官体验升级到心理体验才是产品经理持续追求的终极目标！

10.5 设计完功能不等于做好了产品

功能设计是产品经理日常工作中的主要内容，在明确产品需求的前提下，产品经理将需求转化为用户可用的软件功能呈现出来。从客观角度看待产品，产品都是由一个一个的功能组成的。例如，微信的功能就包括了登录、发送语音、扫一扫等，这些功能组合到一起构成微信这个完整的产品。那么，这些功能组合背后的连接点是什么呢？是什么将独立零散的功能聚合到一起组成一个有生命力的产品呢？这就是本节会展开探讨的话题，**产品核心定位**。图 10-3 所示是一个产品生命周期和产品价值的坐标轴。

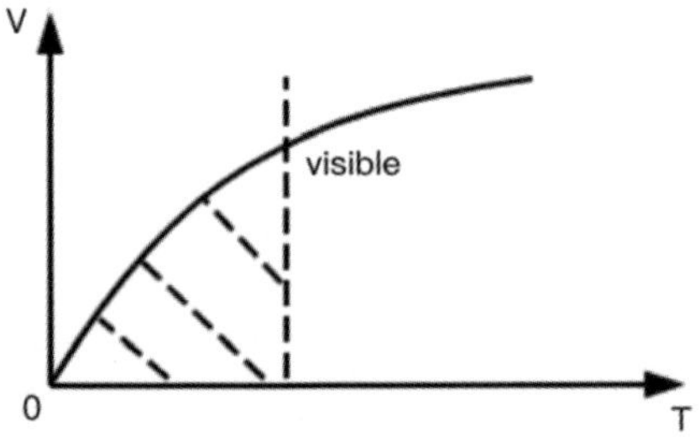

图 10-3　产品生命周期与产品价值

坐标轴中横轴代表时间，纵轴代表产品价值。产品从 0 起步，在很长一段时间内都在明确产品定位和用户价值，这个阶段实际上处于产品不可见的阶段，因为这时产品功能和界面都还未成型。

与此同时，在不可见阶段，产品价值（Value）也是增长最快的阶段，因为切中用户需求的产品价值保证了后续产品的成长空间。一旦完成价值定义，就会开始进行产品结构和功能设计，完成功能和界面设计后，产品就会进入可视阶段，这时大家的注意力就会放到产品的界面和交互上，甚至会淡化和忘记产品定位，以至于后续设计出很多和产品定位相矛盾的产品功能。对产品经理来说，一定要时刻反思不可见部分的思考，不断深挖和提升产品价值。

一个公司里，上至 CEO 下至一线业务员，都经常把产品定位挂在嘴边，大部分情况下，CEO 口中的产品定位和一线业务员口中的产品定位是不对等的。原因是他们所面对的目标人群不一样，CEO 面向的是投资人、是公司中高层，需要站在商业角度讲清楚公司业务是如何围绕产品定位展开的。

一线业务员面向的是真实市场中的普通用户，他们往往站在一个推销或者销售人员的角度跟目标受众以大白话的方式讲清楚产品具体是干什么的，目的是让目标对象认可并接受产品，所以，如果让一线业务员用 CEO 战略性的话语跟普通用户表达产品定位，就会出现理解障碍。试想，公司里各个职能部门的人，包括运营、市场、财务、开发、设计等，大家理解的产品定位很可能不一致，尤其是在创业公司，这样导致的结果就是大家没有统一的认知标准，从而出现形不成合力的情况。

产品定位并不是什么高端内容，往往用最直白、最简单的话才能跟受众群明确地传递产品定位。

举个例子，京东有一句口号叫作“多快好省”，这简单的四个字就传递了京东作为一个电商平台的核心定位，向用户提供商品种类多、物流快、品质好还省钱的产品体验。这四个字向任何人传递产品的核心定位。当然，如果面向投资人，就会将这个定位背后的商业价值以商业视角表达出来。

再举个例子，滴滴出行的产品有一句口号叫作“让出行更美好”，这句话表达的意思足够明确但也具备想象空间，产品提供的是出行服务，包括出租车、专车等，让出行更美好传递的是一种面向用户感性和体验层面的意思。滴滴的业务围绕出行展开，已经涉及出行方式的方方面面，加上“让出行更美好”这种产品理念的传播，以此在用户心里建立起“滴滴=出行”的潜在概念，通过这种方式占领用户认知，是建立产品壁垒和沉淀核心竞争力的最佳手段。

产品功能是产品定位的具象化表达，一个功能的体验做得再极致，如果无法体现产品定位，也只是纯功能，这样的产品经理只能叫功能经理。功能服务于定位，支撑这个理论有一个关于微信和微博的例子，微信和微博都有对发布内容点赞的功能，查看用户发布的所有内容时，微博可以在列表里挨个点赞，而微信必须进入朋友圈的详情页才能点赞。从功能层面看二者的区别，微博的功能体验比微信好，不用来回跳转页面就可以对用户发布的所有内容点赞。

为什么在设计上会有这两种差异呢？这源于产品核心定位。微信除了聊天消息，再也没有其他的推送信息，朋友圈评论和点赞都不会给用户推送，秉承着不打扰用户的产品理念。微博经常会给用户推送一些新热点、评论、转发等，把很多消息都推送给用户，微博定位为一个媒体社交平台，所以希望和用户多互动。这两种定位差异直接决定了产品功能的设计。产品服务于用户，产品也是有生命力的，基于产品定位设计功能比单纯地设计功能让产品更好地体现和传递了产品本身的定位。

相信很多刚接触产品的同学都会研究竞品的产品功能，如果觉得设计体验好就借鉴到自己的产品中，其实这是一种不太好的做法。借鉴可以，也得符合自身的产品定位再借鉴。如上面提到的微信和微博关于点赞功能的设计，功能设计体验好的并不一定是产品最优方案，还得结合产品的核心定位决定采用哪一种设计方案。

产品经理设计完功能不等于做好了产品，符合产品核心定位的功能组合才是好产品！

10.6　理解场景比设计功能更重要

所有产品无一例外都是在特定的场景下被使用的，比如我们想搜索什么东西时会打开百度；当我们要出行时会打开滴滴出行或者 Uber；当我们饿了时会打开饿了么或者百度外卖；当我们寂寞时会拿出微信。所有这些都反映了一个词，**场景**。我们的意识和行为都在一个特定的场景下发生，而对应的产品设计需要符合这个场景。产品不仅有功能，还应该具备符合场景的解决方案。

在之前的微信版本中，当用户从第二个 Tab“通讯录”进入联系人列表并选择一位好友开始聊天时，点击左上角的返回按钮退回上一页，会发现不是回退到通讯录列表，而是回到了第一个 Tab“微信”。这是为什么呢？看似不遵从从哪进从哪出的逻辑，实则不然，这恰恰是一个典型的基于场景的设计。

试想一下，当我们打开微信，进入通讯录找到一位好友开始聊天，聊了 20 分钟，此时就进入了一个社交疲惫状态，双方都进入沉默或无营养语言阶段，各自礼貌一下，说一句下次聊，至此聊天结束。

这时用户最想干什么呢？是再找个人接着聊？估计大部分人没这个精力了，那下一步会做什么呢？在聊天的那 20 分钟里可能有别的信息进来，这时用户最需要的是查看有什么新信息，所以在这种场景下，直接返回聊天列表查看新消息是最符合使用行为的设计。另外，当用户聊了这么久，想看看公众号找个鸡汤文缓解、看看谁给微信运动点赞了等，回到聊天列表也是最符合场景的设计。当然，微信团队可能不是这么考虑的，但可以肯定的是，这个设计绝对是一个基于场景的设计。

在微信版本 v6.5.12 中，这一设计发生了变化，点击“返回”按钮后回到的是“详细资料”页面，也就是从哪里进入就回到哪里。在微信之前的版本中，点击“返回”按钮返回的是第一个 Tab“微信”所在的聊天消息列表。

这种差异在普通用户使用过程中可能感受不是很明显，作为一个产品人，笔者很好奇这其中的产品逻辑变化。针对这一交互方式的变化，原因可能有如下三方面，分别是基于用户场景、数据验证和用户反馈引起的需求迭代。通常情况下，需求迭代的触发点会是以上三个维度，如图 10-4 所示。

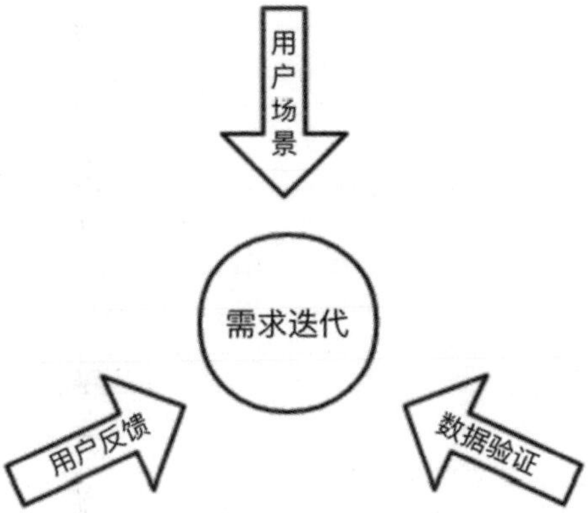

图 10-4 触发需求迭代的三个条件

1）产品思维与用户场景

这个交互逻辑的关键点是最后点击左上角按钮后返回的目的页面是哪个，微信最新版本里是回到上一级页面“详细资料”，在之前的版本里是回到第一个 Tab 的聊天消息列表页。

老版本的设计存在了很长时间，笔者觉得这个设计的初衷是基于产品思维和用户场景的考虑。这是一个合理的设计，也是一个符合用户场景和用户心理的设计。但要知道，用户的行为是无法准确预测的，尤其是微信这种大体量的产品。上述场景确实存在，可能有几千万甚至上亿的用户都习惯了这个交互逻辑。可微信是一个十亿用户级别的产品，这种设计符合的用户群对微信的整个体量来说就只是一小部分。

在微信最新版本中，这个交互设计被修改为“从哪儿进就回到哪儿”，不再是之前的场景化设计。也能理解，人类的思维方式中有惯性思维，就像我们每天上下班都走固定的路线一样，这种惯性思维会成为一种可预期的安全感，让用户的每一步行动都是可预期的。微信这么大的用户体量，最原始、最符合惯性思维的设计可能是能兼具群体效应也符合用户思维习惯的。基于上述考虑，这个交互设计被修改，某种程度上反映了微信产品逻辑在不同阶段的进化。

2）数据验证产品假设

另一种可能的情况是基于数据的产品假设验证，刚刚讲到了这个交互设计在微信之前版本中可能是一个基于产品思维和用户场景的设计。这也许只是一种符合用户场景的假设，可能微信产品经理本身对这个设计也没有十足的把握。

作为一个产品驱动的公司，产品经理的话语权绝对是至高无上的。于是，通过在产品中设置数据埋点，将用户在这个交互路径上的所有动作记录下来，并且通过海量的用户行为数据收集和分析，最终发现用户点击“返回”按钮后又连续做了一系列操作，最终停留在其他页面，可能是去看朋友圈，或是再找一个人看其“详细资料”或者是直接退出了微信。如果是这样，之前基于场景的设计就不成立了。

数据具备代表性，而且能通过数据验证前期的人为假设，是不断优化产品的一种好方法。数据验证产品假设被运用到越来越多的公司和产品中，典型的 A/B 测试或者灰度测试都是通过数据验证产品设计的方法。如果说以前做产品的方式更多是依赖产品经理的直觉，那么通过数据验证产品设计的方法也许是下一个阶段科学做产品的最主要方法。

3）用户反馈驱动产品优化

第三种可能是基于用户反馈驱动的产品优化，坊间传闻在腾讯内部对产品经理的要求是每天要和多少位用户互动，要查看多少位用户的反馈。此举的目的是让产品经理感受用户的感受，在做产品设计决策时能够真正从用户角度出发考虑。

做过产品的同学都知道，站在设计视角思考和站在用户角度思考是完全不同的。设计视角是一种逻辑推理驱动的思维方式，用户视角是一种使用场景和心理行为驱动的思维方式。基于一个先验的产品设计，当产品经理不确定何种方案更优时，最快速的方式就是尽快将产品推向市场面向用户，基于用户反馈做产品优化迭代。

微信老版本中的这个交互逻辑存在了很长时间，期间陆续收到过很多用户的反馈，而腾讯对产品经理的要求势必会让产品经理对用户反馈极度重视。很多用户觉得这个操作不方便，明明想再返回到“详细资料”页看对方的历史朋友圈，而点击时却回到了聊天消息列表，又得重新进入一次。基于类似的用户反馈，最终让微信的产品经理把这个交互设计调整为最自然的“从哪儿进就回到哪里”。

在产品设计中，产品经理应兼具产品思维和用户思维。在考虑不同的设计方案时，尽可能地从普遍用户群体的角度考虑，没有绝对好的设计，也没有绝对不好的设计。好与坏取决于产品的普遍用户群固有的使用习惯，而这里大多是基于人性习惯的考虑，例如惯性思维。

产品解决绝大多数用户群体的需求，一个设计本身可能特别优秀，但仅解决部分人的问题而忽略了普遍用户群体可能就不是一个好设计了。

为什么说理解场景比设计功能重要呢？试想，产品经理按完美的逻辑设计了一个“完美”的功能，以为用户能在自己构建的世界里畅通无阻，却发现用户实际使用时感觉憋手蹩脚，因为产品经理在很多情况下不是用户，只是以上帝视角构建了一个小世界，却恰恰忽略了小世界里的人民能否按照这种规则生活。

脱离场景的设计会让产品显得生涩，每一个业务都有一个主场景，例如打车需要的是快，快速精准的定位，快速匹配到合适车辆，用户使用场景有可能是在路边，也有可能是在办公室或家里，而且是个急迫性需求驱动的动作，在产品设计上需要极致简单，所以我们看到滴滴或者 Uber，打车的页面极为简单，自动定位当前地址，用户只需要选择目的地，一键叫车即可，很快就完成了这个场景下需要完成的动作。

张小龙在他的演讲中强调微信的产品观，认为好产品是人们用完即走的，也就是在当前场景下完成了用户任务，用户就会离开，下次需要重复该任务时，用户还会回来。好产品不应该黏住用户，而是应该让用户感觉到像水电一样自然。好比现在的微信，估计会有一部分人感觉它已经是手机系统里的一个默认应用了，沟通、购物、缴费、娱乐、理财等全部搞定，这正是微信的强大和可怕之处，一个表面简单的应用，却深入生活场景的方方面面。微信将复杂性掩盖在表面的简单之下，微信很早之前的版本就是四个 Tab，而且每一次更新都感觉没怎么变化，笔者觉得这就是微信产品团队的厉害之处，让用户感觉不到变化，但用户接触某一个场景时，发现微信已经满足了自己的需求。让用户去感受和发现，不要为了功能而哗众取宠。

每个产品、每个功能都有存在的理由，如果把产品的功能单拿出来看，是否满足一个具体场景或是否解决了一个具体的问题？如果没有，就可以去掉了，到最后留下的不能去掉的功能，就是符合主场景的核心功能。

10.7 产品是技术与艺术的结合

产品的目标使用者是用户，产品经理的职责是为用户创造用户价值的同时为公司创造商业价值。产品解决的是用户需求，而需求从问题开始，产品经理就是去挖掘用户需求并解决问题的推手。

互联网产品是科技产物，通过技术软件为用户提供问题的解决方案。我们都知道，产品本身是机械的，因为产品是由计算机程序代码构成，产品会按照工程师事先编写好的代码执行，并不会自主思考和决策。

当然，现在盛行的人工智能或许是一种未来形态的产品，但现在的互联网产品，更多是由产品经理设计为用户解决问题创造价值的工具。所以，工具有好坏，不同的产品无论从产品本身的功能上还是从视觉等感官体验上都存在差异化。用户体验的好坏考验的就是产品设计者对产品和用户的理解，而创造这种理解的过程是技术和艺术的结合。产品的本质是技术产品，如果需要给产品注入灵魂，那一定需要添加艺术。这里所讲的艺术并不是指绘画或者音乐类的传统艺术，而是指产品是否通人性、懂人情。

过去的互联网产品以 IT 化为主，例如我们要用计算机进行财务管理，所以我们会设计和开发一套财务系统，这类产品是传统的工具产品，它们取代的是人工的重复劳动和记忆成本，通过计算机自动化的方式进行流程操作和数据集中管理。这类产品更多是扮演人们的助手，是提高工作效率的工具。但在互联网时代，尤其是在得用户者得天下的产品时代，对产品的要求不仅停留在工具的层面，在工具之上需要为产品添加一些能让人产生共鸣的东西。

最典型的产品就是微信，微信现在已经成为一款全民产品，甚至有很多海外用户。从技术角度看，微信是帮助人们实现沟通和线上社交的工具，满足人们对远距离沟通和互动的需求。同时，微信还提供了很多附加服务，例如游戏、购物、钱包支付等。通过技术实现这些产品功能，然后通过产品功能满足用户需求，这些都是技术能满足的。

除此之外，微信之所以能让用户感觉用着特别舒服而且能让用户产生共鸣，取决于微信背后的产品经理。在微信官网上，微信团队评价自己的产品为“微信，是一个生活方式”，从这句话里不难看出，微信要做的不仅是一个沟通和社交工具，而是要打造一个生活方式，既然是一种生活方式，就意味着在用户的生活中随处可见微信的身影。

另外，微信在产品层面的思考也非常深入，微信朋友圈的内容默认是必须发一张图片的，当然，也可以只发文字（这个功能被藏得比较隐秘），原因是人们阅读一张图片付出的时间成本比阅读一段文字低，而且读图能带来更好的感官体验，发一张图片远比发一段文字简单。所以使用朋友圈这个功能时，用户的第一感觉是内容很丰富而且生动，立刻就产生了比较好的体验感。

又比如，微信对收发消息的设计，并不像传统的即时通信产品一样，添加已读和已送达的状态，因为微信认为是否已读并不是一种好的体验，这会让消息接收方感到紧张，而已送达的状态在未来的网络条件下并不会成为一个问题，面向未来而设计的思路促成了这一设计上的考虑。综上这些，都是微信产品经理在艺术层面的考虑，恰恰是这些深度的洞察力，让微信取得了用户的认可，从而成为一款真正成功的产品。

对产品经理来说，在工作之余需要学习和了解一些其他知识，比如心理学和用户行为学，从这些学科内容里了解人的心理和行为，因为我们的用户都是人，而人本身是具备一定共性的，也就是常说的懂人性。获取这些知识和能力并不难，需要产品经理自身持续学习，掌握新的知识，体验好的产品，建立一套自己做产品的方法，并且不断优化这套方法，在技术与艺术间寻找平衡点，日积月累就会形成自己对产品对用户的深度洞察力。

10.8　如何跨越产品经理初级阶段

对于刚成为产品经理或者从别的岗位转型为产品经理的新人来说，都会有一个适应和学习的过程。这个过程可长可短，取决于个人的经历和学习方法。在产品经理的初级阶段，一般会从最基础的工作入手。例如，竞品分析、产品文档整理或者设计一些简单功能，这些工作都是初级产品经理的必经之路。在这个过程中，可以通过一些方法快速提高自己对产品工作的认知并掌握一些产品工作方法，掌握方法的同时快速实践、不断总结，这就是一个持续进步的过程。

产品经理初级阶段需要着重锻炼几项能力，首先是写作能力，因为产品经理在工作中时常需要将事情完整并且准确地表达给别人，表达的方式无非是文字和语言，语言表达需要清晰的口头表达能力，而写作是完整地将事情复述出来的一种最有效的途径。写作能力的提升需要先具备更系统化的思维，写作是一个逻辑表达的过程，逻辑表达需要完整的结构化知识体系，建立这个结构化知识体系可以通过阅读或者听的方式，建议读一些介绍完整知识框架的书籍，例如《启示录》是笔者认为完整讲述产品思维和产品工作方法的书。

在产品经理的日常工作中，最基础的写作素材就是 PRD，PRD 是写给目标读者阅读的，是表达产品经理设计思路的载体，有很多 PRD 之所以表达不清，很大的原因是因为产品经理写作的思路是基于自己的理解思路。读者的思路不一定按照写作者的思路行进，所以写作过程中需要对内容的全貌有一个清晰地描述。例如描述一个产品功能的需求文档，这个功能跟其他两个功能有很高的相关度，变化这个功能会影响其他两个功能，这时在 PRD 里就需要把这种相关性描述清楚，只有这样，PRD 的读者才能基于完整的上下文信息去理解，否则很容易以偏概全。

另外，除了书面表达能力，语言沟通能力也是核心能力之一，提高语言表达能力没有什么特别的技巧，多说多练是最直接有效的方式。锻炼说的环境有很多，例如在产品需求评审会上，产品经理需要向参会的工程师讲述产品需求，工程师会从理性角度听产品经理的讲解，发现产品经理讲述中的问题。这对产品经理来说是一个非常好的实践过程，通过讲解来整理自己的思路并优化表达方式。经过一段时间的锻炼，至少产品经理能把自己的想法说得更清楚。能写能说，基本上具备了一个合格产品经理的特质，在此基础上持续提高自己的能力，就能很快地进入一个新阶段，新阶段就是对思维能力的提高，能在既有现状下提出更具创造性的建议和方案。

产品经理是一个创新群体，需要突破常规对未知进行探索，在探索的过程中寻求新的突破。突破思维的限制，才能让自己提升到一个新的阶段。

10.9 产品经理如何驱动技术团队

虽然叫产品经理，但产品经理本身只是一个职能，这个职能里并没有经理的实权，也就是说产品经理是事情的推动者，但是由于不具备经理的职权，无法从人事的角度推动事情的发展，即产品经理不能下命令。产品经理为产品负责，同时又需要调动各方资源共同实现产品目标，因为没有行政权，所以在这个过程中需要产品经理充分发挥自己的主观能动性，通过共同愿景和目标驱动团队前进。技术团队作为产品经理需要调动和驱动的主要合作方，有一系列的问题和挑战需要产品经理处理，我们一起来看产品经理在驱动技术团队的过程中会遇到哪些问题。

首先，技术团队的构成主要是工程师。在大公司，技术团队主要指研发团队，在小公司或者初创公司，一般叫产品技术团队，其中既包括了工程师，也包括产品经理、设计师、测试工程师等，是一个综合部门。无论团队结构组成是什么样的，本质上是需要产品经理驱动不归自己直接管辖的人员进行项目开发。

在这个过程中，产品经理最初应该做的是与团队中的每一个人熟悉起来，都说熟人好办事，道理是一样的，如果跟团队里的成员都不熟，陌生感或者不信任感会让合作不那么容易进行。为了消除这种陌生感，产品经理可以主动和技术团队的人建立关系，可以是平时的闲聊或者一起吃饭，方式有很多种，通过这种频繁的持续互动建立人与人之间的熟悉感，建立彼此的信任感，以后再开展合作就会顺畅很多。

其次，若想驱动技术团队朝着既定目标努力，光与团队成员打成一片还不够，产品经理必须描绘清晰的**产品愿景**。所谓愿景就是产品需要达到的理想状态和远期目标，描述愿景的同时还必须通过路径计划告诉团队成员该如何实现这一愿景。通过不断反复对愿景进行强调，让每一位成员都认可并且相信愿景，统一认识后大家就有了一致的行动力。人在有目标后会对自己所做的事情更加认可，建立在这种认可之上的执行就会具备创造力，机械执行和具备创造力的执行，其结果肯定不一样。通过树立愿景并持续强化愿景，能把团队的气和力聚集在一起，能真正形成一股绳的力量，抱团共同前进。

驱动团队做事锻炼产品经理的领导力。领导力不是管理能力，管理是行政授权后的行为，而领导力是带领大家朝着共同目标努力，身体力行去行动的过程。领导力能制造和传播氛围，这种氛围是感染团队成员全力向前的动力，在这种氛围里，团队成员会通过实现共同愿景实现个人价值。对产品经理来说，驱动团队做事情是成为产品领导者的前提，而驱动的内因在于构建愿景，使自己和团队都为了这个愿景不断努力。

10.10 成为产品领导者

领导力是如今经常提及的一个词，领导力有别于管理，管理是一种主动控制行为，管理需要被赋予职权。领导力是一种向心力，具备领导力的人能把周围的人通过一件事或者一个共同的愿景目标团结在一起。领导力是某一个个体能发动其他个体的内驱力，具备领导力的人首先具备非常强的行动力和感染力，通过自己的表率作用把周围的人调动起来，而且能让这种状态持续下去。

产品经理如果对自己所做的产品有同样的信仰和内驱力，也可以成为产品的领导者。产品领导者不仅要把握产品的发展方向或者对产品进行非常详细的设计，而且要团结身边的人**一起参与到这份事业中，这种团结力或者说向心力能调动人的积极性，同时也能发挥人的创造力**。成为产品领导者需要对思想和行为进行多方位的锻炼，也需要经过长期的实践和经验积累提升个人能力。产品经理需要具备的领导力主要分为三个部分，思想领导力、行为领导力和团队领导力，如图 10-5 所示。

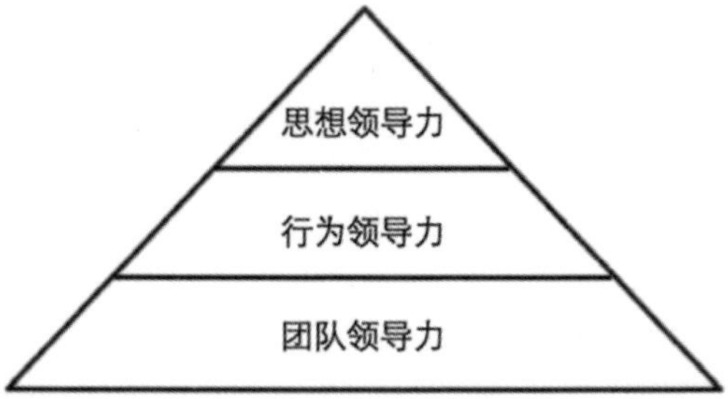

图 10-5 产品领导力组成

10.10.1 思想领导力

成为产品领导者首先要具备思想领导力，所谓**思想领导力**就是能在思想层面提出聚焦的观点。例如，对产品核心定位的把握。“微信，是一个生活方式”就是一种思想层面的聚焦，通过提出这个观点，将产品的发展围绕在这个核心观点周围，做出来的产品才是真正有聚焦点和灵魂的，否则很容易做成四不像。具备思想领导力是产品经理的第一关，从对产品的思考开始，思考产品的核心定位，产品为用户解决的关键痛点，不需要多，往往一个就够了。对产品功能的理解千差万别，统一这些差异化最好的方式就是聚焦思维，思想领导力解决的是做什么和不做什么。

如何具备思想领导力呢？首先要对产品所在行业的背景及行业规则有深刻理解，没有一个产品能解决所有问题，所有的产品都是在某一个细分领域解决一个特定的问题。打车类产品解决出行问题，电商产品解决购物问题，外卖产品解决吃饭问题。对产品经理来说，做产品的前提是对所在行业具备深刻的洞察力。获取洞察力可以通过研究行业规则、接触用户、深入一线场景等方式。随着在某一行业经验的积累，对业务的认识会逐渐从表面深入核心，这个过程中积累起来的就是洞察力。能说清楚产品解决的用户问题，给行业带来的价值，达成的商业目的，这些看似简单，实则需要深厚的积累。

其次，思想领导力的形成还体现在对产品方向和原则的把控上，能清醒地判断什么是符合商业战略和产品战略的，有所为有所不为。贪多求全的做法通常会让一个产品失去灵魂，而优秀的产品经理会把握这个度，会控制产品的演化路线，在恰当时做恰当的事。对破坏产品原则的事情能有清晰的判断，能在经受公司高层或其他方压力的情况下坚持产品原则，并能提出在不破坏产品原则前提下的新方案。产品经理只有经过不断的自我思辨，对负责的产品进行深入的独立思考，才能实现思想领导力从量变到质变的跨越。具备思想领导力的产品经理才能真正代表产品，并为整个产品生命周期负责。

10.10.2　行为领导力

行为领导力简单地说是一种行动能力，行动意味着快速执行和拥抱变化。产品工作时刻面临着变化和挑战，市场环境和用户习惯都在发生变化的同时就要求产品经理能对这种变化进行快速响应。快速响应的基础是对产品的把控力，如果应对变化的解决方案超出了产品的核心范畴，那很有可能会把产品做偏。例如，在工作中对某一个产品功能进行优化和调整时，一定是基于产品的核心定位展开的，脱离核心定位空泛地谈论功能是不合适的。行为领导力还体现在号召力上，产品经理在面对变化的时候能号召身边的团队成员一起参与到变化中来，让团队成员在变化中找到目标并感受到成就感。行为领导力的关键是拥抱变化并快速执行，而且执行的过程一定是围绕产品核心定位展开的。

行为领导力的本质是带头冲锋，能在组织面对变化和挑战时，从行动上带领产品和团队快速破局。产品经理需要非常强的执行力，面对复杂的市场竞争环境，只有快速行动才能时刻应对挑战，从而引领产品朝前发展。每一个促使产品进步的举动都体现着行为领导力，日积月累就会形成产品经理的个人领导力的一部分，这是一个优秀产品经理的必备素质。

获取行为领导力的方式非常简单，就是主动加勤奋。主动主要表现在对一切产品问题的关心，大到一个功能流程，小到一个产品文案，并且将这些问题快速落实成解决方案。行为领导力重在快速行动，哪怕方案不是最好的，只要能推动产品向前发展，都是在施展行为领导力。

勤奋主要体现在产品经理的日常工作中，勤奋的产品经理从来不满足于产品现状，他们总能找到更好的方案替代老方案，他们总在寻找新的方式去优化产品。这种勤奋的动力会形成内驱力，以内驱力去做事会激发无限创造力，从而创造出优秀的产品。

10.10.3　团队领导力

产品经理并没有行政权力，即无法通过行政命令要求团队成员做事，也无法行使奖惩措施。当然，对于产品总监型的高阶产品经理是有这样的权力的，而普通的产品经理通常都是自己的经理。在没有行政权力的前提下产品经理要驱动并带领团队完成产品任务，就需要施展团队领导力。

团队领导力不是通过命令或者安排的方式让团队跟随产品经理做事，而是通过使命愿景及共同的认可来驱动团队。这是一种比行政命令更难的方式，也是最有效的方式。行政命令要求人被动做事，而使命愿景驱使人主动行动。团队中每个人对于产品的诉求和理解都是有差异的，产品经理要做的就是了解其中的差异化并对齐大家的期望，期望一致后树立共同目标，然后调动团队成员积极地朝共同目标努力。

产品经理在这个过程中需要关注每个团队成员的状态，及时提供帮助和支持，作为团队其他成员来说，大家是因为相信所以才一起努力，产品经理作为方向指引人，需要为团队成员排除一切障碍，起到带头冲锋作用的同时做好后勤保障工作。长此以往，团队成员会对产品经理产生信任感，这种信任是驱动团队的最好武器，也是产品经理积累团队领导力的有效方式。

不管是技术型产品经理还是非技术型产品经理，在产品经理的成长道路上，需要经历多个阶段，每一个阶段有每一个阶段的特点和应对方式，通过快速学习让自己得到成长。虽然产品经理岗位要求高、挑战大，但通过这个过程能让人得到成长，这种成长不仅体现在工作上，对个人的思维方式及面对生活中的困难时，都能起到非常大的帮助作用。

10.11 本章小结

本章主要介绍了产品经理个人修为相关的内容，首先介绍了产品经理的三种类型，从用户体验型产品经理、业务型产品经理、数据型产品经理各自的工作职责和重点出发，介绍并区分了产品经理的种类。然后，根据产品和技术之间的关系阐述了懂技术不如懂产品的观点，尤其是对非技术背景的产品经理来说，懂产品能弥补技术层面的知识缺失，而且真正做产品的过程中，懂技术是一个补充加分项。

另外，产品作为技术与艺术的结合，在做产品的过程中需要有洞察力，产品经理的能力差异不体现在功能设计或者基础能力层面，而体现在对产品本身道的思考，这种道就是洞察所做产品的核心定位和用户的核心痛点，找到产品的魂是产品经理最关键的工作之一。然后，介绍了产品经理该如何跨越初级阶段及产品经理如何驱动技术团队。最后介绍了成为产品领导者需要具备的思想领导力和行为领导力，成为产品领导者应该是每个产品经理的追求，也希望读本书的你能成为合格的产品领导者。

11 产品经理工作中会遇到的问题及解决方法

11.1 解决问题前先定位问题

产品经理每天都会遇到各种各样的问题，这些问题可能是产品概念问题、业务逻辑问题、产品功能问题、文案问题及产品 BUG 等。作为产品的最终发言人，产品经理会持续面对多样化的问题并需要快速解决。如果一个产品没有问题，那要不就是没有用户使用，要不就是产品真的进入了特别稳定的阶段，但实际情况是后者很难达到。所以产品经理需要时刻面对和处理各种产品相关的问题。

尽管产品经理会遇到很多需要处理的问题，但是解决这些纷繁问题之前应该先定位问题，**因为很多时候不是我们解决不了问题，而是我们根本没搞明白问题是什么。**问题本身定位不清，很可能会形成错误的解决方案从而解决一个错误的问题。另外，如果一个问题的解决方案足够复杂，很可能是问题错了。

当面对一个问题的时候，我们首先需要衡量的是这个问题在什么范围内，一般分为三个范围区间，分别是**能控制的区间、能影响的区间和不能控制的区间**，如图 11-1

所示。

图 11-1　问题区间

在这三个范围中判断我们所面临的问题属于哪个区间会有利于我们更快速地解决问题。如果判断问题属于能控制的区间，那我们就需要快速聚焦到答案上，在问题和答案之间构建解决方案和路径。如果判断问题是在能影响的区间，说明问题的解决需要外部协助或需要改变一些外部环境，那接下来我们要做的就是去影响问题的进程并改变外部环境，然后将问题过渡到能控制的区间。如果问题区间是不能控制的，说明问题的可控性很低，是不能影响的，这时我们要做的就是认清问题的现状并向外部寻求帮助。若能得到帮助，就将问题过渡到能影响的区间，再进一步过渡到能控制的区间。通过这几步，基本就能对问题进行精确分类，然后对不同类型区间下的问题采取不同的解决方案。

定位问题其实不难，针对一个具体问题，定位问题的核心总结下来只需要简单的两步。首先，我们分辨问题本身是不是真实存在的，这个判断标准可以根据事实依据。例如，产品设计的注册流程过长导致装机后用户注册率低，这是一个事实，通过这个事实我们判断问题存在。

接下来就是对问题所影响的范围做一个判断，还是这个例子，注册流程过长导致用户注册率过低是一个普遍问题还是个别问题？通过进一步判断我们发现这是一个普遍问题。为什么要判断问题是普遍问题还是个案呢？因为有时我们发现一个事实存在的问题只是个案，例如有用户反馈产品某一个功能响应特别慢，事实情况是用户完成操作后一直在等待响应，但是其他用户使用时这个问题并没有出现，最终发现是因为这个用户的网络环境不好导致响应有延迟。所以这个问题在影响范围的判断上就不成立，不能定位为一个问题。

总结一下，定位一个问题需要完成两个步骤，**第一是找到问题本身的事实情况，第二是判断问题的影响范围。前者确定问题是真实存在的，后者明确问题的覆盖面。**定位到真实问题基本就跨出了解决问题的一大步，如果我们把问题都定位错了，那浪费很多时间精力投入到错误的解决方案中是很不划算的。所以，解决问题前准确定位问题是最关键的一步。接下来，我们看一下产品经理在实际工作中会遇到哪些问题及如何解决。

11.2 产品经理工作中遇到的问题

产品经理处在整个产品设计和研发流程中的中转节点上，同时对接包括老板在内的业务、设计、开发等各环节。在与这些相关方沟通和配合的过程中，难免会遇到各种各样的问题和挑战，而且这些合作方各自的知识背景和思维方式具有一定的差异性，例如设计师和工程师就是感性思维和理性思维的代表。所以对产品经理来说，能否处理好与各方的合作方式并解决其中可能出现的问题，是确保产品向前推动和有效落地的前提。

在互联网公司中，产品经理打交道的对象分别是老板、设计师、工程师和一线业务人员。这四类角色有各自的特点，他们分别代表各自领域的权威，而且对同一款产品也都是从各自的视角来审视并且提出自己的观点。这些观点的多样性和差异化最终都会汇集到产品经理处，然后产品经理就需要综合各方的意见在中间进行权衡和处理。在这个过程中，很可能老板的构想与一线业务人员的执行反馈存在偏差，设计师的设计稿在工程师看来有可能就是不可执行的，诸如此类的问题都会让产品经理成为解决问题的焦点。要正确而且高效地解决这些问题，就需要产品经理先了解这些角色的思考方式及他们的利益诉求点。接下来，我们分别看一下产品经理在与这四个角色的合作和沟通过程中可能遇到的问题和处理方法。

11.2.1 与老板之间的“不明确”

产品经理在工作中会接受来自各方的产品需求，有来自用户的反馈，有来自产品经理或者产品团队的思考，还有一类就是来自老板的想法。**一个公司要做的事情首先是从老板的战略出发，战略指明了方向，在这个大方向下，产品经理负责通过产品将战略以用户可用的产品的形式落地。**在这个过程中，不同的人对产品功能的设计有不同的想法，而来自老板的想法是产品经理不得不考虑也是最不好拒绝的。当然，老板的想法不一定都是对的，关键在于产品能否为用户创造价值。

在面对和处理“老板需求”这件事情上，产品经理经常会遇到的问题就是“不明确”，这种不明确可能是老板传递了一种感觉，而这种感觉是不好量化落地的，例如老板对产品经理提要求说“这个产品应该再具备一些调性”，那调性具体是什么，可能一千个人有一千种感觉；还有的老板可能会说“这个功能出现的地方感觉不对”，这些感性成分更强的问题着实让产品经理为难。老板都是站在战略层思考问题的人，他们站在更高的高度看问题，所以这种“不明确”是因为看待问题的维度不一样引起的。

当产品经理在实际工作中遇到这种“不明确”时，其实也是有应对方法去解决的。首先，当老板针对产品提出自己的见解时，产品经理应该先从意图理解的角度出发，老板提出问题肯定是基于一个具体的实现细节，例如当老板提出产品调性不足，或许是感觉到产品的运营和互动性内容较少，导致用户活跃度过低。基于这个意图，就可以进一步和老板讨论可能的解决方案，可以试图用提问的方式，例如“那是不是我们的产品增加一些互动属性的功能进去能提高这种调性呢？”，然后就这个问题进行更深入的讨论。需要注意的是，在提问过程中，产品经理实际上已经将老板的战略性需求转化为一个范围性需求，如果老板认可，产品经理就可以在互动属性功能下进行进一步的思考了，互动属性更强的功能可能是用户间基于内容的互动，也可能是通过运营的方式提高产品的信息更新频率等。总之，解决方案会比问题多。

对于“不明确”的问题，产品经理需要做的其实就是对问题进行引导性转化，将老板的战略落地，通过提问的方式明确战略意图，然后提出可能的解决方案让老板进行二次确认，最终明确更具体的解决方案，推动问题的解决。

11.2.2 与设计师之间的“争论”

设计师的工作往往具备一定的创造性而且是发散性的，要完成好的设计，设计师需要在理解设计目的的前提下发挥自己的想象然后将设计理念表现出来。产品经理在产品设计的过程中，完成产品定义和产品线框设计后，需要与设计师沟通进行产品的“高保真”设计。所谓“高保真”就是设计师设计完成的与真实产品一致的设计稿。设计师是感性思维，产品经理是理性思维，两种思维方式的碰撞势必会产生一些问题，而这些问题大多是一些“争论”，就好比百家争鸣时期大家对同一个概念或理论的论证，并没有绝对的错和绝对的正确，只是站在不同的角度对同一件事情进行思考和讨论。

产品经理在工作中与设计师的“争论”主要体现在两方面，**一是对设计目的的理解，二是对设计方式的选择**。什么是对设计目的的理解呢？例如设计一个带社交属性的产品中的“关注”功能，这个功能对产品经理来说是让用户与用户产生连接和社交关系的基础功能，而设计师会把这个功能理解成是一种“收藏”，是用户将另一个用户收藏到自己的通讯录里。

实际上，这两种理解都正确，只是站在不同的角度陈述自己的理解，当产品经理和设计师就这个问题进行讨论时，产品经理一般会不断强调自己设计这个产品功能的目的（从产品角度出发）。设计师会从产品功能感受和设计本身的角度出发表达自己的观点，有时双方甚至会陷入对某一个设计细节的争论中。

遇到这个问题时，产品经理首先要做的就是将产品设计目的与设计师沟通清楚并达成一致。例如这里提到的关注功能，关注功能的用户价值是为用户提供与另一个用户建立连接的方式，而业务价值是建立产品体系内用户之间的社交关系，这种社交关系一旦形成网络就可以带来协同效应，这种网络和协同效应就可以发挥很大的商业价值。微信的朋友圈关系和内容分享实际上就是网络效应和协同效应的一个非常好的代表。

产品经理与设计师“争论”的另一个焦点是设计方式的选择，还是以关注功能为例，设计这个关注功能在表现形式上既可以选择用一个图形化的符号来表达，也可以用一个按钮然后按钮上使用“关注”两个字作为文案来表达，如图 11-2 所示。这两种设计方式所表达的功能目的是一致的，差别在两种设计方式的形式上，一种是图形化方式，或者说是隐性的方式，另一种是文本化的方式，或者说是显性的方式。很多时候，产品经理和设计师在这些“都正确”的方式上进行反复“争论”，最后的结果可能是一方说服另一方，也可能是综合两种方案的优点取一个最优方案。

图 11-2　两种形式的“关注”功能设计

当产品经理遇到关于设计方式的选择问题时，需要从用户群体或者产品在用户心理的认知程度角度出发。以微信为例，微信在很多功能入口的设计上都是用图形化的方式来表达的，例如发布朋友圈的按钮是一个相机的图标，添加好友的按钮也是图片的形式。

但是，微信的一些低频功能或者新出的功能都会配上文字的辅助介绍来提高用户的认知能力。用户建立对产品的认知后，产品经理才会对产品进行更大胆的设计。当然，如果能用图表达的设计就尽量不要用文字，因为文字是需要大脑加工和理解的内容载体，而图片非常直观。产品经理解决设计方式的“争论”主要就从产品的用户群体和认知程度出发讨论产品设计的可行性，否则虽然设计得好，但用户可能因为认知程度不够导致产品使用起来有些问题。

11.2.3　与工程师之间的“不理解”

工程师作为产品经理日常工作中合作最紧密的一类群体，担负着将产品最终落地并呈现给用户使用的重任，产品经理与工程师是两种思维方式的典型代表，两种职能在合作过程中也会产生一些“不理解”，这种“不理解”不是争执也不是矛盾，而是两种思维背景对同一个事物的差异化理解。这种差异化体现在沟通、做事方式和思考问题的方式上。

在产品经理与工程师的工作配合中，产品经理处于信息流的上游，产品经理通常是接收到需求或者发掘出需求后对需求进行分析和评估，然后将需求评估的结果进行产品层面的设计，主要是产品功能设计，设计完成后就需要拉上相关人，这里主要是指工程师针对产品需求和产品设计进行需求评审。

而到评审会上，工程师会针对产品功能设计提出各种问题，包括技术可行性、实现难度、实现成本等。对非技术背景的产品经理来说，面对技术边界的问题，如果对技术知识不了解就比较难判断，对实现难度和实现成本更是无法判断。对技术背景的产品经理也一样，如果不是和自身原有技术背景特别相关的技术，也很难估算技术难度和实现成本，只能凭感觉预估。所以，这种知识结构的差异就造成了认知层面的“不理解”。

有很多产品经理会试图理解和评估技术，但工程师听了产品经理的判断或评估后会对产品经理提出很多质疑，很多产品经理可能会说“这个功能看起来不难实现，为什么要这么长的时间？”，工程师听到这样的问题心里的感觉就是外行判断内行事，而且也比较难向产品经理解释。慢慢地，这种沟通越来越不顺畅，甚至会出现拒绝沟通的情况，到了那个阶段，产品的进度和质量就会受到严重影响。

如何解决这种“不理解”的问题呢？其实答案也没那么复杂，解决这个问题的关键在于产品经理要学会提问。**这种提问不是抛出问题然后等待答案的出现，而是带着可能的答案去提问。**

例如，对技术实现成本的判断，产品经理若想得到工程师的解答，可以提问“我目前对这个功能的时间成本没有准确的判断，你能否从你专业的角度给出一个估计呢？一天还是两天”，需要注意的是，产品经理在提问的过程中，首先要表明自己对这个专业判断在知识结构上缺失，以寻求帮助的姿态和工程师沟通，这时工程师会以自己的专业判断开始下一阶段的沟通。另外，产品经理给出了一个可能性的答案让工程师判断，但这个答案也可能不准确，工程师会在这个可能性的答案上进行范围预估，这是一种非常好的方式，因为这种方式的提问已经给出了一个可能性的阈值，让工程师在做判断时更有针对性。

产品经理和工程师从“不理解”到“理解”的过程中，需要产品经理发挥自己的综合能力，问题的解决并不一定是硬实力的比拼，更多是靠软实力的较量，产品经理能否控制谈话和引导沟通，直接决定了问题是否朝着解决方案的方向前进。有时我们认为的问题可能仅仅是思考和表达方式上的差异，退一步或者向前一步都能看到问题的本质，聚焦到答案上比聚焦到问题上更有利于问题的解决。

11.2.4 与业务人员之间的“脱线”

业务人员每天接触的是具体的公司业务，不管是偏产品型的公司还是偏业务型的公司，业务人员都是串联产品形态和商业打法的桥梁。通常，业务人员包括一线销售人员、市场人员、商务拓展人员等。

这类群体的思维方式与工程师和产品经理都不一样，他们的思维方式灵活多变而且没有固定定势。因为市场环境天天在变，业务人员面对的客户也时刻在变，所以业务打法随着市场环境和客户的变化而变化。业务人员在客户接触过程中会接收到很多需求，这些需求有些来自市场和客户的反馈，有的来自业务人员根据反馈结合自己的理解加工后的需求。这些产品需求最终都汇集到产品经理处，然后进行分析和判断，能实施的会进入设计和开发排期。由于业务人员面对的环境和人群的多变，提出来的产品需求可能是各种各样的，如果产品经理每个都采纳，可能做出来的产品就是满足了部分个性需求甚至是没有核心主线的，这种现象可以称为“脱线”。

“脱线”的具体原因很多。在一个不确定的市场环境下，业务人员接收信息的渠道多样化。有时是来自市场和客户的建议反馈，有时是来自竞争对手的研究结果，有时则来自业务人员对业务本身的理解所衍生出的解决方案。这些原因综合作用就会发酵出“脱线”的产物。

对不同的“脱线”产物，综合起来主要有两类，一类是原始信息，也就是来自业务一线的未经加工处理的信息，例如用户的真实反馈。另一类是加工信息，即业务人员收到原始信息后基于自己的理解提出的问题或者解决方案。对产品经理来说，第一类信息是有效信息，第二类信息是干扰信息，会影响产品经理对真实情况的判断。举一个比较经典的例子，早年福特汽车在调研用户需求的时候，他们的用户告诉福特汽车自己想要一匹更快的马，但福特汽车并没有去训练优良马匹提供给用户，而是创造出了汽车，用汽车的速度取代马的速度，而且汽车不会像马一样跑久了会累。这一创造性的产品解决方案是基于真实用户需求之上的产品方案，而不是基于表面现象和加工信息进行的简单判断。

要解决产品经理和业务人员之间的“脱线”问题，**最行之有效的方法就是产品经理深入一线，获取原始信息后再进行进一步的判断和产品决策。**在办公室凭空思考或者听取二手加工信息很可能误导产品经理做出错误的判断和决策，从而做出用户根本不会使用甚至是无用的产品。

产品经理深入一线不仅仅是去一线观察和了解，还要带着问题去，这里可以尝试用“假设检验法”，先基于自己的先验判断对某一待验证的问题提出假设，然后带着假设性的结论去业务一线进行深度验证，将市场和用户的反馈带回来进行再判断，从而得出趋近于真实情况的结论。产品经理需要接触市场和产品的真实用户去提高自己的产品感觉和产品判断力，基于原始信息去构建产品解决方案，这样才能比较好地解决产品与业务的“脱线”问题，才能真正做出为用户所用的好产品。

11.3 “聚焦答案”而非“聚焦问题”

在我们的工作和生活中经常会遇到各种各样的问题，面对这些问题时，我们经常会被这些问题的表象所困扰。很多时候我们是在重复问题本身，很少聚焦到问题的解决方案上，就造成了开了很多会或者讨论了很久都没有得到解决问题的方案。这样既浪费了时间，也导致问题持续得不到解决。

究其原因，其实就是我们过多的“聚焦问题”而很少“聚焦答案”。图 11-3 所示为问题层面和答案层面的聚焦点，中间通过解决方案连通。在遇到问题时，很多人的第一反应是“分析”问题，这里的“分析”实际上是聚焦在问题的现象上，基于问题产生了什么样的影响及问题阻碍了什么发生等。这无益于在问题和答案间形成解决方案。合理的做法是基于问题构建解决方案，然后通过解决方案寻找并定位到答案上。

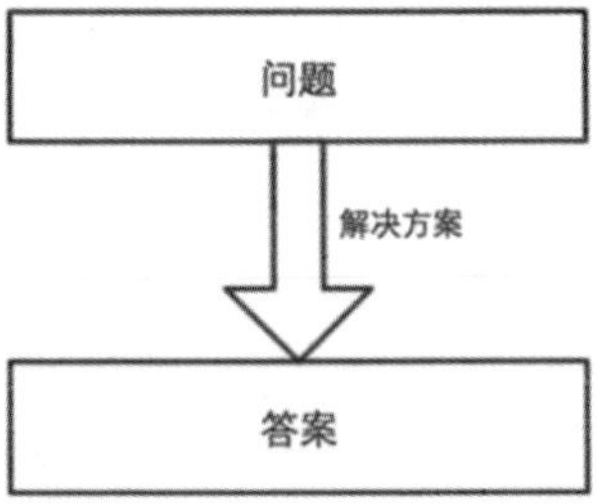

图 11-3 “聚焦问题”与“聚焦答案”

“聚焦答案”是一种解决问题的思路和方式，当我们完成对问题的定位后，就需要将思路和注意力转移到寻求问题解决方案的方向上来，“聚焦答案”是寻找问题解决方案的一种引导。举一个例子，当我们读书考试时，考试成绩下来后发现得分与自己预估的分数差距很大，于是我们就怀疑老师批卷子有问题。这就是聚焦问题，不经过确认无法得知是否是批卷子有误。当聚焦在问题上时，我们永远无法解决得分低的问题。换一种思路，当发现得分低这个问题时，首先要做的就是确认得分低是一个真实存在的问题，通过已知的线索排除批卷子或者答案写错地方的可能性，聚焦到解决问题的方法上，即得分低是因为在知识层面有漏洞，这就是在认知层面的进步，也是“聚焦答案”的思考方式带来的好处。

“聚焦答案”要求问题解决者把解决问题的重点放在如何解决问题上，而不是一直关注问题是什么，以及问题带来的现象和影响。当参与会议或者遇到一个难题时，我们习惯性地陈述这个问题给目前的情况带来了什么影响，造成了什么后果等。这些其实都是聚焦在问题本身，对解决问题并没有任何促进作用，相反，关心问题是什么，如何解决这个问题才是关键。

只有聚焦答案，才是在解决问题的路上前进，否则只是把时间和经费浪费在问题本身。聚焦到解决问题的答案上，是推动解决问题的开始，描述问题所带来的影响和现状是非常容易的，但根据问题提出第一步行动方案是解决问题的起点和关键所在。作为产品经理，每天面对的都是问题，要想更好地解决问题，就需要做一个“聚焦答案”型的问题解决者。

11.4　一个可能的解决问题模型

解决问题的方式千千万万，根据不同的经验和个人能力，每个人解决问题的方式方法都不一样。有的人喜欢先挖掘问题的本质并且经过仔细推理分析后找到问题的原因再想办法解决，这样能避免下次犯同样的错误。有的人喜欢直接面对问题并寻找解决方案，不太关注引起问题的本质原因是什么，能找到方法解决问题才是关键，他们认为解决问题最重要，方法不重要。这些都是不同思考方式的人解决问题的方法。基于上面的讨论，我提出一个我所使用的解决问题的模型。

首先，完成对问题的定位，即明确问题是什么。只有明确我们需要解决的问题，才能针对问题探究问题的解决方案。了解问题后进行第二步，判断问题出现的起始节点。例如，我们在做产品的过程中发现线上产品出了一个问题，就应该先判断问题出现的起始节点，找到问题出现的起始节点就意味着找到了问题的源头。第三步是针对问题构建解决方案，构建解决方案的过程就是聚焦答案的过程，解决问题的过程可能是递进式的，也就是说我们解决问题时可能不是一下子就把问题搞定，而是按阶段解决部分问题，然后解决整个问题。

总结一下主要是三步，**第一步完成问题定位，第二步找到问题的起始节点，第三步递进式聚焦答案。**以上三步只是我通常解决问题的思考方式。每个人都有自己对问题的认知，对解决问题的方法也有自己的理解，方式方法只是手段，思维和认知才是关键。产品经理需要很强的问题解决能力，在产品工作中涉及的合作方很多，问题的种类也各式各样，判断问题、定位问题、解决问题的能力是在日常工作中重点提升和锻炼的技能。

11.5 从问题和答案中获取洞察力

洞察力的英文是“insight”，从字面意思理解是透过山洞观察事物的能力。从洞察力本身的定义来看，**洞察力是通过透彻地分析和判断获取事物本质的能力，简单说就是透过现象看本质。发现问题不难，难的是发现问题的本质和一般规律，洞察力就是一种发现并获取这种本质的能力。**

面对一个问题的时候，我们首先感知到的是问题所表现的现象。例如，一个产品的使用问题会导致某个操作不能进行，一个产品体验设计问题会导致用户使用起来不是很顺畅。除了问题表象，进一步探究问题的本质就需要洞察力，洞察力是基于问题答案而产生的。当我们经过重新设计和切身体验后解决了产品体验设计的问题，从答案中我们知道了这个问题引发的原因是从自身的角度去设计，而不是站在用户的角度去设计，**本位主义**的设计思路就很容易出现看似很好却在真实用户场景中出现问题的情况。

通过问题和答案我们学习并了解了设计产品需要从目标用户的视角和使用场景展开，而非自己认为的好或者自己认为对用户的好。这个过程就是获取洞察力的过程，通过对问题和答案的深度剖析和解释，获得理解问题和解释答案的能力。不管是在工作中还是生活中，洞察力都能帮助我们更好地解决问题。**洞察力不仅仅是一种解决问题的能力，更是一种创造答案的能力，所谓以不变应万变就是利用深度洞察力去理解问题的本质。**在问题的各种表象之下找到共通的问题本质，然后用创造答案的能力去解决问题。智者具备强大的洞察力，所以智者所言和智者所行都会引起旁人的思考。真正解决问题的能力和获取答案的能力，不是靠学了很多解决问题的方法。掌握问题和答案的本质，这就是洞察力。

产品经理是为他人创造答案的一类群体。通过自己设计的产品为某一个行业和某一类人解决一个具体的问题，这是一个发现问题和解决问题的过程。有时，产品经理本身不是这个行业的用户，去解决一个不是自己所面对的问题，需要很强的同理心和洞察力，感受用户和用户所面临的问题，通过获取问题的本质创造答案，把这个答案转化为用户使用的产品，这是一个了不起的过程，也是一个非常困难的过程。做一个好的产品经理，需要不断地从问题和答案中获取洞察力来提高自己，提高自己做产品的能力。

11.6　一个需求从无到有经历了什么

需求，产品之源。有需求的地方就会有产品存在。不是每个需求都能被满足，也不是所有的需求都需要被满足。例如，要上火星生活这样的需求，在现阶段是满足不了的。需求的本源其实是人的欲望，因为想满足更多的需要而有了所求，谓之需求。一个需求从无到有有很多因素，有的来自内部驱使、有的来自外部刺激。对于需求的甄别，需要非常强的洞察力，很多时候，所谓的“需求”只是某些人自以为是的假设，一个真实需求从无到有是一个非常曲折的过程。图 11-4 是一个需求从提出到最终产品上线的全流程。

一个需求从提出到落地中间会经历多个环节，无论是需求评估还是产品设计或技术评估，每一个环节都是对设计和研发资源的占用。所以，前期的需求把控就显得尤为重要，因为需求一旦进入设计环节，就涉及后续一系列资源的使用。

在互联网产品的设计过程中，产品经理会面对很多的需求，有的是自己设想出来的，有的是来自市场和用户的反馈，有的则是老板提出的。面对这些需求，产品经理该何去何从？

笔者的一条原则就是“少听多看”。为什么这么说呢？因为很多需求都是基于主观推测或分析得出的，就算是真实用户，也可能会跳出自己的真实“用户”身份，变成一个虚构的“设计者”。多观察用户的行为，多看用户做了什么，而不是说了什么，人的行为比语言更容易反映真实情况。

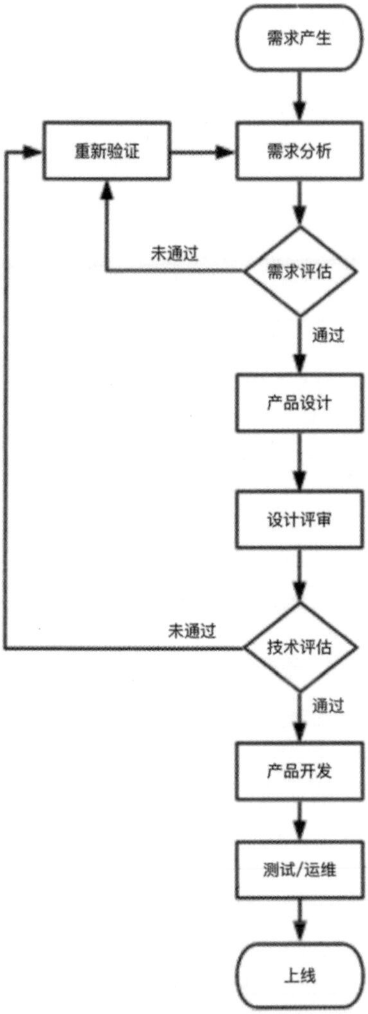

图 11-4 需求落地全流程图

例如，当我们问一个用户需要什么功能时，他会去设想我还需要什么，我觉得有了这个会更好。恰恰就在这个时候，这个用户的身份已经发生了转变，他不再是产品的使用者，而是跳出来成为了产品的设计者。也就解释了为什么大多数产品经理做不好产品，因为他们不是用户。同理，公司其他人或者老板真的是产品的目标用户吗？有很多产品需求都来自于这些“用户”，浪费资源去实现这些需求，无疑都是对公司的伤害，特别是对资源匮乏的创业型公司。

很多时候，产品经理面对老板的压力，不得不做一些违心的事，但这里有个前提，就是对于无任何数据和用户的产品，谁说的都有理，一旦有了数据和用户，就应让用户和数据告诉我们，产品应该怎么做。面对一个需求，第一反应如果是想用一个什么功能来实现，那灾难已经开始了。解决一个不存在的问题，除了自娱自乐，还有什么用。

产品经理做产品都是为了解决问题，围绕的是一个核心需求，也就是产品的用户价值。一切混淆和偷换概念的需求，不管是来自内部还是外部，我们有责任抵制。前提是我们需要先要求自己对产品、对我们产品的用户足够了解，知道我们的产品原则是什么，知道我们为哪一类人解决什么问题。

产品经理的修养：第一，只关注真实用户的需求，忽略一切噪音（评论家的评价和办公室空谈者的奇思妙想）；第二，只关注来自真实市场的一手材料，忽略一切二手信息（任何传话者都会用个人立场扭曲真实信息，所以一切二手信息都是失真的）。关注的最佳方法不是听，而是身临其境观察和发现。

明确需求后开始设计，从低保真到高保真，从开发到测试再到上线。一个需求从想法到落地必定有一个周期，不是今天提需求，明天产品就能上线，老板往往只会说"为什么要这么久"，这是产品经理的魔咒之一，明确需求、制定方案，然后把握产品节奏让需求顺利落地，完成从 0 到 1 的过程。

11.7 MVP：化繁为简的方法

做互联网产品，有一个很重要的特点，就是快速变化。每天，甚至每个小时，市场和用户都在发生快速的变化。对互联网产品设计者来说，如何保持对变化的快速响应和应对成为产品在市场上取得一席之地的关键标准。

在传统的 IT 时代，计算机软件产品的设计和研发是一套完整且冗长的流程，从需求分析开始，到软件设计到后面的测试和发布上线及后期维护，一个长周期下来，短则一两个月，长则一年半载。计算机软件被定义为高效地取代人工重复劳动和管理复杂事物的工具，所以，对于变化都是相对确定的，传统的瀑布式开发流程也没有什么问题。

之后，互联网出现，计算机软件不仅是工具，它开始具备互动和内容属性，用户参与度越来越高，对用户体验的要求也越来越高，如果回过头去看十年前的计算机软件产品，基本无用户体验可言。到如今，移动互联网时代，一个被大众接受的好产品，不管是推陈出新的能力还是用户体验，都成为衡量一个产品生命力的标准。

在现在竞争激烈且同质化竞争严重的环境下，快速响应能力会成为一款产品的制胜要诀。应对快速响应有一个理论方法可以采用，那就是 MVP（Minimum Viable Product，最小可行性产品）。这个定义来源于精益创业（Lean Startup），如果对精益创业不是很了解，推荐阅读一本书（美国作家 Eric Rise 写的《精益创业》），这本书比较详尽地介绍了精益创业的三大法宝：最小可行性产品、客户反馈和快速迭代。我们先来看实际生活中的一个例子，如图 11-5 所示。

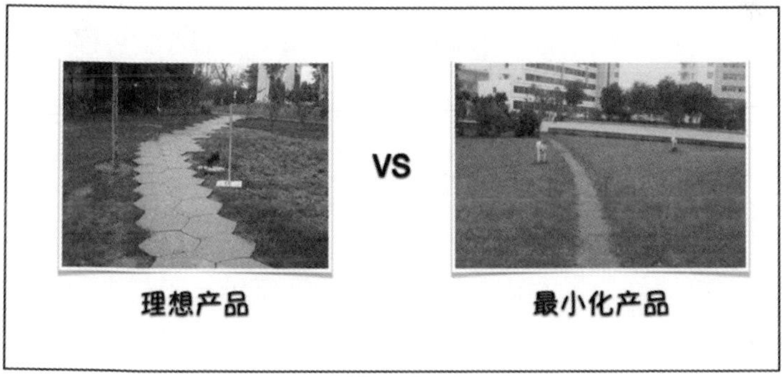

图 11-5 "理想产品"与"最小化产品"

图中的场景我们在现实生活中经常看到，对标到产品设计中也是同样的，最初我们要的是一条能走的路，只要能确保这是一条通路，在后续的迭代中再将土路完善成水泥路，这就是 MVP 思维。

MVP 就是用最小的成本开发出可表达项目创意、可用且能用于表达核心理念的原型产品，功能极简而且能用于快速验证想法的最小化产品。举一个例子，现在风靡全球的文件共享产品 Dropbox，在产品构思初期并没有开发出一个产品，而是采用了 MVP 的方法，他们制作了一个演示视频，通过视频把 Dropbox 的想法呈现出来放在网上，听取用户的反馈，很多人看到这个视频后连连称赞，并且询问如何才能使用这么棒的产品。

此时，Dropbox 在想法层面得到了验证，而且在没有写一行代码的情况下，发现了这个巨大的市场，并且让真实用户感受到了这款产品的价值。基于这个初步想法和快速验证，Dropbox 才开始招募设计和研发人员，在很短的时间内将最小原型产品研发出来并快速投入市场，得到了非常好的反响，也快速积累了一批用户，而且有很大一部分用户是有付费意向的高质量用户。这个例子也是《精益创业》一书中的经典例子，体现了 MVP 产品理念的核心要点。

笔者在做产品的过程中，也时刻遵循着 MVP 的理念，特别是对业务型产品来说，符合业务发展节奏，对产品节奏的把握很重要，在正确的时候做正确的事。笔者做的互联网医疗类产品属于业务型产品，和用户型产品不一样的是，业务型产品需要考虑业务发展的能力与产品能力的匹配，例如滴滴做的也是业务型产品，在滴滴早期，司机和乘客都不多时，如果设计开发一个积分商城其实是没有意义的，让司机快速注册并使用，让乘客快速打车并完成线上流程的功能才是属于最小化可行产品范围内的功能。

做 MVP 需要化繁为简的能力，抓住本质核心，把关键路径上的节点做好后再去做细节分支。很多时候，人都有求全的心理，觉得没有这个会怎样，没有那个会怎样，实际却是不会怎样。

例如，在产品早期，当我们设计和开发登录功能时也将忘记密码功能设计出来，其实是没必要的，试想，如果第一个版本里没有忘记密码功能，会产生什么问题？其实什么问题也没有，第一个版本里用户刚刚完成注册并登录进入产品，这时产品还处于初期体验中，忘记密码的可能性很低，在符合人类记忆曲线的前提下，在适当的时候，例如在马上要发的第二个版本里加上忘记密码的功能。这样，我们在第一个版本的开发中，就可以把原本耗费在忘记密码功能上的资源解放出来，投入到更重要的地方。权衡你的产品，问问自己哪些功能是这个阶段不需要的，砍掉，剩下的就是 MVP 了。

做 MVP 考验的是化繁为简的能力，把关键路径上的节点抓住，符合业务和用户发展的节奏，在恰当的时候推出对应的产品功能。不做多，做对！

11.8　如何合理地把握产品节奏

每个产品都有自己的生命周期，初始阶段→成长期→成熟期→衰亡期，每一步走的是否到位、是否恰如其时，都决定了产品能发挥出多少价值。简单来说，**产品节奏**就是在适当的时候做适当的功能和运营，也就是所谓的踩到点上。提前或延后做一些设计，都会影响到产品整体价值的体现。举个例子，微信这么大的体量，最初的版本也就只能发文字、加好友。随着用户量不断增加及使用场景的不断丰富，陆续推出了很多功能，例如附近的人、朋友圈、红包等功能，无疑都是带给微信指数级用户量增长的功能。那么，问题来了，产品经理该如何把握产品节奏呢？

产品节奏的把握很大程度上取决于对综合信息的判断，例如当前的市场环境、用户规模、需求级别、研发能力、运营能力等。

恰当的市场环境能营造一个大环境，不管是政策、舆论还是用户习惯，都会对当前的产品造成影响。以笔者所在的移动医疗行业为例，国家卫计委发文表示严打黄牛及加号服务，特别要求直属医院的医生断绝与一切以加号为名的互联网医疗公司的合作。这种政策无疑给以加号为主业务的公司致命一击。当然，这反过来反映了公司战略，这种刀口舔血的业务很难有生命力。

需求级别反映了当前产品的焦点在哪儿，例如微信公众号刚出来时，公众号和普通聊天都处于一级列表，这种设计的目的是突出公众号，培养用户习惯。过了一段时间，微信把公众号全部折叠到二级列表里去了，为什么呢？因为随着关注公众号的用户不断增多、公众号内容不断丰富，用户每天都会被各种信息干扰，可能第一屏的聊天信息全是公众号内容，这影响了用户正常使用微信沟通的方便性。所以，公众号被折叠到二级。这就是以需求级别去定义的产品优先级，折叠还是不折叠，微信踩的点很准。当然，这后面必定有庞大的数据支持决策。作为预判性需求，在决定产品决策时，第一阶段以一级列表展示是最正确的设计。

研发能力就不用说了，以微信红包为例，这么大的并发量，没有强大研发能力的支持，这个功能再好，也只会是宕机和不可用的结果。想法固然重要，现实同样重要，研发能力是否能支撑起一个功能的核心体验，也是最后反映产品价值的直观表现。

运营能力同样是决定产品节奏的关键因素。如果你觉得产品只有功能，那么抱歉，你只能被称为功能经理。一项业务的开展，不是只有功能就行的，例如滴滴的出行业务，如果只是单纯设计和开发一个滴滴出行的 App 软件，具备所有的功能，但是平台上没有司机和乘客，也没有运营和客服等，是构建不了今天中国的出行巨头的。一个 App 产品，如何发展更多的司机加入平台，如何提高司机接单率和乘客满意度，如何处理乘客和司机纠纷，如何通过线上运营获取更多的用户，如何通过活动运营扩大影响面积等，这后面有一个庞大的运营团队支撑。

作为产品经理，要感受到产品节奏的重要性，很多时候，我们都太想要所谓的“完整性”，实际上，适合当下的就是最好的。产品不能如期上线，往往就是因为产品经理为用户“考虑太多”“我觉得”“假设”“应该”这些词语出现在产品讨论中就该小心了，也许，你已经添加了很多在这阶段根本不需要的设计。

精益创业里强调 MVP 最小化可行产品，以 MVP 的理念打造产品，只做当下最重要、最解决核心问题的事情，产品的演化才是健康的。少一些“不放心”，觉得少了这个用户体验不好，少了那个就不完整，其实，问题远没有那么严重。如果你做社交产品，在产品初期就加入联系人分组功能，就属于节奏不对，起初人少，没必要分组。如果你做的是 O2O 类产品，在平台初期就把评价功能设计得特别完善，就属于节奏不对，先把订单量做上去，把选择服务和订单支付设计好，成单多了，评价的意义才大。

11.9 非技术背景产品经理三大生存指南

很多传统行业迎合“互联网+”的国家战略也开始慢慢触网，产品经理也逐渐从互联网行业扩散到其他各行各业。虽然传统行业本身有自己的产品经理，但在职责定义上会有所区别，而今天被大众熟知的产品经理更准确地说应该是互联网产品经理。尤其是随着（以乔布斯和张小龙为代表的）神级产品经理的出现，产品经理岗位更是被披上了能改变世界的战甲，让一批又一批的人涌入这个职业，开始各种厮杀。

在现行的教育体制里，没有产品学这么一个学科，并不像技术研发对应的是计算机或软件工程这个学科。所以，产品经理基本上是从其他职能转岗，而且学习和成长过程基本靠自学或者传帮带。

成功转型产品经理的人中，有从技术转型的、有从设计转型的、有从运营或者市场销售转型的，以前可能更多是从技术转型，尤其是那些对产品有自己理解又不满足于只实现功能的技术人员。现在，除了技术人员，转型产品经理的人越来越多，背景差异化越来越大。尤其对初转型的产品新人，这些产品经理在公司中承担的职责和面对的问题大同小异，如何能在产品之路上少一点荆棘，多一些成长呢？结合笔者从技术转型产品的过程积累的一些经验，给出一些建议，尤其是对非技术背景转型产品经理的读者来说。

生存指南 1：思维切换，技术思维 vs.产品思维

图 11-6 所示为产品思维和技术思维各自的特点及共同点。从两种思维方式的差异看，工程师的思考重心在技术思维的范畴，非技术背景产品经理的思考重心在产品思维的范畴，做到对两种思维方式充分了解并且能够灵活切换，才是产品经理的核心竞争力所在。

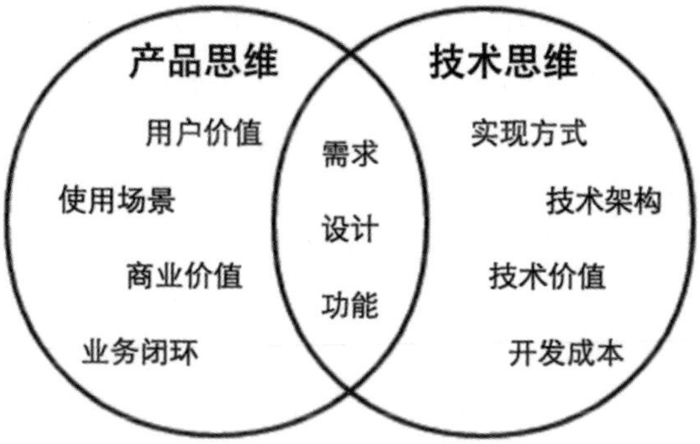

图 11-6 “产品思维”与“技术思维”

如果把产品比喻为房子，那么产品经理就是房屋设计师。如果设计师不懂基本的房屋结构设计和施工原理，设计出来的房屋很可能就是无法落地的空中楼阁。理想的设计和物理的限制必须有效结合，不存在真正的空中花园和通天塔，在工程领域，每一个设计都是可以被实现的。对产品经理来说，置身互联网领域，设计互联网产品，每一个设计也都应该在现有互联网技术下可被实现。产品经理学习一些基本技术知识，了解技术边界，对于实际开展产品工作都有非常大的益处，所谓知己知彼，特别是在与工程师的工作配合和沟通中能起到关键作用。

在实际工作中不难发现，当产品经理与工程师就某一个具体问题进行讨论时，双方站在各自角度就问题进行分析，因双方固有知识结构的差异，使各自的思维模式和视角不同，工程师的思维方式是路径推理的技术思维，产品经理的思维方式是用户场景和需求的产品思维。单一的产品思维或技术思维都不利于解决问题，原因其实就是双方用了不同的语系，好比一个讲英语的人和一个讲法语的人讨论一幅画，结果可想而知。

非技术背景产品经理，先忘记原有背景经验，从用户视角看待产品，用产品思维设计产品，用技术思维沟通产品实现，能在不同的场景、面向不同角色完成思维切换，是产品经理的核心技能之一。

生存指南 2：技能切换，写文档 vs.讲故事

PRD 是产品经理必做功课之一，尤其是在初级产品阶段，写 PRD 是这一阶段产品经理的主要工作之一，写 PRD 需要清晰的逻辑思维能力和文字表达能力，往往一个看似简单的功能实则隐含了很多非常复杂的逻辑。在传统软件项目开发流程里，PRD 是非常重要的材料，产品经理需要把每个细节写得非常详细，不能有一丝纰漏。这往往适用于软件工程里瀑布式的开发流程，即花几个星期甚至几个月定义需求并写需求文档，再投入几个月开发。

但在互联网时代，这种研发方式明显无法应对市场的变化。所以敏捷研发才会在近年逐渐普及。相应地，PRD 随之变得简化，省去了很多烦琐的文档化流程，有的互联网公司甚至直接用产品经理制作的可交互原型当作 PRD，工程师根据原型开发，有问题随时与产品经理沟通，在过程中发现和解决问题。

在现在这种快节奏的迭代方式下，写文档已经不再是核心技能，通过简单的文字和流程把需求书面化表达出来即可，更重要的是通过讲述需求的价值和场景，让工程师感受到产品经理和用户的感受。以讲故事的气场描述需求，把文档转变成故事的蓝本。

以讲故事的方式沟通需求和描述一个完整的故事一样，需要具备四个基本要素，分别是时间、地点、人物和情节。例如，一款音乐播放器产品，产品经理设计了一个随机播放音乐的功能，如果从技术角度考虑这个功能可能毫无意义，应该让用户选择

喜欢听什么类型的音乐。那随机播放音乐这个功能在什么场景下成立呢？以讲故事的方式描述需求可以这么说："工程师小王下班回家后，想听音乐放松，此时已经没有心力去挑选，打开产品点击随机播放，这种放松感和惬意是前所未有的"。这样，时间（晚上下班后）、地点（家里）、人物（工程师小王）、情节（需要放松）就都具备了，这种方式比单纯讨论一个随机播放音乐的功能生动得多，也更有利于产品经理推行这个设计。

对产品经理来说，在自身技能树的丰富上，沟通和表达能力绝对排得上前几位。完成技能切换，让讲故事的能力成为强项，会让产品之路顺畅很多。当然，不要瞎讲故事。

生存指南 3：沟通切换，自我 vs.无我

沟通，产品经理心中永恒的痛，尤其是对非技术背景的产品经理，总有一种明明自己讲得很清楚对方却一脸茫然的错愕。在任何沟通中最大的问题是**沟通方只表达自己的想法**，却没有听进去别人的表达。看似简单，可很多时候我们以为的听进去只是听到了，并不代表听懂了。

例如，产品经理听到工程师说某个功能实现不了就以为是技术实现不了，实际上真实原因可能是时间不够或技术方案比较复杂。这就像挖掘用户需求一样，**用户想（want）的并不是用户真正的需求（need）**，想吃包子（want）其实是饿了（need）。放下自我解读进入沟通，能让我们更好地在沟通中获取有效信息并取得主动权。进入"无我"的状态能在沟通过程中游刃有余，"无我"就是不带任何主观偏见去认识和讨论一个观点，而人最大的认知误区就是"不知道自己不知道"。

工程师的思维方式是线性而且逻辑性比较强的，考虑问题或者行动时往往会按照严密的顺序和逻辑进行，他们认为一件事情肯定是按照固定的流程执行，不喜欢中间突然变化或者出错，因为这会使他们感到沮丧。

所以我们经常会看到，和一名工程师说他们写的程序有问题时，很多人的第一反应是——"不可能，怎么会有问题呢？"没错，正是这种"自负"让工程师对自己所写的代码极为自信，因为计算机对程序代码毫无条件的严格执行，一旦出现问题，就说明程序代码在逻辑上存在错误。这种"自负"并不是贬义词，而是工程师对自己写

的代码的一种自信，就像我们考试后总觉得题目基本答对了一样。

所以，当这种情况出现时，产品经理应该换一种方式与工程师沟通。例如用一种问题转移的方式与工程师沟通，可以说“我们在设计产品时有一个逻辑没有考虑到，实现时发现了这个问题，我们要一块儿把这个逻辑漏洞补上”，通过这种方式，将一个产品问题转移成一个需要一起努力攻克的难题，这种参与感会让工程师非常配合地开展工作。这样既可以让问题顺利解决，也可以让双方都感觉好一些。

沟通是产品经理进阶路上的必修课，在“自我”和“无我”间的沟通切换，能让沟通来得更轻松。

11.10 本章小结

本章主要介绍了产品经理如何解决问题，从产品经理工作中可能遇到的几类问题来看，主要集中在与设计师、工程师、老板和业务人员的沟通中。针对不同的场景和具体问题，产品经理需要使用不同的方式应对。

另外，本章还介绍了一种“聚焦答案”式的解决问题的思路，“聚焦答案”是对应于“聚焦问题”的一种解决问题的方法，关注解决问题的过程和结果，以目标答案为导向去探索问题的解决路径。

最后，介绍了从问题的答案中获取洞察力的内容，洞察力是超越问题和答案本身的一种能力，是发现问题的本质和创造答案的能力，是理解问题和创造答案的能力。产品经理作为问题的发现者和解决者，强大的洞察力能助力产品经理在做好产品的道路上扬帆远航。

12 产品经理的职业发展

12.1 产品助理的日常工作及晋级

产品经理的职业成长轨迹中，往往都会经历几个阶段，其中产品助理或者助理产品经理是最初级的阶段。产品助理往往都是应届毕业生或者刚从其他职能转行过来的新人。就像人一辈子的成长需要经历儿童时期、青少年时期、壮年和老年时期一样，产品经理的成长过程在不同阶段也有不同的侧重点，首先我们来看一下作为产品新人的产品助理，常规工作有哪些及如何晋级。

12.1.1 产品助理的日常工作

产品助理都是产品新人，初来乍到，需要学习的东西特别多。作为一个新人，当然是从最基础的内容开始了解和学习。笔者是从技术转型过来的，也因为是在创业公司一步步成长，所以在初始阶段，基本靠自己学习和摸索，没有经历过大公司完整的、全套的产品培训流程。但好在自己也摸索出了一些经验可以分享。

在大公司中都会有高阶的产品经理带产品助理，大部分大公司还有一定的培训和学习体系。就笔者的经验来看，培训或系统性地学习只解决“知道是什么”的问题，并不能解决“知道怎么做”。知行合一才是跨越到下一阶段的基础。在产品助理的日常工作中有三个大环节，如图 12-1 所示。

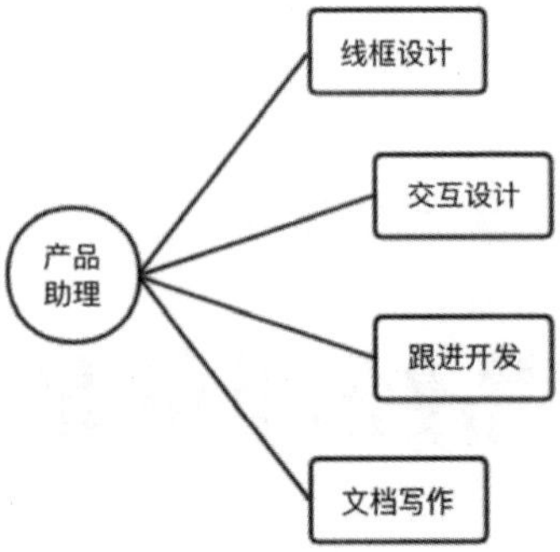

图 12-1 产品助理的日常工作范畴

第一是对产品需求的理解和分析，配合产品经理进行基础的产品原型设计，也就是画线框图或者做基础的交互设计。第二个环节是根据产品需求和产品原型图整理成 PRD。第三个环节是跟进技术开发，处理技术开发过程中对需求的疑问，同时跟进产品 BUG 的解决情况。产品助理偶尔还需要扮演产品客服的角色，回答公司内部或者外部用户的产品问题，做好产品支持工作。

在上述三个环节中，产品助理需要着重锻炼的是对需求的理解和分析能力，这是基本功，都说产品经理是站在上帝身边的人，看待一个产品或者一个需求时，一定要跳出自我，用第三方眼光或者用户本身的视角来对待。这是一种思考方式和视角的转变，在开始阶段，这种转变需要一定时间的适应。人都对自己足够了解，知道自己的喜好，有自己的判断标准，而产品是一个需要被广泛接纳的产物，所以自己喜欢或者看好，不代表产品用户能接受。先放下自我，用时髦的话说，要让自己变成小白，用小白的眼光看待产品。只有这样，产品经理才能逐渐具备识别需求和喜好的能力。大部分情况下，初阶产品经理做的都是喜好，而非需求。

在产品助理阶段，需求分析能力是思想基础，画产品原型则是基本功，能用简单的线框图将产品功能和信息设计表达出来，画原型图会用到一些工具，当然，最直观的就是纸和笔，用一些诸如 Axure 的工具也能提高效率。画原型图的同时还要考虑产品功能之上的交互设计，将产品原型和交互设计落实到 PRD 上形成文档。

大公司会有专门的交互设计师，小公司和创业公司基本上都由产品经理自己完成。在这个过程中，产品助理都是配合产品经理一起工作，产品助理的下一阶段就是一名正式的产品经理。所以，在产品助理阶段，关键是形成产品思维的转变，学习产品基本功，通过 PRD 的形式把产品设计思路表达出来。

12.1.2 产品助理晋级指南

产品助理阶段视个人能力和公司情况，持续时间从几个月、半年到 1 年不等，在产品助理阶段。在产品助理岗位上奋斗一段时间后，需要掌握或者说驾轻就熟的技能主要是需求分析和 PRD 制作的能力，具体就是识别真实需求、过滤伪需求、能画产品原型和做简单的交互设计；能基于需求文档与相关方进行简单的沟通；能处理和跟进产品问题，做好产品客服。产品助理的下一阶段是成为一名正式的产品经理，经过产品助理阶段的培养，形成基本的产品感觉，对产品全流程工作有完整的了解，最好是负责过几个产品功能从需求到上线的全流程跟进。

从产品助理晋级成为产品经理的道路上，产品新人接触的是一种全新的思考方式，跳出自我，用产品思维看待问题。学着区分什么是自己的喜好，什么是用户真实的需求，只有放下自己，才算开启了产品生涯的第一道门。

平时自己使用不同的产品时多思考，如果你是所用产品的设计者，你会如何考虑并设计这个功能，产品体验上有哪些可以优化和提高的地方。另外，可以读一些做产品的经典书籍，例如《启示录》和《用户体验要素》都是笔者推崇的好书。同时，多和一些产品先行者交流，从他们身上获取经验和知识，作为产品经理，学习是永无止境的，尤其是在从小白入门成为产品人的阶段。

12.2 产品经理的日常工作及晋级

经过产品助理阶段的入门学习和训练，升级成为正式产品经理，此时才算是真正踏上专业的产品之路。这是一个全新的开始，意味着有机会从零开始操刀和把握一款产品，甚至决定一款产品的生命周期和成败。在产品经理越来越多的今天，究竟哪些工作才是产品经理应该重视而且不断加强的呢？

12.2.1 产品经理的日常工作

相比于产品助理的日常工作，正式的产品经理要更忙碌，产品经理不仅需要写PRD，而且前期的一些需求沟通工作主要都是由产品经理完成的。如果是业务型产品，与各个业务方进行需求沟通和确认是产品经理日常工作中的主要部分，将形成的沟通结论转化为产品设计，最终形成 PRD，也就是产出 PRD。另外，需求分析也是产品经理的日常工作之一，产品助理对需求的理解和判断还处于初级阶段，所以对需求的把握基本都需要靠产品经理自己的理解。

这里需要提到的是，需求分析不仅是需求合理性的分析，因为一个合理的需求有可能跟目标用户使用场景和产品定位不符。产品经理的一项重要技能就是识别伪需求。

举一个例子，如果一个叫车类的产品，乘客通过产品叫车，司机接单，司机将乘客从 A 地送到 B 地后，一个最小业务闭环就基本完成了。在这个环节中，有人会提需要给乘客和司机加一个关系链和持续沟通的需求，例如，和司机成为相互关注的好友并通过聊天功能持续沟通。这个需求和场景看似成立，实则是一个伪需求。有过叫车经历的人都知道，叫车场景下用户的主要诉求是位置移动，跟哪个司机接单及与司机的互动关系并不大。当然，态度和服务好的司机会让乘客产生好感，但这种好感通过鼓励司机的评价机制就可以搞定，对产生社交关系和持续沟通的诉求几乎没有。所以，在叫车产品中植入社交关系和持续沟通就有点画蛇添足。

图 12-2 所示概括了产品经理日常工作中的几个方面，可能对不同的公司和个人来说，工作内容会略有差异。

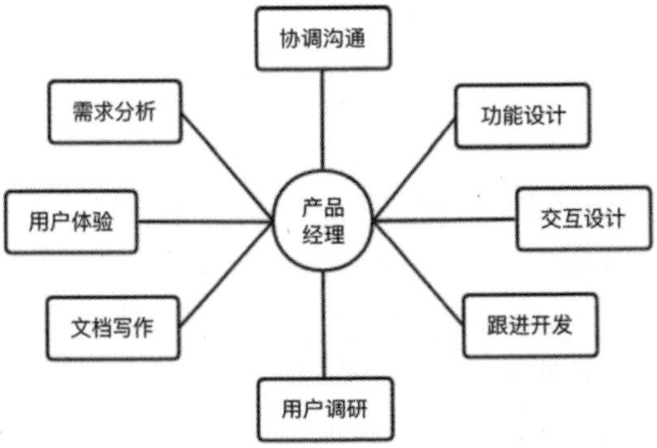

图 12-2 产品经理的日常工作范畴

作为产品经理最重要的工作之一，需求分析的结论直接决定了产品是否在做正确的事情，一个不合理或者一个伪需求的加入会让产品发展受阻，同时也浪费开发设计资源，因为产品经理是站在信息上游的人，设计师和工程师是承接产品经理的工作结果的，所以，对需求的判断和把关就是产品经理日常工作中最重要的一个环节。需求来源很多，有来自产品团队的，有来自业务或者市场的，也有来自用户的，从这些海量需求来源中识别并挑选出合理真实的需求是产品经理每天必须考虑的问题，用抽丝剥茧的方式从产品中沉淀下来真实的用户需求，从而为产品创造价值。

除了需求分析和判断，产品经理日常工作中一项非常重要的工作是协调和沟通，无论在大公司还是在小型创业公司，沟通永远是产品经理的核心技能。产品经理是围绕产品开展的任何事情的核心枢纽，沟通方不仅包括设计师和工程师，还包括业务人员、市场和财务人员，当然老板也在沟通对象之列。不同的角色有不同的背景和沟通特点，而产品经理要做的是通过自己的努力让各方达成一致并将各方拧成一股绳朝着一个方向使力。

与设计师沟通需要站在用户体验和视觉设计的角度，与工程师沟通需要站在技术和功能实现的角度，与业务运营人员沟通需要站在业务场景和运营思考的角度，与财务沟通需要站在财务流程角度，与老板沟通需要站在公司和产品战略角度。可想而知，一个优秀的产品经理是多么难练成。所以说产品经理是 CEO 的学前班是有一定道理的。

在产品经理的日常工作中还有一项常规工作，那就是设计产品功能和用户体验。产品经理是基于产品定位和目标用户群来设计产品的，需要设计什么样的功能来满足用户需求，什么样的功能可以满足好的用户体验，都是需要产品经理思考和决定的。完成功能和用户体验的设计后，需要将这些成果通过文档化的方式呈现出来。当然，这个文档化的过程可以让产品助理协助完成。如果一些小公司只有一个产品经理，基本上这些工作就都由产品经理自己完成了。就笔者的经验来讲，如果自己好奇心足够强，能合理分配和把握自己的时间，这些事情一个人独自做一段时间，更有利于自身对产品工作的深刻理解，再往上晋升也更有优势。

12.2.2 产品经理晋级指南

在产品经理的日常工作中，需求分析、沟通、产品设计是常规工作内容，不同阶段的产品经理工作侧重点不同。刚迈入产品经理行业的新人可能更多的是将注意力和重点放在产品设计上，基本上这个阶段的产品经理都会由资历更深的产品经理带，所以需求的判断分析会由更有经验的人来把关。对初级阶段的产品经理来说，将已经确定的需求落实成具体的产品功能设计是核心能力，这个过程中对用户体验的把握和打磨是衡量其产品设计能力的标准。笔者为初级产品经理向上晋级提供两点建议供参考。

1）提高控制需求的能力

同样的产品功能会有多种设计方案，而方案的好坏基本通过用户体验评判，随着产品设计经验的不断丰富，初级产品经理对需求的理解和掌握会越来越深刻，这时，初级产品经理需要进一步向上发展，进入能把握需求的阶段。设计好功能很重要，但设计一个正确的好功能更重要。

需求分析是所有产品经理的基本功，但不同阶段的产品经理会对其有不同的理解。初级阶段的产品经理理解的需求分析可能更多是判断合理性，即这个需求是否能实现。高阶产品经理对需求分析的理解除了判断合理性，还会思考需求本身的价值，而价值通常从两个方面体现，第一是基于用户场景带来的用户价值。第二是能否强化产品定位。

这里举一个具体的例子，一些社交产品里往往会有话题标签的功能，例如微博里用两个“#”框起来的词就是一个话题。这个需求在开放型社交关系链产品中有一定的作用，例如微博、话题标签的作用就是通过一个话题将不同的人组织起来，从而引导相互之间产生关注关系。在这种类型的产品中，话题功能的价值就比较大，直接提高了不同用户间相互发现的概率，但话题功能在类似微信这种封闭社交网络中的价值不是很大，因为微信里的好友关系是一种双向确认关系，所以话题功能只能在好友间使用，需求的价值就不是很大。从另一个角度看，这个功能是可以实现的，所以对产品经理来说，从低阶向高阶跨越就需要对需求背后的价值有基本的判断和把握能力。

所以，除了基本的需求分析和判断需求合理性的能力，能站在用户价值和产品定位的角度判断和控制需求，识别一些不合理的需求并且能够发掘潜在需求，这是初级产品经理进阶的一项基本能力。

2）提高横向协调沟通的能力

沟通能力作为产品经理晋升路上的必备技能，是决定产品经理再往上发展的关键一环，而沟通环节里的横向协调沟通能力是体现产品经理能力差异化的一个衡量标准。什么是横向协调沟通能力呢？简单说，只需要跟产品设计还有技术团队沟通的都属于相近职能范围内的纵向沟通，而跨部门与不同专业背景的人沟通和协作就属于横向协调沟通能力。

产品经理需要组织和协调资源，需要将不同专业背景的人组织到一起实现一个共同的目标。在这个过程中，沟通能力就起到关键作用，面向不同的沟通角色需要使用不同的沟通技巧，目的都是将有利于产品发展和价值提升的资源组织起来。提高横向沟通协调能力对产品经理的要求除了产品的基本技能，还需要跨学科的知识，例如与财务团队沟通就需要具备一些财务常识，与市场团队沟通也需要对市场这门学科有一定的了解。学习和了解这些跨学科知识的目的都是能跟专业的人说上专业的话，让沟通基于同一水平线进行。这样的好处是让沟通不断处于解决问题的状态，而不是处在基本概念解释和知识科普的状态。

横向协调沟通能力是初级产品经理迈向高阶的必备技能，在平时的工作中可以有意识地建立和培养这方面的能力，例如去学习一些跨领域的知识或者去和其他团队的同事请教。当然，在初级产品经理的晋级路上，除了上述两项能力，还有很多综合能力的提升需要产品经理在实践中探索和总结。

12.3 产品总监的日常工作及晋级

产品总监或者高级产品经理阶段，一般属于管理角色，这个阶段的产品经理一般会自己带团队，团队通常由若干产品经理和产品助理构成。产品总监是一个产品线或者一个公司的产品负责人，需要承担产品战略定义和产品路线图的制定，需要结合产品定位并组织各方资源共同实现产品目标。对产品总监的能力要求不仅包括产品设计、需求分析、沟通协调等能力，还需要具备战略思考和合理调配资源的能力。因为选择做什么和不做什么，是决定一个产品成败的关键因素，选择本身就是产品战略和产品定位。我们讨论的产品总监泛指普通产品经理上的高阶产品经理，因为在不同的公司，高阶产品经理的定义各不一样，有的是高级产品经理，有的是产品总监，有的是产品副总裁。总之，我们讨论的产品总监泛指承担管理和产品战略职责的产品人。

12.3.1 产品总监的日常工作

产品总监的日常工作通常以各种会议和资源协调为主，同时，还需要与产品团队共同商议并讨论关键产品决策，为产品经理的工作把关。以笔者所在的创业公司为例，产品总监的工作主要是深入了解公司各业务板块的具体情况，代表产品与各业务方讨论业务落地方案，并结合产品定位将业务方案实施到产品上。期间需要与业务负责人、运营负责人、财务负责人、开发负责人和设计负责人明确产品目标，组织大家达成共识，协调各方投入资源共同把产品和业务向前推进。产品总监的常规工作范畴如图 12-3 所示。

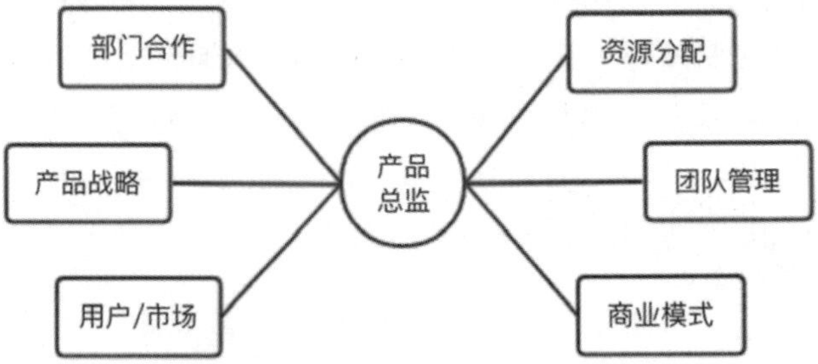

图 12-3 产品总监的日常工作范畴

从另一个角度说，产品总监的关键职责是明确产品定位，基于产品定位制定产品实施路线图。简单说，产品总监必须要回答做什么和不做什么的问题。看似是一个很虚的工作，但实际上决定了一个产品的走向。

还是以社交产品为例，目前的社交产品一般分成熟人社交和陌生人社交两大类，陌生人社交又可以分为各种垂直类目，例如职场社交、婚恋社交等。如果一个公司的产品是社交产品，首先要定义社交产品的基本属性是什么，如果是熟人社交那就是一个封闭的社交网络，设计对应的产品功能时就得围绕这个核心定位开展。熟人社交的关键在于围绕用户建立属于自己的社交小圈子，并且通过一些互动性较强的功能来维护用户的熟人社交网络。

就熟人社交来说，维护的都是家人或朋友关系，需要的是稳定长期可互动的关系，发现机制可以不那么强。如果是陌生人社交中的垂直类目职场社交，那社交角色定位成职场人士，对职场社交来说，产品定位的关键在于社交场景，面向的是具备社会角色的职场人群，他们的共性诉求是认识新的人脉并建立自己的职场影响力。

基于上述例子，产品总监需要定义的是产品战略层的内容，基于产品战略明确产品核心定位和目标用户群，基于目标用户群的特点设计对应的产品功能满足目标用户群的需求。与此同时，产品运营人员会根据产品定位和目标用户群设计具体的运营场景来实现产品用户的拉新、活跃和留存。在这个环节中，产品总监需要不断向团队内部强化产品战略和定位。只有这样，大家才是围绕产品在做业务和运营，产品本身才会得到发展。

所以，对产品总监来说，既要做产品的工作，也要做人的工作。相比来说，做产品的过程还算好，因为是基于明确的定位和产品设计落实成具体的产品功能。但是做人的工作就会有些挑战，因为不同背景和思维方式的人对同一件事情的理解方式不一样，这就需要产品人通过自己的同理心和表达能力将产品愿景和战略定位宣讲出去，这是一个不断重复的过程，很辛苦，但也是非常必要和重要的工作。

产品总监是一个产品真正的掌舵者，他还承担培养产品团队成员并持续提升产品团队战斗力的重任，一个公司产品能力的高低取决于产品负责人的能力边界，所以对于新产品和新模式要有足够的敏感度。对用户需求的变化要有足够的嗅觉，做产品就好比把脉，把脉人根据脉象做出合适的判断和决策。同样，产品负责人就是产品的把脉者。

12.3.2 产品总监晋级指南

产品总监再往上是产品副总裁或者直接成为 CEO 了。笔者还没有那么多的经验来谈论这个话题，这里只是浅谈自己对高阶产品经理的理解。对高阶产品经理来说除了要考虑产品战略和产品定位，对产品本身的商业化思考也要纳入职能范围，因为所有的产品都是为用户服务的，而产品都是由公司投入资源设计开发出来的，所以如何实现商业化为公司带来收益是高阶产品经理应该考虑的问题。

处于这个阶段的产品经理，更重要的是对市场情况和用户价值的了解，即产品是否能创造出商业价值，但是，一但涉及商业就会在一定程度上伤害用户体验。所以在不影响用户体验的情况下产生商业价值就是比较大的挑战了。

这里有一个比较好的例子——微信的朋友圈。微信朋友圈上线后一直没有采取任何商业植入，直到朋友圈广告的推出。朋友圈广告在用户群中不但没有造成不好的影响，反倒成了一种流行话题。因为朋友圈广告是选择性推送，根据用户画像做的定向广告投放。一个广告可能有些用户收到了而其他用户收不到，大家就会形成一种好奇心和攀比心，悄无声息间，在一种娱乐化的方式下，商业场景被成功植入，这是一个既没有影响用户体验，也为产品创造了商业价值的产品设计。

归根到底，做产品还是对人性的了解，对社群的了解。人类社会繁衍发展这么多年，人性本身和人类社会的协作方式已经根深蒂固，所以创造一个符合人性和社群效应的产品，对产品经理来说是至高追求。这个方向值得所有产品人一同探索和前行。

12.4 从产品助理到产品总监的跨越

回顾笔者这几年的产品生涯，也是从一个开发转型过来的产品新人开始，一路成长为一名产品总监。在这个过程中经历了很多的事情，掉入过不少坑里，也不断地爬出来。沉淀下来很多心得，并不断反思提高。有一些个人经验，或许分享出来对读者有帮助。

笔者是专业学技术出身，到 2014 年时已经做了快 3 年的移动开发。笔者是一个不喜欢随波逐流的人，2011 年时选择移动开发而没有选择其他热门技术领域，就是因为移动开发在当时是一个新领域，所以选择了当时还不那么主流的 Android 和 iOS 开发，成了一名移动开发者。2011 年的移动开发市场，技术资料极少，基本都是看国外的开发者写的英文资料和官方文档，所以基本靠自己研究。

在当时的市场上，移动开发算是一个热门岗位，各大公司都在重点布局移动互联网，所以对移动开发工程师的需求比较大，但笔者选择了另外一条路，加入一家非常早期的创业公司。所以，基本完整参与了一次从 0 到 1 的创业，收获颇多。

创业初期，我们持续了半年多一直没有专门产品经理的阶段，基本是几个工程师自己设计自己开发。到了需要职能化发展的阶段，我们开始考虑从外面引进一位专业的产品经理，但面试了很多都未果，才发现招聘一个真正符合我们要求的产品经理是那么难。由于开发兼产品的人一直是笔者，同时，作为一个“不务正业”的工程师，笔者对产品一直情有独钟，于是通过商议，笔者成为了公司的产品经理，正式从一名工程师转型为产品经理。

这不是一次轻松的转型，放下非常熟悉的开发技能，转投一个不那么熟悉的全新领域，会遇到很多问题。做产品的第一个年头笔者基本上是在疯狂地汲取各种做产品的知识和技能，看了很多书，听了很多讲座，和很多产品经理有过交流，每天都在实践。

2015 年年底，由于公司业务的调整，笔者换到了一条新的产品线，负责一个全新的产品。这是笔者第一次独立负责一个产品，从产品战略定位、路线图规划到最终设计并落地实施，全程参与下来，让笔者对产品生命周期的理解更深刻。期间需要将战略意图落实成用户使用的产品功能，这无疑又是一次激动人心的挑战。很庆幸，在身边人的帮助下，产品成型并投入市场使用。

笔者在产品生涯初期经历了从工程思维到功能思维再到产品思维的升级。这个过程是技术人员转型的必经之路，本质上是一种思维模式的转变。

在创业公司的好处就是能实现跨越式成长，创业公司的节奏之快、变化之快是大公司没法比的，这也是笔者当时选择创业公司的原因。在这种快速变化下，笔者遇到了各种产品问题，并逼迫自己想办法解决。在这个过程中，感觉一年的时间有两年那么长，那种蜕变式的成长可能也只有经历过才能体会得到。

笔者从最初把注意力都集中在产品功能上，到逐渐把视野扩展到业务和商业逻辑上，这种认知的升级才是真正有价值的成长。

随着公司业务的发展，产品经理从笔者一个人变成了几个人，笔者开始带产品新人。笔者发现，非技术出身的产品经理在做产品的过程中和与工程师的沟通过程中存在很多不尽如人意的地方，这种情况让这些产品经理颇为困扰。结合自己以前做工程师的背景及对技术的了解，笔者试图以技术视角帮助这些产品经理，以通俗易懂的方式向他们介绍技术知识，帮助他们以工程师能听懂的方式沟通。时间一长，发现这种方式能极大地帮助这些非技术背景的产品经理。

这几年的成长让笔者收益良多，所以对于一个产品新人来说，从头开始学习，以如饥似渴的状态获取新知识。对产品经理来说，不断更新自己的认知是跟上这个时代的关键，知识会迭代，产品经理的能力也同样需要与时俱进。

12.5 如何系统化地提高产品能力

一个工程师的能力可以用技术水平来评估，具体体现在对所掌握技能的熟悉和深入程度，例如，Java 专家，通常指工程师在 Java 技术领域比较专业和资深。技术能力的提升靠的是丰富的项目经验和长年累月的技术积累，就像修炼一门武功，钻研越深入就越有自己的独到见解。做产品也一样，不过产品能力的提升是综合性的，对比技术能力的提升是深入某一领域，产品能力的提升通常是横跨多个领域的综合能力提升。

这种综合能力包括行业理解力、产品架构能力、商业化思维等。理论上，产品经理应该是一个通才，因为产品经理需要了解除产品设计本身外，对技术、对设计，甚至是对商业都需要有自己的理解。图 12-4 通过层级化的方式体现了这三种能力由低到高的进阶顺序。

图 12-4　产品力提升的三个层次

实际上，不同特点的产品经理往往会有一些侧重，有的偏商业型产品经理，对行业理解和商业模式的研究比较透彻，明白产品所具备的市场机会。有的产品经理架构能力很强，能基于产品战略和定位设计产品顶层结构，让产品具备足够的生命力和发展空间。商业化思维和解决问题的能力都是产品经理可以有意识提高的能力，这里我们具体分析究竟如何系统化地提高这些综合能力。

12.5.1 行业理解力

所谓行业理解力是指对一个行业历史和现状及未来的了解，深知所在行业的基本规则和运行规律，对其中涉及的相关政策和制约因素有独特的洞察力。任何一款产品都有其所在的行业背景，例如叫车类产品所在的是出行行业，医疗类产品所在的是医疗行业，外卖类产品所在的是餐饮行业。每个行业都有各自的特点，产品经理对所在行业的理解会影响一些关键的产品决策。在产品经理的整个职业生涯中，多多少少会经历几个不同行业类型的产品，对这些不同行业领域的产品，首先要做的功课是了解这个行业，在做产品的过程中建立起对行业的理解力。有的产品经理的产品生涯会横跨多个行业领域，所具备的行业理解力也很丰富，这种能力是建立在对行业背景、业务和相关资源、政策等基础上的，如图 12-5 所示。

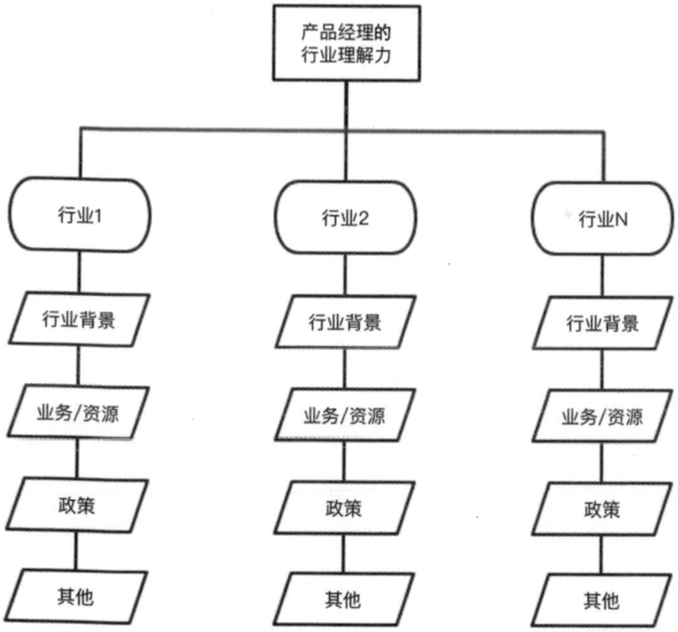

图 12-5 产品经理的行业理解力

以医疗类产品为例，近几年，互联网医疗风生水起，加上国家医改的推进，很多互联网医疗公司应运而生，资本市场对医疗类互联网公司颇为青睐。作为一个医疗互联网产品的产品经理，首先要对目前中国医疗市场的情况有总体认识：中国是人口大国，医疗资源分配不均，优质医疗资源集中在一二线城市，而大部分医疗需求却在基层，大城市享有绝对的医疗资源优势，小城市医疗条件和水平差，所以全国各地的病人都涌入大城市看病，导致一号难求，黄牛泛滥，从而造成了目前看病难、看病贵的基本局面。这是对医疗行业的历史和现状的判断。

对互联网医疗领域的创业公司来说，基于中国医疗的现状，结合互联网产品和技术，能具备的切入点包括线上咨询问诊提高问诊效率、实现远程就医。通过互联网构建分级诊疗体系，实现小病基层看，大病转诊至大医院的格局。这些行业痛点既是痛点也是机会，所以做线上问诊类产品的互联网公司会将产品定位为线上问诊工具，解决老百姓足不出户就可以问医生的需求。

行业理解力的提升通常有几种渠道，一是了解行业的最新进展，例如医疗行业的产品经理可能要关注国家在医改方面的最新政策，同时需要关注互联网医疗公司中的最新动向，大家都在布局什么领域，资本看好哪个领域，这是对大盘的了解。二是多参加行业内的分享和讨论，去听听业内人士对这一领域的理解和判断，先让自己坐在“牌桌上”。这两年共享经济特别火，大家都在摸索其中的机会，会议是碰撞和交流的最佳场所，切忌闭门造车，做产品不是搞科研，而是广开言路和视角。

12.5.2　产品架构力

就像一套技术系统需要技术架构师为其规划整体架构一样，一个产品也有自己的架构体系。技术架构师会根据产品特点选择适合的技术架构，架构完成后各职能板块的工程师会根据架构师搭建的系统结构开始技术实施工作，好比建筑设计师规划建筑蓝图，建筑工人负责根据蓝图进行具体施工。不管是一套系统还是一栋建筑，好坏都取决于架构是否优秀。对产品经理来说，产品的生命力和延展性就体现在产品架构上。

到底什么是产品架构能力呢？我们通过微信的例子进行说明。微信的产品结构里包含四个主要框架，分别是“消息列表”、“通讯录”、“发现”和“我”。这四个模块在信息架构的顶层，每个结构下又有若干个模块。首先，微信定位为一款即时通讯工具，满足用户的基本沟通诉求，所以第一个模块是消息列表，把各种消息集合展示在消息列表中，微信消息列表中的消息已经不局限于聊天消息了，公众号、服务通知等消息都集成在这里。消息模块就好比是一个集中办事大厅，处理着用户使用微信产生的各种信息事务。

微信产品信息架构中的第二个模块是“通讯录”，主要展示用户的通讯录好友，即通过微信产生的社交关系。消息模块中的消息产生都是基于这些社交关系，包括公众号也是放在通讯录里面，这里体现的是用户与平台上不同对象建立的关系合集。微信信息架构中的第三个模块是“发现”，朋友圈就被设计在“发现”模块，这个模块在产品架构中扮演的主要是用户互动和用户获取平台信息的作用。

朋友圈是好友间的一个社交舞台，“摇一摇”和“漂流瓶”也是用户发现身边其他人的工具，最近新增的小程序入口是用户与第三方服务提供方建立连接的入口。像游戏和购物入口都是用户的生活场景之一，微信在产品架构上把“发现”模块定位为产品与外界发生连接的模块，扩展性很强。微信推出的“看一看”和“搜一搜”，一个是个性化信息流，一个是平台搜索入口，它们都被放置在“发现”模块。从某种程度上讲，微信能否像其口号一样真正变成一个生活方式，“发现”模块承载着重要战略意义。

微信产品架构中的第四个模块是“我”，在这里有钱包、相册、收藏等功能，用户个人信息和个人“财产”基本体现在这里，这个模块的功能属性偏强，包括一些系统设置也都放在这里。

所以，从微信整体的产品架构来看，消息模块可以承载所有类型的消息，是用户之间、用户与服务方或者用户与系统间的信息通信界面。“通讯录”模块沉淀社交关系，“发现”模块承载好友社交、娱乐、生活服务等具体生活场景，“我”模块体现产品功能性。在这样的产品架构下，微信的基本结构就很完整，而且扩展性极强。如果要新增消息类型，只要在消息模块添加类型即可；如果要新增生活场景入口，只需要在“发现”模块添加入口，例如“小程序”入口。

要提升产品架构能力，一方面是产品经验的积累，另一方面可以通过一些刻意的练习来提高，产品架构能力本质上是一种全局思考和设计的能力，人的思维习惯是擅长处理具体的问题，但从宏观和全局角度来提供解决方案却是另一个维度，针对具体问题对症下药即可，而全局设计并不是解决具体问题，而是构建一个机制和一个环境，让事物在这个机制下良性健康发展。就好像大自然造物时并不是一下子成为现代社会这样，而是从一草一木，从单细胞生物开始，并且提供充足的自然环境，让万事万物自然演化才成为今天的样子。做产品也一样，一开始就是混沌初开，不可能一步到位设计完整，所以一个适应变化和易于扩展的产品框架尤为重要。

设计简单的能力比设计复杂的能力难，产品架构能力就像是设计一个小的自然生态一样，基础是**设计骨架**。用产品专业术语表达就是信息结构，类似微信的产品结构，产品经理需要结合产品战略和定位为产品选择和设计合适的信息结构，好的信息结构是利于产品横向和纵向扩展的，也能给予产品足够的生命力。

12.5.3 商业化思维

每个产品都有自己的生命周期，大致分为启动期、成长期、成熟期和衰退期。在产品生命周期的不同阶段，产品的价值差异也比较大，如图 12-6 所示。

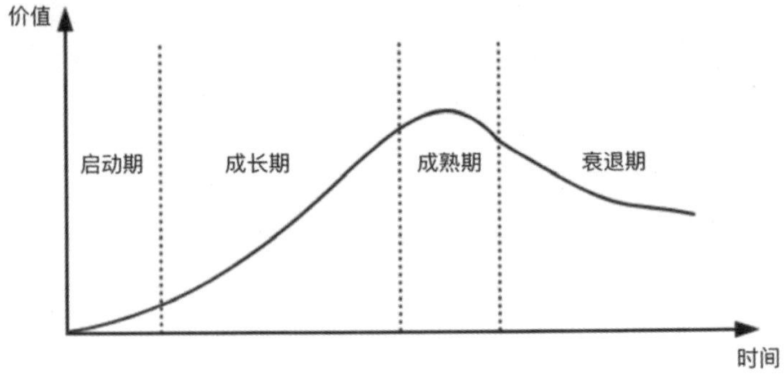

图 12-6　产品生命周期

在不同的生命周期阶段，产品的聚焦点，或者说产品经理的工作重点略有不同，处于启动期的产品更重要的是明确产品定位、挖掘用户价值；处于成长期的产品，产品经理的工作重在提升运营效率、扩大用户群体；处在成熟期的产品，产品经理的工作重在需要考虑商业变现；处于衰退期的产品，产品经理的工作需要考虑新的突破点延迟衰退期。在不同产品生命周期阶段中，核心关键词是“用户价值”和“商业变现”，而且优雅的商业变现是以不伤害用户体验为前提的。

很多产品经理都是天生的理想主义和完美主义者，他们希望打造出用户喜爱的产品，这种追求是产品经理的职责所在。一个好的产品一定是具备用户价值的，能解决用户的问题，能创造超出用户预期的体验，这是一个产品的真正价值体现。

但是，互联网产品通常都是以公司为单位的组织创造的，公司的存在就是为了获利，在为用户创造价值的同时，通过盈利确保公司持续发展。除了一些开源或公益类产品是为了理想或者社会价值做贡献，大部分产品都需要创造商业价值从而为公司带来盈利。在创业盛行的环境下，也有很多产品是靠前期投资人的资本在做用户获取和业务拓展，在一定用户基数和活跃度的情况下考虑商业变现。所以，除了用户价值，一个好的产品经理一定会考虑产品本身具备的商业价值，产品经理需要具备立足于产品的商业化思维。

结合产品的商业化思维是一种基于产品的再创造思维，简单说就是从一个已经具备用户价值和用户体量的产品中挖掘出可产生商业盈利的切入点。举个简单的例子，视频类网站通过在视频开始前插播十几秒的广告向广告主收费，因为视频网站的用户流量大，就像电视里播放的广告占用用户时间一样，广告主愿意为了用户时间投放广告，视频类网站就可以从广告费中赚取收入。与此同时，广告对普通用户来说不是一种最好的体验，因为大部分用户是为了视频内容来的，所以视频网站推出会员制，缴纳会员费可以免广告，这是从用户身上获得会员费收入，用户缴费后可获得更好的视频体验，用户还可以获取一些会员专享的增值服务，比如优先观看热门剧集等特权。

上面这个例子其实就是商业思维在产品中的体现，就目前互联网的产品形态来看，主要的商业变现手法是广告、会员、增值服务等，例如搜索引擎是典型的通过广告变现的模式，视频类或者知识分享类产品都是通过会员制收取用户费，电商平台类产品通过向卖家提供推广增值服务向卖家收取一定的增值服务费。这些例子都是以用户价值为基础衍生出来的商业模式，前提一定是具备用户价值的产品，如果用户对产品没有产生依赖价值或者产品没有为用户解决问题，过早地引入商业的东西无疑是非常伤害用户体验的。

商业化思维也可以称为流量变现思维，互联网生意本质上是一个流量生意，在传统产业中，客户群往往是通过线下的渠道关系或销售关系建立和维护的，传统生意能触及的用户群和市场面是有限的，所以传统生意从小做大往往会有一定的时间周期，因为建立渠道和客户关系触及用户的过程是通过一天天的业务开展或者销售动作的进行而完成的。通过传统方式积累流量的过程往往耗时且成本比较高，但通过这种方式建立的流量稳固性比较高。

互联网的特点是去中心化，每个节点都是中心，而且是无限的网状结构，并且不受时间和地域的限制。这种结构的特点是扩展性比较强，简单地说，一个信息通过互联网可以一夜之间在全国甚至全世界传播。所以，一个有用户价值的互联网产品可以突破时间和地域限制快速组织流量。

例如，微信基于通信工具把用户的熟人关系网搬到线上，最近比较火的知识付费能让一个优秀作者生产的内容在短时间内被受众群认可并产生大量收入，电商将买卖关系迁移到线上，实现突破时间和地域限制的商品交易。在上述例子中，都是将大量的用户流量聚集在平台，然后基于海量流量进行商业化产品设计。例如，微信的朋友圈广告和公众号广告、淘宝的直通车和腾讯的广点通都是基于平台流量设计的商业化广告产品。

产品商业化是将产品资源重新组织和设计的过程，这里的资源包括用户资源、产品资源、市场资源等，用户资源基于产品的目标用户群，用户群越精准，商业价值越大。例如，十万妈妈人群的价值就比十万女性人群的价值高很多，因为前者是精准人群，广告变现能力更强。

以视频类产品为例，在每个视频播放前的十几秒播广告是利用产品本身的特点设计的商业化产品模块。市场资源通常是指产品涉及的业务所在的市场领域，通过资源重组能提高行业效率或者降低行业成本。百度的搜索引擎提高了广告行业的投放效率，降低了广告主的推广成本，因为传统广告投放方式效率低且成本高，通过搜索引擎投放广告能大大提高广告主的效果收益，也能有效控制广告成本。

产品经理具备商业化思维是加分项，如果一个产品到最后无法产生商业价值，那注定是不成功的，对商业模式的了解和学习可以融入平时的产品工作中，去了解竞品或者不同行业的产品是如何进行商业化的，从中吸取商业化思维的灵感。现在也有很多公司专门设置了一个产品岗位叫作“商业化产品经理”，职责就是基于核心产品设计商业化策略，让产品价值转化为商业价值。随着现阶段互联网产品的逐渐成熟，基于互联网产品的商业化模式也会越来越丰富。总之，商业化是出路，但是以产品为用户创造价值为依托的。

12.6 本章小结

本章内容主要围绕产品经理的职业发展展开讨论，从产品助理、产品经理、产品总监的不同阶段和成长轨迹中给出建议和指导。不同阶段的产品经理需要采取不同的晋升策略。核心还是加深自身对产品的理解，从功能型思维向产品思维跨越。尤其是对初阶产品经理，通过刻意练习能够比较容易地掌握产品思维，对高阶产品经理来说，通过产品思维塑造具备生命力的产品，对产品战略和产品定位的不断强化是为产品注入生命力的源泉。

另外，本章还介绍了关于如何系统化地提高产品能力的话题，主要从行业理解力、产品架构能力、商业化思维几个方面论述。每一个产品都是解决一个领域的一个或几个问题，对大环境的了解能让产品经理对产品的可控性更强，尤其是针对一些政策性导向很强的产品，对行业动态的把握就显得尤为重要，切忌陷入功能设计的产品工作中。产品架构能力是一种全局思考能力，为产品设计合理的信息结构是确保产品能良性生长和不断扩展的基本保证。商业化思维是为了让产品产生商业价值，将用户价值转化为商业价值是公司盈利的前提，这个过程中的原则是保护用户价值，避免用商业化手段伤害用户价值。

产品经理的职业发展轨迹因人而异，每个人根据自己的追求会有不同的发展路线，本章介绍的只是一个基本框架，实际情况需要结合每个产品经理自身的情况和环境而定，希望以上观点能给读者一些启发。

13 产品经理必懂的运营“技术”

13.1 产品与运营的关系

互联网圈里有句俗话叫“产品生，运营养”，形象比喻了产品和运营之间的关系。产品经理是产品的设计者和创造者，是产品经理赋予了产品生命，但每一个产品的启动和成长还有另一个不可或缺的角色，那就是运营者。优秀的产品经理不仅对产品了如指掌，同时也一定是一个优秀的运营者。未来，产品经理会朝着全流程设计的方向发展，既能具备产品思维，也能掌握技术手段，同时还能拥有基于产品的运营能力。

本章就从另一个角度介绍产品经理必懂的运营“技术”，这里的“技术”并非开发技术，而是产品经理需要额外掌握的运营“技术”。前面的章节介绍了产品经理需要了解的技术知识，了解技术知识可以帮助产品经理顺利地把产品做出来，而了解运营是真正帮助产品经理把产品做成功。

图 13-1 描述的是产品和运营之间的关系。**产品包括产品定义，即产品定位、用户价值、目标用户等，基于产品定义开展产品流程和功能设计，最终将产品呈现出来。而运营是围绕产品本身，通过用户运营、活动运营、内容运营将用户组织起来使用产品，通过运营干预让产品被更多的用户使用，从而产生用户价值。**产品和运营的结合点就是产品的功能。产品交付的是可被使用的产品功能，运营承接的是一个可用产品，通过一系列的组合运营策略完成对产品的用户拉新、活跃和留存。

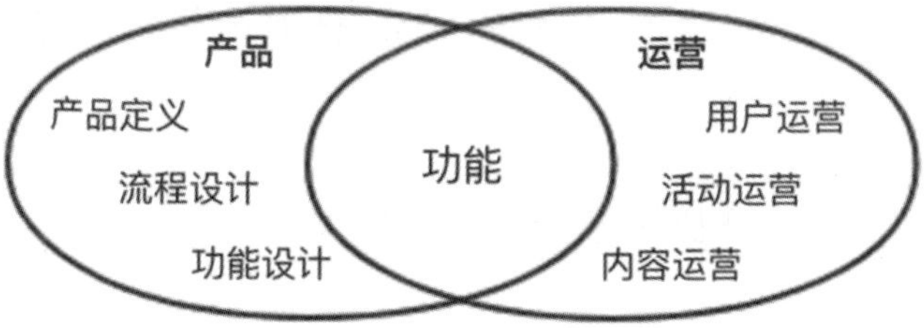

图 13-1　产品与运营的关系

在这个酒香也怕巷子深的时代，一个优秀的产品缺乏运营也会被埋没。对产品经理来说，对运营“技术”的掌握，是提升自我价值的有力武器，也是提升个人竞争力的一种方式。产品与运营是一对共生关系，运营的主体是产品，而产品靠运营提升价值。优秀的运营人员一定具备产品思维，只有对产品的理解如产品经理一般深刻，才知如何真正把一款产品运营好。优秀的产品经理一定具备运营思维，只有对产品的运营策略了然于胸，才能在设计时让产品具备足够的可运营性，这是一个思维互补、相互扶持的过程。

在职能相对完整的公司里，通常都有专门的运营人员负责产品的运营工作，而在一些规模小一些的公司，很有可能就是由产品经理负责产品的运营。在互联网公司，除了产品和技术人员是天生矛盾体，产品和运营人员也会有这种情况出现，为什么呢？按理说运营人员跟产品经理应该是同一条战线的，其实问题就出在产品经理没有参与运营而运营人员也没有参与产品，二者之间还是需求方和实现方的关系，类似于甲方和乙方的关系。

讲到上面这个问题，很多的场景都是运营人员围绕产品策划一些运营活动，发现产品的某些功能不满足或者要对现有功能做一些调整，然后给产品经理提需求，产品经理会觉得有些需求破坏了产品的完整性从而提出异议。双方就会进入无休止的口舌之争中，其实没有绝对的正确和错误，只是各自站在了不同的立场上。运营人员觉得运营策略很完整，就差一个产品功能了，产品经理觉得目前的产品很完整，只是差了一个好的运营方案。

解决这个问题的关键是产品经理需要深入了解运营，因为产品经理是对产品特点最熟悉的人，不光要把产品做出来，而且要基于对产品的了解与运营人员配合为产品制定量体裁衣的运营方案，共同把产品推出去，让用户接受、让市场接受。这其中的关键就是产品经理对运营“技术”的掌握，具体有些什么运营“技术”是需要产品经理掌握的呢？

13.2 产品运营与业务运营的区别

运营是一个存在了很久的概念，广义上，通过人为干预的方法带动一个组织或者一个公司的运转就叫作运营。在传统产业中，优化供应链结构、降低生产成本、提高销售量采取的销售策略调整等都可以统称为运营。在互联网公司中，运营是一个和产品技术同等重要的职能，很多互联网产品都是靠运营取胜。

例如淘宝的卖家运营、新浪微博的明星和粉丝运营，正是这些差异化的运营手段使产品在激烈的竞争中脱颖而出。如果细分互联网公司中运营人员的具体职责，大致分为产品运营和业务运营，二者在运营侧重点上略有差别，但共同目标都是将产品推向用户和市场。

13.2.1 产品运营

我们先来看什么是产品运营，产品运营是运营人员基于产品完成的一系列干预动作，目的是完成对产品的新用户导入和老用户留存及活跃。产品运营的特点是所有的运营动作都围绕产品展开，通过对产品定位和目标用户群的充分了解，利用现有的产品特点和功能设计、策划运营活动。产品运营大致可以细分为三类，分别是活动运营、内容运营和用户运营。如图 13-2 所示，三者是一个有机的整体，共同构成产品运营的基本属性。

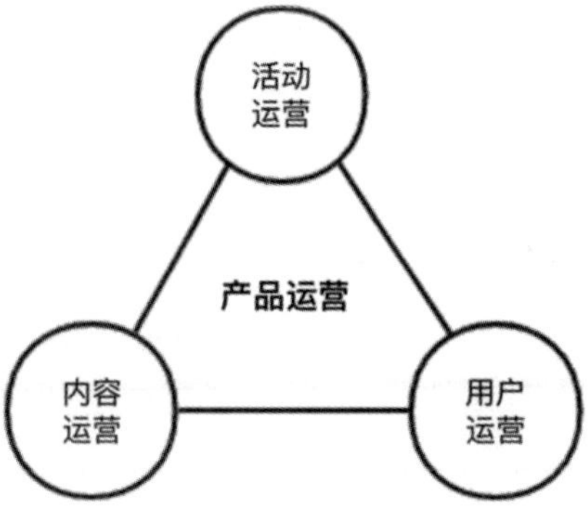

图 13-2 产品与运三个基本属性

活动运营是运营人员利用现有产品功能的组合，面向特定人群组织策划的运营活动，活动的类型分线上活动和线下活动。从效率上讲，线上活动运营效率更高，因为互联网产品都是以软件为载体存在，软件产品的特点就是不受时间和地域的限制，能被海量用户接触和使用。通过互联网产品做活动运营不管在组织的人数上还是活动规模上都会比线下的效率高很多，阿里巴巴的天猫推出的双十一活动就是一个典型的例子。

另外，以导入新用户为目标的线上拉新活动，用户可以通过社交分享拉新活动页面邀请好友注册，注册成功后，邀请方可以得到一定的激励。活动运营的关键点在于明确定位活动的目标人群，同时确定关键动作。以线上拉新活动为例，活动的目标人群是产品现有用户，且对激励机制感兴趣，关键动作是社交分享，分享出去的内容页面就需要有一定吸引力，被邀请方看到分享页面和激励机制有主动注册和再次发起邀请的动力。活动运营往往是产品运营中比重较高的环节，尤其是对一些社区型产品或者业务型产品来说，通过活动运营能有效提高产品中用户的活跃度。例如，电商类产品往往会策划各种线上活动引导用户产生购买动作，一些社区类的产品需要通过社区活动引导用户之间产生更多的互动。

活动运营人员的核心工作是对活动的设计和策划，而设计和策划的落脚点是围绕产品的核心定位和目标用户群体。产品经理对运营人员提出的需求应有一个切身感受，运营人员提了很多的运营活动需求，有很多活动都需要重新设计产品或开发一些功能才能满足，这是典型的运营误区，也反映了运营人员对产品的特点了解不充分。重新设计开发新功能无异于运营人员自己设计了一个新的产品特点再去运营，是脱离现有产品特点而做的动作。产品运营应该是围绕产品做运营动作，而活动运营也要落在产品上，把现有的产品功能和产品特点利用好。

产品运营中第二个环节是内容运营。内容运营通常是基于一些内容型产品展开的主要运营工作，例如微博、贴吧或者视频内容网站，通过运营人员发布内容或用户自己生产内容的方式提高用户在产品中的活跃度。比较重视内容运营的产品通常是以内容为主体的产品类型，例如视频类产品的主体就是视频内容，内容社交产品的主体就是平台和用户产生的话题内容等。从产品角度看，内容运营中内容的产生有两种主要的方式，一种是平台专业生产内容，也就是我们常说的 PGC（Professional Generated Content），另一种是用户生产内容，也就是 UGC（User Generated Content）。这两种方式的差别在于内容的提供主体，前者是专业人士或者是平台编辑，后者是平台上的自由用户。

以新浪微博为例，新浪微博上有非常多的微博号，每天都在产生各种各样的内容，一些明星在微博上发布自己的动态，也有普通用户每天发布的内容。同时，微博自己的一些官方号也在生产内容，例如新浪娱乐、新浪体育。前者可以称为 UGC，就是普通用户自己生产和发布的内容，后者可以称为 PGC，是由平台专业人员编辑并发布的内容。内容运营的关键在于通过内容将平台中的用户连接起来从而引导用户之间产生关系和互动。

新浪微博通过 PGC 和 UGC 的方式产生了大量内容，普通用户会来消费和浏览这些内容，要不就是紧跟明星动态，要不就是了解娱乐八卦或者体育新闻。作为产品内容运营的专业人员，核心工作是把关内容的质量，并且通过运营干预将优质内容呈现给更多的用户。同时，内容运营人员还需要时刻关注社会热点，将内容与社会热点结合起来，第一时间将内容体现在产品中，这种及时性也会成为用户留在平台上的一个关键因素。

产品运营中的第三个环节是用户运营。首先，我们需要区分什么是用户运营和用户客服，这是两个完全不一样的环节。用户客服是一种被动式的服务，往往是用户对产品有疑问向客服人员发出帮助请求，客服人员向用户提供咨询和帮助。而用户运营是运营人员主动向用户提供服务的一种方式，简单地说，用户客服是被动的，用户运营是主动的。

既然用户运营是运营人员的一种主动行为，那具体的运营动作包括什么呢？主要包括用户参与度提升、头部用户运营、用户关系维护三个环节。

用户参与度提升主要是与用户保持一定的互动频率，互动的内容可以是有关用户对产品的使用反馈或者建议，也可以是与用户就平台活动产生的互动等。

头部用户运营是指用户运营人员需要寻找和筛选出产品里的种子用户，即那些意见领袖或者对产品价值特别认可的人群，这些头部用户是非常好的产品种子用户，也是非常好的传播者，头部用户的特点通常是好奇心很强，社交能力和组织能力比较强，通过对头部用户的支持和持续互动，让这些头部用户对平台产生更强的认可度和依赖感。

用户关系维护是用户运营人员对产品用户进行持续正向反馈和激励的过程，用户关系就好比客户关系，需要有人经常维护这种关系。用户运营就是需要运营人员不断与不同层级的用户进行一定频率的互动，以此增强用户对产品的认可度。在用户运营环节，通过用户分层也是让运营人员更有的放矢地进行用户运营的方法，用户分层可以纵向划分，例如按照用户进入产品的时间分成新用户、成熟期用户和老用户几个阶段，在不同的阶段分别采取不同的用户运营策略。用户分层也可以横向划分，例如将用户划分为头部用户、中部用户和尾部用户，这几个阶段的用户的判断标准就是用户活跃度和参与度，对不同阶段的用户采取不同的用户运营策略。

13.2.2 业务运营

相比于产品运营，业务运营是另外一种不同的形态，前面提到产品运营是围绕产品开展运营动作的工作，**业务运营则是在实现产品的业务目标基础上进行的干预动作。**例如在电商领域，电商类的产品基本上是通过商品展示、交易支付和后台管理等几个环节体现整个业务流程，确保整个业务流量中各环节的高效运转，就是业务运营的主要工作。

业务运营是不同于产品运营的一个工作领域，在互联网公司中，有以业务运营见长的公司，例如阿里巴巴；也有以产品运营见长的公司，例如新浪微博。这是由不同的产品或者业务类型决定的，好产品一定是运营出来的，因为现在的互联网产品在产品功能和用户体验层面的差异化已经逐渐缩小，各家在产品功能和体验层面并不能拉开足够大的差距，所以差异更多体现在运营层面。

作为产品经理，清楚当下产品属于哪一种类型，是更注重产品运营还是更注重业务运营，基于运营目标思考产品，更有利于产品经理设计出结合商业目标和用户体验的产品，最终导向都是通过产品和运营为用户和公司创造价值。

在技术领域有一个角色叫“全栈工程师”，意思是指某一个技术人员掌握多门技术，能在各个技术环节发挥作用，一个人能打通所有技术环节，简单说就是全能型选手。在未来产品领域的发展中，也会越来越需要“全栈产品经理”这样的角色，既能具备过硬的产品和用户体验设计能力，也能对运营有足够的了解，能基于业务目标制定运营方案，能基于产品定义出适合产品的运营策略，这需要产品经理在产品、技术、设计、运营等各个环节建立知识框架，所以，掌握运营的“技术”，对产品经理尤为重要。

13.3　如何围绕产品设计运营方案

在互联网产品公司，运营的主体对象是产品，产品运营人员基于对产品定位、目标用户群和产品特点的理解，围绕产品设计出对应的运营方案。围绕产品设计的运营方案需要包含如图 13-3 所示的几个基本因素。

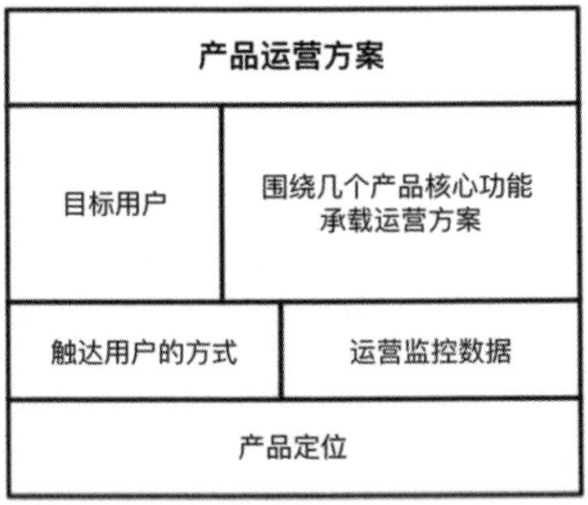

图 13-3　产品与运营方案

在围绕产品设计的运营方案中，立足点是产品定位，需要在方案中明确如何触达目标用户，以及如何通过数据指标检测运营效率和结果。

很多时候，运营人员会向产品经理提出一些围绕运营方案的需求，要等新的产品需求上线后才能开展相应的运营计划，这里有一个关键问题就是运营在等产品。产品的设计和开发有一个时间周期，这段周期包括设计、开发、测试和上线等多个环节。大多数情况下，如果一个运营方案要借助产品还没有上线的新功能才能运营，那么这个方案就不是围绕产品在做运营。准确地说，是在基于未来的产品做运营，而不是立足于现有的产品在做运营，正确的做法应该是围绕现有产品设计运营方案。

有时，产品经过不断地设计开发和打磨最终顺利上线，但一段时间过去后，发现产品并没有多少用户使用，这会使产品经理感到非常沮丧，为什么明明产品做得不错，但就是没有用户呢？这个问题应该困扰了很多产品经理。

产品经理这个领域是一个看结果论英雄的行业，对优秀产品的衡量标准往往是做出一个家喻户晓的产品，有海量的用户，或者产品在某一个行业解决了某一类人群的需求痛点，但这种机遇不是每一个产品经理都有的。

对产品经理来说，发现问题不难，难的是如何解决问题。产品经理做出一个不错的产品只算第一步，让产品被更多的人用起来才是更关键的第二步，而第二步主要靠运营策略和方案实现，接下来具体分析如何通过三种方式围绕产品设计运营方案。

13.3.1 产品差异化和运营切入点

在现在的互联网环境下，单纯在产品功能或体验层面的创新已经很少了，各种类型的产品不管是在功能体验上还是在视觉感官上都不会拉开特别大的差距。不像互联网早期，可用的产品处于相对匮乏的阶段，一个功能简单、样式简陋的产品都有机会被大量的用户使用，因为用户的选择有限。

另外，在用户需求未被充分满足时，一款产品很容易集中获取用户。类似墨迹天气这样的工具型产品在移动互联网普及的早期，集中获取了大量的用户，当时天气类的产品非常少，对用户来说，可选择性低，所以流量呈集中获取的态势。

但如今用户的选择越来越多，各种类型的产品都在抢占用户的时间和注意力。同样的用户需求，已经被多款产品瓜分，产品同质化严重，到最后要不就是拼资本、要不就是拼运营。

例如，共享单车摩拜和 ofo 已成两家市场独大的局势，第三和第四名的加入几乎不会影响战局，新入局者就算在产品上做得更好，也很难打破现有局面。

这些公司基本上集中拥有用户流量，对新用户来说，也会很自然地成为头部产品的用户。所以，对新产品来说，如果主打相同的产品和场景，与头部产品争夺用户流量是非常难的一件事。但凡事无绝对，互联网是一个瞬息万变的战场，每隔一段时间就会有黑马冲出来。如今的互联网产品除了少数创造新的交互场景和用户需求，很多都是在已有场景和用户需求下做差异化。

以小红书和美丽说为代表的内容导购型电商，本质上都是电商，但是在淘宝纯交易型电商的基础上以内容为切入点，以美轮美奂的内容作为引导，加上 UGC 和 PGC 结合的内容生产方式，为用户提供了一种全新的线上购物体验，这种体验与传统的交易型电商完全不一样。

所以，挖掘差异化用户需求、做场景创新，能够有机会在用户选择增多和集中获取流量难的情况下让产品脱颖而出，带来用户。

13.3.2 市场选择差异化

我们先看一个例子，“快手”这款产品近几年在三四线城市特别火，用户量已是亿级的，这款产品本质上是一个短视频平台，从产品功能和体验来看，和大多数短视频类产品一样，并没有特别的优势和亮点，也就是说产品功能和体验本身并不是其取胜的关键点。为什么这款产品最终能成功，关键就在于它们面向的是非一二线城市的市场，目标人群瞄准的是更广阔的三四线，甚至是五六线城市的人群，这群人通过互联网获取内容和社交的需求并没有被有效满足，市场潜力非常大。

而同类产品例如“秒拍”和腾讯之前推出的“微视”主打的还是互联网顶层人群，类似的还有微博覆盖的大多是精英人群或主流互联网人群，而三四线城市的用户同样需要一个展示自己和发现有趣内容的平台，基于这个差异化的市场定位和目标用户群，这款产品成功找到了市场切入点。

从上述例子中我们可以看出，在产品体验和交互场景没有更多创新机会的情况下，切入蓝海市场也是让产品获取用户的方法之一。如果定位与头部产品相似，获取用户是非常困难的。所以，在产品差异化上，除了功能体验创新，还要**让产品深入竞品没有触及的市场**，这也是获取用户、产生价值的有效手段。

快手是个典型的例子，阿里也在积极推进农村电商，滴滴出行和共享单车更是一下子覆盖了大量这样的市场，三四五六线城市正在被逐渐互联网化。

13.3.3 运营方法与效率

产品经理是产品的设计者和创造者，是赋予产品生命力的人，而产品的生命力依附于产品战略和定位、目标用户群、核心需求。基于对产品的足够理解，运营方法围绕产品生命周期的阶段化规划，即非常清楚地知道产品当前处于生命周期的什么阶段，在当前和未来阶段的着重点是什么，运营方法囊括产品启动期、成长期、成熟期和衰退期，每个阶段都需要采取不同的运营策略。在前面提到的两个因素里，用户选择多、差异化市场切入点是外部因素，围绕产品的运营才是内因。

1. 产品启动期：定义产品并明确差异点

对处于启动期的早期产品，站在运营角度的产品策略是明确定义市场定位、主打差异点。例如美国的 Twitter 和国内的新浪微博推出时，市场定位对标传统博客，主打的差异点就是最多 140 个字的文字和配图，目标用户群是包括传统博客用户在内的有阅读和发布内容诉求的人群，核心需求是提供碎片化时间下的内容创作和阅读体验。对这种短文内容，起初用户是不知该如何表达的，就像学习一门新语言一样。这时的运营介入就尤其关键，运营人员自己就需要成为第一批用户，通过自己发布优质内容来引导产品内其他用户发布内容，这种示范效应很有效，久而久之，用户就开始自主使用并开始传播了。

那么，在审视自己的产品时，是否非常明确地回答了产品当下是否处于启动期，产品战略和定位是什么，目标用户群是谁，核心需求是什么？作为处于启动期产品的产品经理，可以寻找路径让产品能进入目标领域和人群的视线，建立第一批种子用户群，通过与用户共同打磨产品的方式来完善产品。

2. 产品成长期：完成用户扩张并提升运营效率

度过启动期阶段的产品就会进入成长期，成长期产品的特点是具备一定的用户基础，核心需求明确，运营环节要做的就是让产品的用户范围扩大到一个新的量级。成长期产品侧重在新用户获取和用户留存，与此同时尽可能丰富产品使用场景。

例如滴滴在产品成长期，通过线上和线下结合运营的方式扩大用户基本盘，线上通过分享打车券和补贴的方式获取大量新用户，与腾讯的合作扩大了滴滴获取用户的面积。线下则发挥地推力量，以扫街的方式发展出租车司机和专车司机。成长期产品的运营策略是支持用户增长、提高运营效率。用户增长除了产品本身获取用户，还可以采用渠道合作的方式，例如通过流量互换实现流量增量等。

对新产品之间的竞争，在用户需求和市场环境都确定的情况下，拼得就是运营效率，谁获取用户的成本低、速度快、质量高，谁的用户留存和活跃度高，谁的单个用户价值大，这些都是运营效率的直接体现。

3. 产品成熟期：商业化运营

成长期后的产品会进入成熟期，处于成熟期的产品往往是少数，最典型的代表是微信和微博，这两个产品都处于成熟期，标志就是用户增速放缓，产品基本框架成型，商业化步骤加快。从运营角度看，成熟期的互联网产品重点都是在做商业化运营，流量变现是出路。随着时代的发展和用户人群结构的更新，产品会进入衰退期，这是客观规律，进入衰退期的产品要么被新的产品形态取代，用户会逐渐迁移到新的产品中，要么谋求转型从而适应新的用户习惯和人群特点。

4. 带着运营思维设计产品

产品经理还需要具备运营思维，能把产品做出来是好产品经理，能让用户把产品用起来才是优秀的产品经理。用户用起来就得通过运营来实现。什么是运营思维呢？简单地说，运营思维是能利用产品功能特点，设计并组合出围绕产品的干预方案。

具体干预的环节包括给产品导入新用户、用户在产品内的留存和活跃。具备运营思维的产品经理在设计产品时会有意识地考虑产品的可运营性，例如类似滴滴等叫车产品通过地图展示附近有多少车辆，根据具体的运营场景灵活调整地图上车辆的图标，比如到了端午节，地图上的车辆图标就变成了龙舟，这样做让机械的产品功能具备了活力，让用户体验到除功能之外的氛围。

具备运营思维的产品经理知道如何让产品真正活起来，他们往往知道决定产品生死的关键因素是什么。我们以社交产品为例，一个新的社交产品上线后如果想在市场上和用户心里占据一席之地，必须建立自己的核心差异点，同时选准运营切入点。

运营思维是让产品变得“好玩”，是寻找差异化的过程，让用户能得到超出预期的体验。所以，产品功能做得不错，并不能让产品被更多人用起来，关键还是看通过什么方式、营造什么样的产品氛围来让用户使用产品。

13.4 如何通过产品杠杆提升运营效率

互联网业务与传统实体业务的区别在于前者是通过一个线上的产品连接用户，而传统型业务是通过具体的商品连接用户。尤其是在移动互联网时代，几乎每个人都有智能手机，用户接入互联网的门槛已经非常低了，每个人都可以通过使用各种互联网产品完成生活中的各种事情。

一个互联网产品能在同一时间连接和触达上亿用户，这是传统型业务无法比拟的。在互联网领域，一个运营人员可以服务成百上千的用户，实现这个效率的方式恰恰是借助于产品。所以，互联网产品是一个非常好的提升运营效率的杠杆，这个杠杆发挥的作用是非常巨大的。以产品作为杠杆，借助运营干预就能撬动海量用户，如图 13-4 所示。

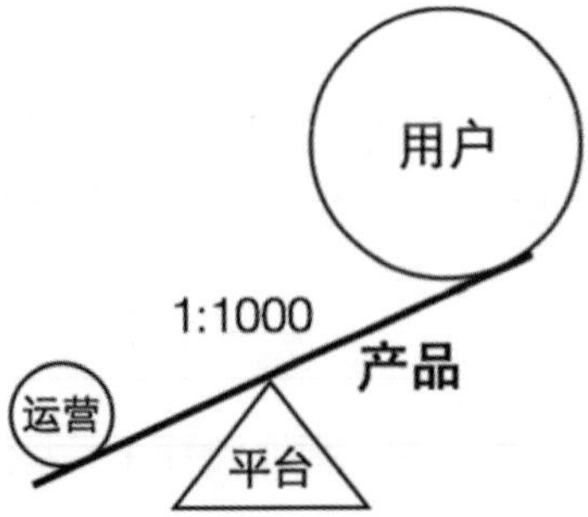

图 13-4 产品杠杆效用

如何用好这个产品杠杆提升运营效率呢？首先，得明确产品的定位和运营目标。举一个直观的例子，单向关系的开放型社交产品是一种结合信息流和社交关系的产品，比如美国的 Twitter 和国内的微博，这种定位的产品在运营环节重视的是用户关系的建立和互动情况。例如，一个新用户进入产品后，在一周内需要与多少人建立社交关系才不至于轻易离开产品，或者用户在一周内需要与多少人产生多少次互动才能提高用户的留存率。

如围绕这两个运营目标，可以利用的产品杠杆就非常明确了，我们以微博中的话题功能为例。话题是一种通过主题把发布内容时带了该主题的用户聚集到一起的产品功能，表现形式是通过两个“#”将话题夹在中间。为什么说话题功能是一个非常好的杠杆呢？因为话题功能具备用户聚集作用，可以通过某一话题将原本没有关注关系的不同用户聚集到同一个话题下，用户之间基于话题建立社交关系的概率就会大很多，与此同时，相互之间的互动概率也会高很多。无形中就给用户带来了价值，在运营效率上也通过产品实现了提高，这就是通过产品杠杆来提升运营效率的方法。

类似的产品杠杆还有很多，例如通过线上社交分享机制发展新用户，这种方法再配合一定的激励机制，在运营拉新环节的效果要比线下拉新或者运营人员挨个拉新的效率好不少。产品杠杆是一个放大器，在运营环节运用得当能为产品带来很大的价值。

13.5 本章小结

本章主要围绕产品经理必懂的运营“技术”展开，对产品经理来说，产品思维和技术思维是必备的，如果说把产品做出来是一位好产品经理，那同时把产品运营起来才是一位优秀的产品经理。笔者预测在未来，产品经理的职能定位会朝着全面化的方向发展，不再局限于只是做产品本身的规划和设计，更应该深入产品的全流程，包括运营策划和业务环节。这种全流程的设计和规划能力才是产品经理应该具备的，或者可以叫全栈产品经理。

本章首先介绍了产品与运营的关系，同时对具体什么是产品运营和业务运营做了深入讨论。互联网公司的运营更多是基于产品，产品是运营的杠杆，借助产品能极大地提高运营效率。另外，产品经理懂一些基本的运营技巧反过来能帮助产品设计，要让产品本身具备可运营性就需要了解运营思维和运营方法。

产品经理是一个综合岗位，对运营的理解是产品经理需要不断学习的新技能，如前所述，未来的产品经理一定是朝着全流程设计的方向发展，具备产品思维、能掌握技术思维，还有运营技巧，并且能在与产品相关的所有环节具备设计能力，对业务和商业模式有深入理解，对营销和市场有自己的把握，对财务和法务有完整的认识。这种综合能力的要求很高，也会使产品经理的价值越来越大，最终成为全栈型的产品经理。

14

产品经理必懂的技术名词

14.1 类、对象、抽象和实例

在技术的世界里，有一类编程语言叫面向对象编程，例如典型的面向对象语言Java。说到面向对象，不得不提的几个概念是类、对象、抽象和实例。这些技术术语会经常在工程师的讨论中出现，非技术背景的产品经理该如何理解这些概念呢？接下来具体介绍这些技术术语分别代表什么意思。

首先介绍第一个概念“抽象”。我们说某一个概念听起来非常抽象的意思是不具体的事物，对应的反义词是具象。抽象在技术术语里的意思是提炼出一个通用模板，然后基于模板做具象化的实现。例如，在现实世界中关于人的分类，会有男人、女人、老人和小孩，如果将这个具体的分类抽象出一个类别，得到的抽象结果就是人。所以，人就是一个抽象出来的分类，也就是技术术语里面的“类”。在编程语言的世界中，通过程序语言描述现实世界中的事物时，使用的就是抽象的方法，将一类事物抽象成一个类，就得出了程序世界中的一个基本模型。

有了基本模型后，可以基于抽象出来的模型（类）产生很多具体的实例，也就是基于类实例化的具体对象。例如，将“人”这个类实例化为两个对象，分别是男人和女人，也可以实例化为其他对象，例如小孩和老人，甚至可以实例化为具体的人，例如 Maggie 和 Ryan。这一系列的过程如图 14-1 所示。

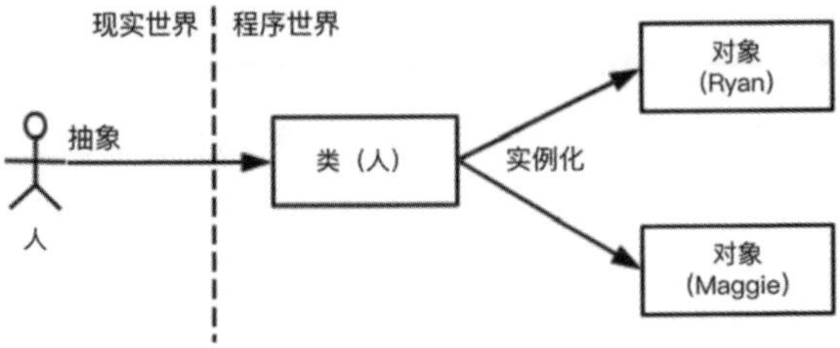

图 14-1　实例化对象的过程

从上述流程中可以看出，工程师做的工作就是根据产品需求将现实世界中的事物抽象成程序世界中的一个个类，然后根据需要实例化很多对象，不同对象间通过相互协作完成一个具体的产品功能。非技术背景的产品经理在工作中也可以试着以这种技术思维的方式定义产品需求，先从产品角色开始抽象出具体的类，然后分别定义这些角色在整个产品流程中需要完成哪些关键动作，从而定义出具体的对象。这样既有利于明确需求和用户角色，也能培养非技术背景产品经理的技术思维。

14.2 工程师口中的“打印”是什么意思

在与工程师的配合中，你一定听说过“打印”这个词，通常场景是在调试产品问题或进行开发测试时。工程师口中的“打印”和我们使用打印机打印文件究竟有什么区别呢？对非技术背景的产品经理而言，听到这个既熟悉又陌生的词汇时，该如何理解呢？

首先，“打印”这个词在大多数场景下是指我们将文件或图片通过打印机从计算机世界输出到现实世界中，意味着一种结果的输出。工程师口中的“打印”一词，表示的是一种结果输出，只是这种结果并不会输出到现实世界，只是将程序运行的结果“打印”到命令控制台上。工程师在编写程序代码时，需要不断测试程序片段运行是否正确，例如编写一个加法的程序片段，当代码编写完成后，工程师需要测试加法程序是否运行正确，所以会输入两个参数然后查看程序的运行结果，程序运行结果输出到命令控制台的过程就叫作“打印”。

工程师在调试问题程序的过程中，也会经常用到打印技术，将每一块代码的执行结果输出到控制台，用来查看具体问题出在哪个环节。因为代码的运行过程是不可见的，所以通过“打印”的方式能让代码的运行过程和结果可视化。

14.3 工程师口中的“写死”是什么意思

在与工程师讨论产品需求或者工程师相互讨论技术方案时，经常会听到“写死”这个术语。“写死”这个词严格来说不算一个标准的技术术语，而是工程师用来描述一种技术实现方案的说法。

例如，要设计一个下拉选择框用来切换不同的城市，这个产品需求在技术层面有两种实现方案，第一种是将城市数据放在服务器端，客户端通过请求数据接口将城市数据获取回来再显示在下拉列表中。第二种是将城市列表数据存放在客户端，客户端从本地读取城市列表并展示在下拉列表中。第一种方式是一种相对灵活的方案，当城市数据有变化时，只需要调整服务端的数据内容即可，客户端不用做任何修改，但需要开发一个专门的数据接口获取这部分数据。第二种方式就是工程师所说的“写死”，将数据集写死在本地，这样可以省去数据接口的开发，也能快速实现想要的效果。

这两种不同的实现方式在很多产品设计环节中都会体现，例如一些客户端的文案或者图片会经常变化，这时就不太适合将需要变化的数据“写死”在本地，合理的方案是将变化的数据存储在服务端，客户端通过数据接口灵活地获取这部分数据。当然，也不是所有的数据都不适合“写死”在本地，例如性别数据，无非就是男和女，不必专门为了它开发一个数据接口，我们得根据具体需求和使用场景判断哪些数据应该写死。

14.4 架构和框架

架构和框架是工程师经常提及的两个技术概念，另外，在技术职能中还有架构师这一岗位。对非技术背景的产品经理而言，该如何理解和区分这两个技术概念呢？通过一个例子就可以非常直观地理解二者。在修建房屋时，会有一个总设计师负责设计整体蓝图和规划，这个工作可以理解为是架构师的工作，而房屋设计结构和规划本身是房屋的架构。架构工作完成后就进入具体的施工环节，施工时可以选择从头开始一砖一瓦的加，也可以使用现有的房屋框架，基于成熟的房屋框架一层一层累加，后期只需要做整合和装修工作即可使用现成的框架，既能降低施工难度，也能提高施工效率。

在技术领域，**架构**这个词是对系统的结构设计和规划，通常由经验比较丰富的架构师或者高级工程师完成，架构的好坏直接决定了后期系统的稳定性和可扩展性。**框架**则是指利用现有的成熟技术框架简化开发过程，例如针对企业级应用的开发框架J2EE，就提供了很多现成的组件来降低开发的复杂度，如今很多系统的开发都会使用一些比较成熟的开发框架替代纯自主开发，这样既能保证系统质量，也能提高开发效率。

14.5 控件和组件

任何一个网页或者 App 产品都是由大量的输入框、按钮、文本展示框构成的，产品中的这些最小界面元素组成单元就叫作**控件**。一个按钮是一个控件，一个输入框也是一个控件。图 14-2 所示为几个基本控件（输入框、文本展示框和按钮）。

图 14-2 常用的基础控件

组件是一种功能更全面的升级版控件，或者可以把组件理解成多个控件的组合。例如，Android 和 iOS 开发中经常使用的 Tab 组件，如图 14-3 所示。

图 14-3 Tab 组件

大部分产品都设计为底部有几个模块，点击不同的底部按钮可以在不同的模块之间切换，实现展示和切换的就是 Tab 组件，它包含了页面容器展示、按钮等一系列功能，将这些细粒度的控件组合到一起来完成复杂功能，这就是组件。

14.6 进程与线程

工作中经常会听到工程师讨论进程和线程。例如，涉及一些复杂功能的技术实现方案时，工程师会说现在已经同时开了几个线程在处理。进程和线程究竟是什么？它们之间有什么关系呢？本节主要介绍进程和线程的概念。

当我们点击手机屏幕上的一个 App 按钮（启动一个产品）时，系统会为这个产品的运行分配系统资源（例如 CPU 和存储空间），分配好资源后，产品会在这个资源区域运行应用程序。这里所说的运行应用程序就是进程，也可以理解为每一个正在运行的 App 都是一个进程。例如，我们在手机上使用微信或者微博，就有分别属于微信和微博的系统进程。一旦关闭应用程序或因为系统资源紧张而自动关闭在后台运行的应用程序，进程就会被终止，同时对应的进程所占用的系统资源也会被释放。

相比于进程，**线程**是一个更小的执行单元，一个运行中的应用程序是一个进程，一个进程中可以存在多个线程，每一个子任务都可以理解为是运行中的一个线程。我们以微博为例，运行中的微博是一个系统进程，可以上传照片发布微博，也可以上传视频发布微博。用户上传照片的任务在一个独立的线程中运行，上传视频的任务也在一个独立的线程中运行，并且这两个任务可以同时运行互不影响，这种方式叫**异步线程处理**，即可以并行互不干扰完成各自的子任务。当然，还有一种线程处理方式叫**同步线程**，即子任务是按照一定的顺序完成的。

产品之所以能同时完成很多功能，就是因为线程的存在，尤其是涉及需要网络请求的一些功能时，例如用户在微信中发布朋友圈后有可能立马去刷新朋友圈，这时可能刚刚发布的内容还没有上传成功，所以在技术实现时会用两个线程分别处理发布和获取新信息的子任务。这样做既能保证用户体验，也能保证系统资源被合理地分配和利用。

14.7 什么是“脚本”

“脚本”这个词在工程师口中出现的频率比较高。当需要对数据库进行批量处理时，工程师会说“跑一个脚本统一处理一下”；当需要查询某一数据报表时，工程师会说“用一个脚本批量查询”。脚本也是一种被计算机执行的程序，为什么叫脚本呢？可以把脚本理解成拍戏用的剧本，剧本里会按照角色及对白把要拍的戏清晰地列出来，导演和演员会严格按照剧本表演。**脚本**就是一种面向计算机的剧本，是一个可被计算机执行的文件，文件里是一系列计算机指令，这些指令会按照顺序被计算机解析并执行。

例如需要对数据库中所有用户数据添加一个数据项，一个一个添加显然是不可能的，通过一个批量操作一次性地完成是效率最高的做法，此时就会用到脚本。通过脚本写一个新增数据项的命令，然后执行脚本，所有的数据就会被批量执行同样的操作。图 14-4 所示是在 Mac 电脑环境下使用命令行执行的一个查询某一文件夹下所有文件的命令。

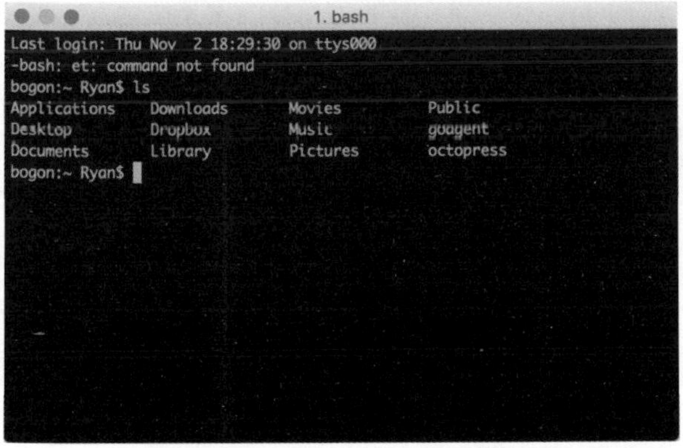

图 14-4 命令行脚本

在第 3 行执行了一个名为“ls”的命令，这个命令的作用是列出当前文件夹下的所有文件或子文件夹的名称，第 4 行到第 5 行是当前文件夹下所有文件或子文件夹的名称。如果把“ls”命令单独写成一个文件，这个包含一条指令的文件就是一个脚本文件。实际应用中，脚本文件通常会由多个指令组合而成，经过计算机的解析和执行来完成一个复杂的处理任务。

14.8 同步处理和异步处理

同步和异步是开发技术中的两个概念，计算机通过解析和运行程序完成相应的操作。在程序执行过程中会涉及同时处理多个任务或者同一时间只处理一个任务的情况。在前面的章节中我们介绍过什么是进程和线程，一个进程中包含多个执行任务的线程。

以用户登录为例，登录任务是在一个登录线程中执行的，登录任务执行过程中除了验证用户名和密码是否正确，还需要处理其他子任务，例如从服务器获取用户信息，更新本地缓存信息等。这些子任务通常会在新开辟的子线程里执行。执行登录的线程可以称为**主线程**，执行获取用户信息的线程称为**子线程**。在一个登录操作过程中分别执行两个任务，这个过程就叫作异步处理。异步处理不会造成线程阻塞，相当于各自处理各自的任务。如果所有的任务都在一个线程中处理，那就会出现资源占用过多和响应时间过长的情况，例如我们在使用一些安卓 APP 时偶尔会出现应用程序闪退的情况，这有可能是因为出现了线程死锁。

同步处理比较好理解，就是同一时间只执行一个简单任务，任务处理完后再执行第二个任务，同步处理适用于一些顺序执行的任务，例如流水线处理就是典型的同步处理，流水线上的一个环节处理完成后再处理下一个环节的任务。

后　记

致在产品路上不断前行的我们

细数全世界优秀的产品经理，群星璀璨，乔布斯是极致的代言人，他定义并设计的苹果系列产品改变了一个时代，引领了潮流。他的苛刻、极致、改变世界的初心影响着如今科技圈的产品经理们，奉为经典。张小龙，微信之父，深谙人性，理解潮流，能把一款产品做到人们的生活中，几亿人都为之买单，实属境界。相信每一个产品经理都有改变世界的梦想，也都在这条不归路上蹒跚前行。能改变世界的人毕竟是少数，能改变的只有自己，在产品之路上修炼自己、完善自己，不经意间也许就会发现自己已经做了一件了不起的事，脚踏实地，仰望星空，有宇宙的胸怀，同时也要有蝼蚁的勤奋。我们是变革者，也是创造者，更是驱动者，产品经理是一个伟大的职业。

产品经理是一群孤独的人，也是一群极具创造力的人，当设计或开拓一个新形态的产品时，可能有很多人不理解，甚至是嘲笑，但请坚持自己内心的坚持，如果坚信产品具有真正的价值，经过自己不懈地努力就能化腐朽为神奇。乔布斯当年发布第一代 iPhone 时不被市场和各种评论家看好，但如今那些人手中可能用的就是 iPhone；马云创立阿里巴巴时，有人说这件事要想做成，就好比把一艘航空母舰搬到喜马拉雅山上去，但如今那些人正在电子商务的潮流中徜徉。评论家永远是带着个人观点和社会观点的观察者，很多新事物是无法被预判的，产品经理需要挖掘需求背后的本质，需要靠直觉和判断力去发现新形势，一旦认定并且条件具备，就聚焦并坚持，好产品不是一两天能打造出来的，需要不断的试错、迭代，一个伟大的产品背后往往都会有一个伟大的产品经理。

现如今，产品经理成了互联网公司的标配，但产品经理这一职能没有体系化的培养系统，不像开发人员，在大学或者是专业培训机构都能得到系统化的培养，现有的产品经理是从其他职能转型过来。有从技术转型的、有从设计转型的、有从运营转型的、有从销售转型的，各自背景差异很大，不同背景的人做产品经理的风格也各不相同。

回归到产品经理本身，这一职能的目的是挖掘并分析用户需求，通过创造一个技术产品的方式去满足用户需求，所以对产品经理来说，工作就是一个创造的过程，这个过程需要具备的首要思维是产品思维，或者说用户思维；其次，最终的用户需求是通过一个技术产品去满足的，产品经理想要做好产品，对这个使用技术去创造的过程也要做到全面的了解。近五年，产品经理这个职能越来越受行业和公司的重视，逐渐形成了专业化的产品知识体系，从商业目标制定、需求分析、原型设计、用户调研、技术研发、产品运营等各角度出发，都有相对完善的知识内容，产品经理在未来会朝着更专业化的方向发展。

产品经理的工作也许是世界上最难的工作之一，很多时候，产品经理独自行走在产品探索的道路上，这一路上可能有人不理解，也可能遭遇到嘲笑和讽刺。不过没关系，探索之路本身就存在很多的未知和不确定。产品经理的工作是一份创造性的工作，需要打破未知，需要将不确定转化为确定。这一路不免波折，但也充满希望。

未来的产品经理一定是多元化的，产品经理会慢慢从技能型向服务型转变，产品经理岗位会逐渐演化为全流程服务设计者，不仅仅是产品功能和体验层面的设计，而且会深入到用户所能触达的每一个环节，涉及所有前台和后台。这种转变对产品经理的综合能力要求极高，不仅要求产品经理具备产品思维和技术思维，对运营、对业务、对商业模式，甚至是财务、营销、法务都需要有所了解。具备这些综合能力的产品经理有能力成为全流程设计者，这种设计能力会使用户全流程体验更完整，组织内运转效率更高。对产品经理的这种升级，我们可以称为“全栈产品经理”。

致在产品路上不断前行的我们，与你们共勉！